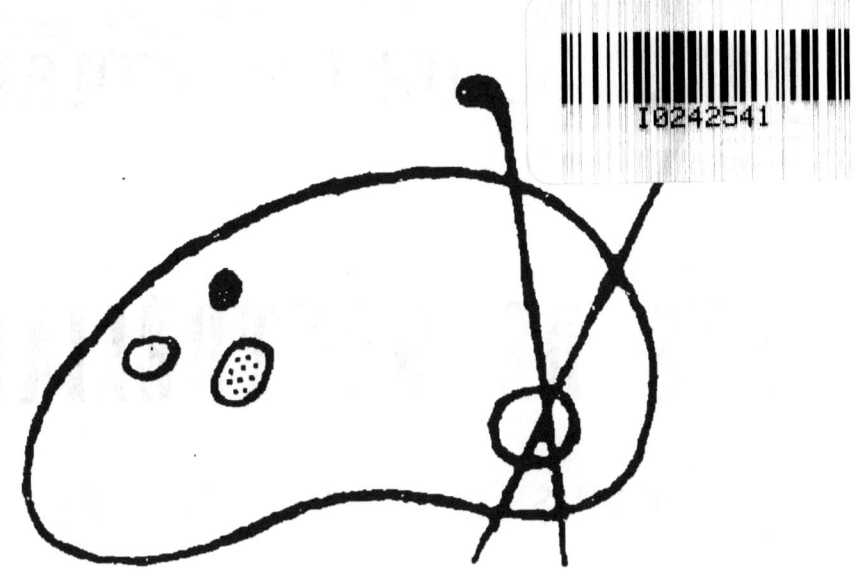

Début d'une série de documents en couleur

ABRÉGÉ DE L'HISTOIRE

DU

PAYS DE MONTBÉLIARD

DEPUIS LES TEMPS PRIMITIFS

Jusqu'à sa réunion à la France en 1793

PAR

P. DE RÉSENER

MONTBÉLIARD

IMPRIMERIE DU *QUATORZE JUILLET*

AD. PETERMANN

1892

CHATEAU DE MONTBÉLIARD
A LA FIN DU XVIIIe SIÈCLE

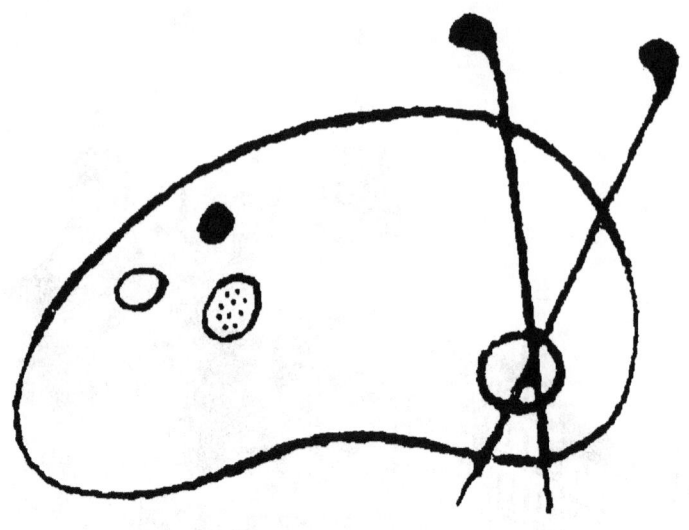

Fin d'une série de documents en couleur

ABRÉGÉ DE L'HISTOIRE

DU

PAYS DE MONTBÉLIARD

DEPUIS LES TEMPS PRIMITIFS

Jusqu'à sa réunion à la France en 1793

PAR

P. DE RÉSENER

MONTBÉLIARD

IMPRIMERIE DU *QUATORZE JUILLET*

AD. PÉTERMANN

1892

PRÉFACE

Malgré les savants et consciencieux travaux de nos historiens MM. Ch.-L. et Cl. Duvernoy, Tuetey, Tuefferd, Muston, etc., etc., bien peu de personnes savent notre histoire, et les nombreuses publications de la Société d'Emulation de Montbéliard, ne sont connues et appréciées que d'un petit nombre de lecteurs.

Cette indifférence pour l'histoire est loin d'être particulière à notre pays. Partout en général, dans les bibliothèques publiques, les livres d'histoire sont les moins lus. La raison en est simple. Le travailleur sa journée finie, s'il lit, veut s'instruire en s'amusant, et de toutes les lectures instructives, celle de l'histoire politique est on en conviendra, la moins amusante de toutes.

L'histoire politique n'est guère autre chose que le récit de ce qu'ont fait les souverains pour aggrandir leurs possessions aux dépens de leurs voisins, l'énumération et l'étude de toutes les causes qui, à chaque page modifient les frontières des Etats.

L'historien pour être complet, doit mentionner toutes ces modifications, toutes ces causes, guerres, partages, traités, successions, achats, ventes et échanges de villes ou de territoires, il doit s'étendre sur les raisons qui les ont amenées, en raconter les suites, exposer les prétentions, les réclamations des parties etc, etc, etc, toutes choses intéressantes pour les érudits, mais profondément ennuyeuses pour ceux qui ne lisent que pour se distraire.

Ceux-là lisent un livre d'histoire comme ils liraient un récit de voyage ou un roman, et comme ils rencontrent dès les commencements des passages ennuyeux, ils les sautent.

En continuant leur lecture, ils s'aperçoivent qu'il auraient dû lire ces passages pour comprendre la suite.

Les plus courageux reviennent deux ou trois fois en arrière, mais tous, quand ils ont reconnu, que l'histoire politique exige une attention soutenue, un travail continuel de mémoire, qu'elle est une étude sérieuse et non une distraction, tous indistinctement, mettent le livre de côté et ne le reprennent plus.

Que leur importe ce trafic perpétuel de provinces, de villes, de titres et de plumets, cette histoire où les rois seuls sont tout, font tout, où le peuple n'est qu'une marchandise créée pour l'usage personnel des souverains et leur plus grande gloire.

La gloire des rois ! Chacun sait maintenant ce qu'elle coûte, et de longtemps, la France n'oubliera la gloire de Napoléon III, l'Alsace et la Lorraine.

Le peuple lira l'histoire avec plaisir, quand elle sera ce qu'elle doit être, c'est-à-dire l'histoire du peuple avant tout, et quand le rôle des rois et des seigneurs n'y sera décrit et étudié, que pour en démontrer la parfaite inutilité.

Car si les peuples peuvent se passer des rois et des seigneurs, comme chacun sait, les seigneurs et les rois ne peuvent se passer du peuple.

Depuis quelques années, de nombreux écrivains se sont appliqués à vulgariser la science, à la rendre amusante, et le succès a récompensé leurs efforts.

Pourquoi ne vulgariserait-on pas de même l'histoire, pourquoi n'écrirait-on pas *des histoires* de France populaires.

Je dis des histoires populaires, car si la science est la même partout, l'histoire au contraire est différente pour chaque province.

Avant la France, chaque Français aime d'abord son pays natal.

On naît Breton, Provençal ou Comtois, mais on ne devient Français qu'à 20 ans

A l'histoire générale de la France, chaque Français préfère naturellement l'histoire du coin de terre où il est né, où il a passé son enfance, où dorment ses aïeux.

Combien liront avec intérêt le récit des misères et des travaux de leurs pères, qui ne liraient pas jusqu'à la dixième page, l'histoire politique de leurs princes.

Si chaque parcelle de l'ancienne France avait son histoire populaire particulière, reliée à ce qu'il est indispensable de connaître de l'histoire générale, le peuple apprendrait l'histoire.

Le présent Abrégé n'est qu'un essai dans cette voie, car je n'ai guère emprunté à l'histoire générale que des faits curieux, peu connus, destinés à donner du piquant au récit, où à remplir les lacunes hélas, trop nombreuses, de l'histoire du peuple dans notre pays.

Pour qu'il n'y ait pas de malentendu possible sur la façon dont j'ai compris le plan de ce travail, que certaines personnes pourront trouver bizarre, voici le programme qu'à tort ou à raison je me suis dès l'abord tracé.

Résumer avant tout, le plus clairement possible tout ce que nos historiens disent du pays que nous aimons tous, de ses villes, de ses villages; tout ce qu'ils racontent des souffrances et des travaux de nos pères, de leur manière de vivre, habitation, nourriture, costume, anciens usages; tout ce qu'ils savent du commerce et de l'agriculture de notre pays.

Donner le plus possible aux gens de métier, des renseignements curieux, glanés partout, sur les anciennes industries, avec le prix des vivres et des journées d'ouvriers.

De nos princes et des souverains en général, ne dire que le strict nécessaire, leurs rares bonnes actions, leurs nombreux méfaits, et passer sous silence ceux qui n'ont été que des fainéants, des parasites vulgaires.

A tout cela, joindre assez de renseignements sur l'histoire générale, pour donner au lecteur une idée de la situation de l'Europe et de l'état des esprits à chaque époque, à chaque siècle.

Insister sur les crimes commis par les prêtres, pour établir la domination de l'Eglise.

Changer fréquemment de sujet, ne s'attarder sur aucun, employer le plus possible la forme anecdotique, donner au récit du pittoresque, de l'imprévu et de la variété quand faire se peut ; ne dire que la vérité, en s'appuyant constamment sur les historiens les plus estimés, mais la dire toute entière, quoiqu'il puisse en advenir, voilà le programme que j'ai taché de suivre de mon mieux jusqu'au bout.

En m'imposant un travail, qui devait pendant plusieurs années, me prendre tout le temps qui n'était pas consacré à mon métier, je n'ai cherché qu'à faire œuvre utile, en offrant à mon pays sous une forme nouvelle, le résumé des longs travaux de ceux de nos compatriotes, qui ont consacré une partie de leur existence à reconstituer notre histoire, avec les pièces éparpillées, restant de nos archives.

Paris, 12 septembre 92.

P. de RÉSENER.

ABRÉGÉ DE L'HISTOIRE
DU
PAYS DE MONTBÉLIARD

PREMIÈRE PARTIE

Histoire générale du Pays de Montbéliard, depuis les temps primitifs, jusqu'à Louis de Mousson, premier comte de Montbéliard (1025).

CHAPITRE PREMIER
Temps primitifs.

AGE DE LA PIERRE.

On ne sait à quelle époque les premiers hommes parurent dans notre pays, et l'on sait encore moins d'où ils venaient.

Ce qui est certain, c'est qu'ils y ont vécu en même temps que les formidables animaux qui existaient anciennement sur le globe, avant les effrayants bouleversements qui ont accompagné les déluges partiels, c'est-à-dire à l'époque appelée par les géologues, *époque quaternaire*.

A cette époque, vivait le mammouth, éléphant colossal, dont on a retrouvé récemment encore un échantillon dans les glaces éternelles, bordant le Nord de la Sibérie.

Le mammouth en question, mort il y a des centaines de milliers, peut-être des millions d'années, était si bien conservé, que les loups avaient dévoré une partie de sa chair, à laquelle adhéraient encore le cuir et les poils de l'animal vivant.

Ce fait prouve, que l'on peut conserver indéfiniment la viande au moyen du froid.

Les premiers habitants de notre pays, dont

DEBUT DE PAGINATION

le type se rapprochait des Lapons actuels, n'avaient probablement d'autres instruments que leurs mains, leurs ongles, leurs dents, d'autres armes que des pierres et des branches d'arbre, d'autres habitations que les cavernes, et durent être plus souvent le gibier que les chasseurs, des terribles animaux au milieu desquels ils vivaient.

Leurs descendants découvrirent les moyens de faire du feu, et commencèrent à utiliser le tranchant des éclats de silex, appelé communément pierre à feu.

Plus tard encore, ils façonnèrent grossièrement ces éclats, les emmanchèrent dans des bâtons fendus, en firent des haches informes, des flèches rudimentaires, et purent dès lors attaquer avec succès les animaux féroces, et s'entretuer plus facilement.

Une étude approfondie et attentive des ossements retrouvés, et remontant à cette époque, a prouvé que ces premiers peuples étaient *antropophages*, et dévoraient de préférence les jeunes femmes et les enfants.

Il est probable, que cette race primitive fut détruite par les affreux bouleversements, pendant lesquels disparurent de nos régions, le mammouth, le rhinocéros, le tigre gigantesque, le grand ours des cavernes et nombre d'autres animaux.

Un squelette entier, découvert il y a quelques années, des *ossements parfois carbonisés*, et des crânes appartenant à des individus d'âges et de sexes différents, ont fixé nos savants sur la structure anatomique de ces ancêtres de l'humanité européenne.

Les musées de Besançon, de Montbéliard, ainsi que beaucoup de collections particulières, contiennent une grande quantité de pointes de flèches, de haches en pierre fabriquées par eux, et retrouvées souvent dans les cavernes, mêlées aux cendres de leurs foyers et aux débris de leurs repas, dont les animaux de cette époque faisaient en partie les frais.

CHAPITRE II

Emigrations Asiatiques.

AGE DE LA PIERRE POLIE.

Après les bouleversement géologiques de la fin de l'époque quaternaire, et chassés probablement par le froid, les peuples habitant les immenses plateaux de la haute Asie, s'ébranlèrent pour ce colossal mouvement d'émigration, qui a *repeuplé* l'Europe, et peut-être l'univers tout entier.

Comme une immense ruche essaimant à chaque génération, l'Asie, pendant les premiers âges de notre histoire, envoya dans l'Europe centrale, une foule de tribus nomades *d'origine Aryenne*, ayant les mêmes mœurs et le même langage.

Les premiers émigrants frayèrent la route, sur laquelle pendant bien longtemps les générations devaient se succéder, apportant avec elles les découvertes et les progrès accomplis dans la mère patrie.

Les premiers, avaient encore des armes informes et campaient en plein air.

Les émigrations suivantes apportèrent les armes et les outils *en pierre polie et en os*, ainsi que l'art de construire des *cabanes*.

Les premiers, n'avaient pour vivre que les fruits sauvages, les produits de leur chasse, et ceux de la pêche à la lance.

De nouveaux arrivants leur enseignèrent successivement : *la culture de l'orge, de l'avoine et du froment*, dont les grains broyés entre deux pierres étaient *convertis en galette*, la fabrication des *filets de pêche* et de grossières étoffes avec *le chanvre*, celle des *claies*, *des corbeilles avec l'osier*.

De longs siècles durent s'écouler, avant que les descendants des premiers colons aient appris à confectionner *des vases en poterie grossière, pour y cuire* leurs aliments, et qu'ils aient su amasser pour l'hiver des provisions de fruits sauvages, *de pois, de lentilles* et de glands, tant pour eux que pour leurs bestiaux, alors qu'ils eurent domestiqué *le bœuf, le cochon et le chien*.

Les fouilles exécutées sur plusieurs points, et surtout les recherches intelligentes faites en Suisse sur les emplacements des premières stations lacustres, nous ont fait connaître les ressources matérielles, et les industries de nos premiers aïeux pendant l'âge de pierre, qui d'après les calculs de quelques savants aurait duré 3000 ans.

Les savants appellent *stations lacustres*, les villages construits à cette époques sur les lacs.

Ces villages étaient bâtis sur pilotis, à une certaine hauteur au-dessus de l'eau, leur sol était formé de branches d'arbres de différentes grosseurs, supportant des huttes en bois.

On peut voir dans nos musées, une quantité d'objets ayant appartenus aux habitants de ces villages. Grossières étoffes, morceaux de filets semblables à ceux des pêcheurs d'aujourd'hui, armes, poterie, etc., etc.

Ces objets ont été retrouvés au fond de l'eau, sur les bords de certains lacs de la Suisse et du Doubs, pêle-mêle avec les débris des habitations.

De plus, ces recherches ont prouvé que *les hommes, les plantes et les animaux de cette époque étaient absolument les mêmes que ceux de nos jours, et que les races d'hommes géants, n'avaient jamais existées* que dans l'imagination des poètes ou des romanciers.

CHAPITRE III

Age du Bronze.

L'âge de la pierre avait fait son temps, tous les progrès possibles avec des outils de silex étaient accomplis, et la civilisation restait stationnaire, en attendant qu'une matière nouvelle, revêtant toutes les formes, s'adaptant à tous les besoins de l'existence matérielle, et se pliant à tous les caprices d'un luxe naissant, vint apporter à l'industrie et à l'agriculture les moyens d'action que lui refusait la pierre.

Cette matière fut *le bronze*, métal bien délaissé aujourd'hui, mais dont les anciens surent tirer un merveilleux parti.

Entre leurs mains, ce métal tour à tour *soc de charrue ou épingle à cheveux, épée ou boucle d'oreille, ressort de baliste* (machine de guerre destinée à lancer d'énormes flèches ou d'autres projectiles), *ou bague sculptée, agrafe ou marmite*, remplaça dans ses applications, tous les métaux connus et employés de nos jours.

Les estimations des géologues, permettent de supposer que le bronze fit son apparition dans nos pays, 4000 ans avant J.-C.

Il fut apporté croit-on, par les *Celtes Gaëls*, nation *d'origine Aryenne*, sortie de la Bactrianne, qui vint à cette époque occuper une partie de l'Europe occidentale, après avoir probablement vaincu et réduit à l'esclavage, les populations de l'âge de la pierre.

Les Celtes appliquaient le bronze à tous les usages, ils savaient en varier la composition et la dureté, afin de l'approprier à la fabrication d'une foule d'objets élégants et solides.

De plus, les produits de leur fabrication, que nous avons dans nos musées, démontrent jusqu'à l'évidence qu'ils connaissaient la curieuse propriété qu'a ce métal, au rebours de l'acier, de se durcir par un refroidissement lent, et de s'adoucir en le trempant rouge dans l'eau froide.

L'origine de la fabrication du bronze est inconnue, et se perd dans la nuit des temps.

On ignore de même, la provenance des minerais de cuivre et d'étain dont se servaient les Gaëls.

Quelques auteurs les croient apportés par les Phéniciens, d'autres, supposent que les gisements exploités alors ont disparus, épuisés par l'énorme consommation de plusieurs siècles.

L'examen des ruines de quelques fourneaux celtiques, et les débris retrouvés sur l'emplacement de ces anciennes fonderies, semblent démontrer que les procédés antiques étaient sensiblement pareils aux nôtres.

On a retrouvé *des moules en pierre*, et certaines *pièces coulées contenant encore leur noyau d'argile*.

Les deux métaux, soit en lingots, soit en minerai, étaient mis *dans un creuset d'argile*, et chauffés dans un fourneau construit en dehors des habitations. Sitôt en fusion, le mélange était puisé avec une poche, et versé dans des moules de terre, de pierre ou de sable, puis, sortant de là, était forgé, poli ou sculpté.

L'analyse chimique de quelques objets a donné les résultats suivants :

Bronze dur	une épée	87,47 de cuivre et		12,53 d'étain.	
Id.	id.	85	id.	15	id.
Bronze malléable	Clous de poignée	95	id.	5	id.
Bronze élastique	Ressort de baliste	97	id.	3	id.

Le tableau ci-dessus suffit pour démontrer que malgré l'imperfection de leur outillage, les anciens fondeurs variaient la composition de leur mélange, suivant l'usage et la nature des objets qu'ils voulaient fabriquer.

D'après *Pline* l'Ancien, (célèbre naturaliste romain, mort pendant l'éruption du Vésuve qui engloutit Herculanum et Pompéi en l'an 79 après J.-Ch.) ce n'est que 775 ans avant J.-Ch., que *Théodoras et Raecus de Samos* inventèrent le *modelage* des statues, qui perfectionné par *Lysippe* 380 ans plus tard, permit d'établir le colosse de Rhodes, entre les jambes duquel passaient les vaisseaux des anciens Grecs.

Longtemps après l'arrivée des Celtes, le bronze était encore bien rare, car on le retrouve d'ordinaire mélangé à des armes de pierre, et l'assertion de Pline, nous montre combien à cette époque, l'humanité marchait lentement dans la voie du progrès.

Pendant l'âge de bronze, l'agriculture, le commerce et l'industrie firent encore quelques pas.

Aux animaux domestiques déjà cités, les Celtes joignirent : le *cheval, l'âne, le mouton, la chèvre, la poule, l'oie, le pigeon et le canard.*

Leurs *poteries* appliquées à tous les usages, étaient de formes variées et gracieuses, enrichies de dessins et d'ornements, et recouvertes d'un *vernis à base de graphite.*

La pâte en était d'argile avec grains siliceux, modelée avec les mains seulement, car le tour du potier leur était encore inconnu.

En plus de l'orge et du froment, les Gaëls cultivèrent le *seigle, le lin, plusieurs espèces de légumes et d'arbres fruitiers.*

Avec le chanvre, le lin, et la laine des troupeaux, ils faisaient du *fil*, des *cordes* et des *tissus*, en employant la *quenouille, le fuseau, l'aiguille et un métier à tisser primitif.*

Il est certain que le *commerce d'échange* existait à cette époque, et que ses ramifications s'étendaient à longue distance. On a retrouvé dans les tombeaux et les stations lacustres de l'époque du bronze, des *perles de verre de couleur bleue ou verte*, des morceaux *de corail* blanc, des *verroteries émaillées* servant de parures, des perles et des fragments *d'ambre jaune*.

Or, le corail venait des bords de la Méditerranée, et l'ambre jaune n'avait pu être apporté que des rives de la Baltique.

Ce fut pendant l'âge du bronze, que notre France prit le nom de *Gaule*, et se partagea entre divers peuples, tous membres de la grande famille celtique, mais qui depuis lors formèrent des nationalités distinctes.

Les *Séquanais*, l'un de ces peuples, après avoir habité les bords de la Seine à laquelle ils donnèrent leur nom, vinrent, on ne sait à quelle époque, et pour des motifs inconnus, se fixer entre la Saône et le Jura dans notre Franche-Comté actuelle, qui dès lors s'appela *Séquanie*.

D'après le professeur Bulet, l'étymologie du mot Séquane, viendrait des mots celtiques *sec* homme et *an* cheval, *homme de cheval*.

En effet, les Séquanais dès la plus haute antiquité, passaient pour les meilleurs cavaliers des Gaules, et les inventeurs du *mors de bride*.

A l'arrivée de ce peuple, notre pays était couvert de forêts vierges impénétrables et de marais, humide et malsain en été, excessivement froid en hiver.

Aussi, dans l'origine, vivant du produit de leur chasse, les Séquanais négligèrent l'agriculture, mais la fertilité de notre sol, indemnisant largement le cultivateur de ses peines, et la diminution du gibier, les poussèrent à défricher peu à peu les forêts.

Les progrès de l'agriculture rendirent notre pays plus sain, et modifièrent l'âpreté du climat en même temps que les mœurs sauvages de nos ancêtres.

Jusqu'à la fin de l'âge du bronze, l'histoire de notre pays ne repose que sur des traditions ou des légendes, et les historiens sans documents positifs, en sont réduits à de simples conjectures.

Nous allons bientôt voir les Séquanais, mêlés aux événements de l'époque romaine.

CHAPITRE II

AGE DU FER

Le bronze avait imprimé une grande impulsion à la civilisation naissante, mais par sa nature même et sa rareté, ce métal était loin de pouvoir répondre à tous les besoins de l'industrie et de l'agriculture.

Une grande lacune restait à combler, le *fer et l'acier* vinrent la remplir.

On n'est pas fixé sur l'époque de l'apparition du fer dans nos pays, mais il est bien probable, que les premiers échantillons y furent apportés par le commerce d'échange.

Le fer, comme le bronze, fut connu en Orient dès la plus haute antiquité.

Le plus vieux livre du monde, d'après M. H. Chavée, le Rig Véda, recueil des hymnes sacrés des Hindous cite *le fer, l'or et le bronze ciselé*, d'où, naturellement l'*acier*, car le fer ne pourrait attaquer le bronze.

Dans la Bible, la *Genèse* écrite quelques milliers d'années plus tard, nous dit que *Tubal-Caïn* fut habile à travailler les ouvrages d'*airain et de fer*, et d'après la chronologie biblique, cet ouvrier aurait vécu environ 3130 années avant J.-Ch.

D'anciennes inscriptions prouvent que les Egyptiens connaissaient le *fer et l'acier*, plus de deux mille ans avant notre ère.

On peut supposer avec beaucoup d'historiens et de savants, que la fabrication du fer ne commença chez nous, qu'après l'arrivée des Kimris, 500 ans environ av. J. C.

Conduits dit-on, par Hu le Fort, leur chef, les Kimris apportaient le *druidisme*, religion sombre et cruelle, mais dont les prêtres intelligents et instruits commencèrent la révolution des mœurs celtiques, en encourageant le commerce, l'agriculture, l'industrie et les arts.

Au moment de l'arrivée des Kimris, nos ancêtres à demi sauvages, erraient peut-être encore dans les forêts épaisses, couvrant notre pays, tandis que, depuis un temps immémorial, dans l'Inde en Assyrie et en Egypte existaient, ou même avaient déjà disparus, d'immenses cités fortifiées, des temples gigantesques et de magnifiques palais ornés de bas-reliefs en *pierre dure*, peuplés de statues colossales, couverts d'inscriptions racontant la puissance des monarques d'Orient.

Les restes conservés dans nos musées, et les ruines encore debout de la gigantesque architecture de ces antiques civilisations, frappent d'étonnement et d'admiration, et démontrent d'une façon absolue que les *outils d'acier* étaient connus à ces époques reculées.

Les anciens peuples de l'Orient cultivaient la *musique et la peinture*, savaient tisser, teindre le coton et la laine, et rehausser leurs étoffes par des *fils d'or*.

L'art de peindre les étoffes se perd aussi dans la nuit des âges. Les habitants des rives de la mer Caspienne, d'après Hérodote, les Indiens d'après Strabon, et les Egyptiens selon Pline, portaient des vêtements enrichis de figures ou dessins de couleurs *tellement solides qu'elles duraient autant que l'étoffe*.

Les Egyptiens employaient un procédé très remarquable. *L'étoffe blanche, peinte d'abord avec certains mordants incolores*, était plongée dans une chaudière de teinture, ne contenant *qu'une seule matière colorante*, et, retirée quelques instants après, chargée de dessins de *couleurs et de nuances diverses*.

Les anciens peuples de l'Orient façonnaient, en vases, la *porcelaine* et la terre, savaient fondre et ciseler, l'or, l'argent et le bronze, employaient le fer, l'acier et *sculptaient le bois, la pierre et le marbre*.

Leurs prêtres connaissaient *plusieurs espèces d'écritures*, les premières notions d'*arithmétique et de géométrie*, et l'un d'eux, Bérose, avait inventé le *cadran solaire*.

Les astronomes assyriens avaient depuis un temps immémorial déterminé l'*année solaire de 365 jours, en y ajoutant même les cinq heures et quelques minutes de surplus*, et leurs observations non interrompues *consignées sur un registre*, envoyé par Alexandre à son professeur Aristote, remontaient dit-on à 1903 années.

Le résumé que nous venons de faire, des connaissances scientifiques et industrielles des anciens peuples de l'Orient, est emprunté aux anciens historiens.

Les travaux récents des Indianistes, et la traduction de manuscrits conservés dans les pagodes de l'Inde, ont démontré d'une façon *irréfutable*, que les brahmes (prêtres), des milliers d'années avant la naissance de J.-C., possédaient une instruction de beaucoup supérieure.

Qu'on en juge par ce qui suit :

EN ASTRONOMIE, ils avaient fixé le calendrier, inventé le zodiaque, *fait le calcul de précession des équinoxes, découvert les lois générales des mouvements*, observé et *prédit les éclipses*.

EN MATHÉMATIQUES, ils avaient inventé *le système décimal, l'algèbre*, les *calculs différentiel intégral* et *infinitésimal*, la *géométrie*, la *trigonométrie*, et dans ces deux dernières sciences, ils avaient posé et résolu des théorèmes, qui n'ont été découverts en Europe qu'au 17e et au 18e siècle.

EN PHYSIQUE, ils calculèrent *la vitesse de la lumière* et fixèrent *les lois de la réflexion, ils connurent et calculèrent la force de la vapeur et dé-*

terminèrent *la loi de la compression des gaz*.

EN CHIMIE, ils connaissaient *la composition de l'eau* ; ils savaient préparer les *acides sulfurique, nitrique, muriatique*, les *oxydes de fer, de cuivre, de mercure, d'antimoine et d'arsenic* ; les *sulfates de zinc et de fer*, les *carbonates de fer, de plomb et de soude*, le *nitrate d'argent* ET LA POUDRE

EN CHIRURGIE, ils faisaient l'*opération de la taille de la pierre*, réussissaient admirablement l'*opération de la cataracte et l'extraction du fœtus*.

EN MUSIQUE, ils avaient créé *la gamme de sept tons et demi-tons*, voici la gamme indoue :

SA-RI-GA-MA-PA-DA-NI-SA

EN ARCHITECTURE, ils semblent avoir épuisé tout ce que le génie de l'homme peut concevoir, dômes hardis, coupoles élancées, minarets avec dentelles de marbre, tours gothiques, style polychrome, etc., etc.

On voit d'après ce qui précède, que l'Inde est le berceaux de toutes les sciences et de tous les arts, et que toutes les anciennes civilisations de l'Orient, dont nous avons parlé, n'en étaient que de pâles copies.

Au moment de l'arrivée des Kimris dans notre pays (500 av. J.-C.), l'antique royaume de Juda était détruit. Un siècle auparavant, Jérusalem avait été incendiée par Nabuchodonosor, et ses habitants conduits en captivité à Babylone.

En Grèce, Athènes venait d'engager la lutte avec l'Asie, en commençant une guerre qui devait durer près de deux siècles, et se terminer par l'abaissement de l'Asie, et sa conquête par Alexandre le Grand.

Miltiade et Thémistocle, allaient se mesurer avec Darius et Xercès.

Athènes, Sparte, Corinthe, Argos, Thèbes étaient d'anciennes villes, et Troie avait disparu depuis 700 ans.

Au siège de Troie, les navires grecs *munis de*

voiles, portaient jusqu'à 120 soldats, *pourvus de presque toutes les armes offensives et défensives, connues et employées jusqu'à la découverte de l'artillerie*.

D'un autre côté, Rome venait de bannir Tarquin le Superbe, le dernier des rois qui l'avait gouverné pendant 244 ans, et le recensement fait par le premier dictateur trouvait déjà 150700 citoyens.

Enfin, *Marseille*, fondée un siècle auparavant par les Phocéens, avait déjà commencé le commerce d'échange avec les Gaules, en y introduisant les métaux et les produits de l'Asie, apportés par les Phéniciens, dont les navires allaient déjà dit-on jusqu'au fond de la Baltique.

Les Kimris, *membres eux-mêmes de la grande famille celtique*, se mélangèrent avec les Gaëls, et de cette fusion, sortit la fière nation Gauloise, qui ne craignait que la chute du ciel, et, d'après Caton l'Ancien, ne se piquait que de deux choses : se battre vaillamment et faire de l'esprit.

Sous la direction intelligente des Druides, les villages se bâtirent, des villes entourées de palissades s'élevèrent, les *mines furent exploitées, la charrue à roues, l'étamage, le placage, le tamis de crin furent inventés*, les Séquanais envoyèrent leurs *jambons salés* jusqu'en Italie, l'agriculture et le bien-être se développèrent si rapidement, que deux siècles après, la richesse gauloise était citée en proverbe.

La cavalerie séquanaise fit probablement partie, en 587, de l'expédition de Bellovèse, qui fonda *Milan*, et plus tard en 390, de celle de Brennus, dont les guerriers, à la bataille d'Allia, *coupant avec leurs épées de fer les casques de cuivre* des Romains, mirent la ville de Romulus à la merci d'un chef Gaulois.

Les Séquanais fabriquaient eux-mêmes leur fer, et leurs anciens fourneaux ont été retrouvés par M. Quiquerez dans le Jura-Bernois.

Ce savant ingénieur, a découvert l'emplacement où les ruines de plus de 200 forges à fer, d'époques différentes, qu'il a décrites et classées en 3 catégories bien distinctes, par leurs dimensions et leur genre de construction.

LES FOURNEAUX PLUS QUE PRIMITIFS, construits à l'origine de la fabrication du fer dans notre pays, n'étaient, comme ceux des fondeurs de bronze de cette époque, que de petites excavations irrégulièrement cylindriques, formant une espèce de creuset de 30 à 40 centimètres de profondeur, revêtus à l'intérieur d'une couche d'argile réfractaire de 10 à 15 centimètres d'épaisseur.

LES FOURNEAUX DE LA SECONDE ESPÈCE, construits plus tard, consistaient en un creuset d'argile de forme très irrégulière, ayant 2 m. 30 à 2 m. 50 de hauteur, 45 à 48 centimètres de vide intérieur, 15 centimètres d'épaisseur et d'une contenance moyenne de 100 litres environ.

A cette époque, chaque forge était probablement alimentée par le même groupe d'hommes, ou la même famille, se partageant la besogne, et réunissant des ouvriers mineurs, bucherons, charbonniers et forgerons.

Les traces de ces anciens ateliers, se rencontrent principalement, dans les combes les plus écartées, dans les ravins les plus sauvages, quelquefois à l'entrée d'une caverne, souvent sur les hauts plateaux de nos montagnes, mais toujours au milieu d'un massif forestier, et le plus près possible du minerai.

En effet, le transport du bois aurait été beaucoup plus pénible que celui du minerai, dont il fallait peu, et qui pouvait alors être recueilli en beaucoup d'endroits et sans peine, à la surface du sol.

La carbonisation du bois était pratiquée dans nos pays depuis bien longtemps, par les fondeurs de bronze, car on a retrouvé, à 20 pieds de profondeur, dans une tourbière située près de

Bellelay, *une place à charbon*, qui, d'après M. Quiquerez serait âgée de 4,000 ans.

Vivant en partie du produit de leur chasse, libres et farouches, les premiers forgerons gaulois, formèrent dès l'origine comme ceux de l'Inde, d'où venaient leurs ancêtres, une caste séparée

Faisant mystère de leurs procédés, dont ils ne léguaient la tradition qu'à leurs descendants, ces rudes ouvriers, *dont les grands ongles et les grossiers vêtements, ont laissé leurs empreintes sur l'argile de leurs fourneaux*, tenaient avant tout à conserver le secret du métier qui les rendaient indépendants, en effrayant les curieux.

Dans beaucoup d'endroits mal famés, cités par d'antiques et sinistres légendes, comme le *rendez-vous des gnômes ou des sorcières au sabbat*, on a retrouvé les scories d'une ancienne forge celtique.

Lorsqu'un fourneau avait consommé le bois environnant, ses propriétaires transportaient leur industrie dans un autre endroit, et s'y construisaient des baraques, pour mettre leurs femmes et leurs enfants à l'abri des ours et des loups, dont nos forêts étaient alors infestées.

Puis le travail commençait, les bûcherons coupaient le bois pour les charbonniers, et les mineurs apportaient leur minerai près du fourneau, cylindre creux, de terre réfractaire, adossé à un talus, et percé à sa partie *inférieure*, d'une ouverture analogue à la porte des fourneaux ronds, employés aujourd'hui pour chauffer les appartements.

Cette ouverture, laissée constamment ouverte, avait pour but principal de *donner du tirage au fourneau, car les soufflets n'étaient pas encore inventés*.

Quand tout était prêt pour allumer le fourneau, on le remplissait de charbon par le haut, on allumait ce charbon par la petite ouverture du bas, et l'on maintenait le fourneau toujours plein de charbon, en en remettant par le haut, au fur et à mesure que celui de l'intérieur se consumait, jusqu'à ce que le fourneau était suffisamment chaud pour réduire le minerai, ce qui demandait un temps plus ou moins long, selon la saison et le temps plus ou moins favorable.

Une fois le fourneau chaud, le forgeron commençait à mélanger un peu de minerai au charbon, et attendait patiemment qu'après avoir traversé tout l'appareil, et s'y être *réduit*, c'est-à-dire débarrassé de tous les corps étrangers, ce minerai vienne couler en gouttelettes pâteuses, dans une petite poche ménagée au fond du fourneau, poche que le forgeron surveillait par la petite ouverture dont nous avons parlé ci-dessus.

Au fur et au mesure que ces gouttelettes tombaient, le forgeron en faisait un petit *lopin*, c'est-à-dire une petite boule de fer à l'état spongieux, au moyen d'un long *bâton de bois vert*, en employant un tour de main traditionnel, employé de nos jours encore par les forgerons, mais avec une longue barre de fer appelée *ringard*.

Puis, quand le lopin était suffisamment gros, 1 ou 2 kilos au maximum, le forgeron ou son aide le retirait du fourneau, le portait *sur un quartier de roche*, et le forgeait de son mieux, *avec un petit marteau de pierre*.

Pendant que le lopin se forgeait, après avoir été réchauffé plusieurs fois dans la petite ouverture du fourneau, un autre lopin se préparait, et le travail continuait sans interruption, *jour et nuit*, jusqu'à ce que le fourneau crevassé, exigeât des réparations.

M. Quiquerez a retrouvé *des enclumes et des marteaux de pierre*, ainsi que des scories portant l'empreinte des *ringards de bois vert*.

Comme on le voit, l'humble fabrication primitive du fer était longue, pénible, incertaine, et les produits bien minimes, pour une énorme consommation de charbon.

Il est très difficile d'apprécier le rendement d'une forge celtique, du modèle primitif, mais nous estimons, que dans les meilleures conditions possibles, elle ne pouvait guère dépasser 4 à 5 kilos de fer en barre par 24 heures, et peut-être, sommes-nous au-dessus de la vérité, car la productoin *dépendait avant tout du tirage du fourneau.*

La production des fourneaux de la deuxième catégorie était beaucoup plus considérable, vu leurs plus grandes dimensions.

On a retrouvé, auprès de certains de ces fourneaux, *des amas de 100 à 200 mètres cubes de scories*, contenant encore tellement de fer non réduit, par suite de l'absence d'une soufflerie, et des procédés primitifs de fabrication, qu'un directeur des forges d'Underveliers, il y a une cinquantaine d'années, essaya de les employer comme minerai.

L'industrie du fer, ne pouvait que prospérer dans notre pays, que Jules César citait comme étant le mieux cultivé de toutes les Gaules.

Aussi, 400 ans après l'arrivée des Kimris, les Séquanais, enrichis par l'agriculture et l'élève des bestiaux, étaient devenus une puissante nation.

Depuis longtemps déjà, les essieux de leurs charriots dont les roues étaient cerclées de fer, marquaient la trace de leur passage sur les parois de certaines routes à ornières, creusées par eux dans le roc de nos montagnes.

Depuis longtemps, ils avaient des monnaies *d'or, d'argent, de bronze et d'étain coulées dans un moule*, et représentant d'un côté, le cheval cornu des médailles gauloise, une tête informe de l'autre.

Depuis longtemps, leurs produits descendant le Doubs, la Saône, et le Rhône, allaient s'échanger à Marseille contre les vins, les étoffes, les poteries, les métaux, les bijoux et les verroteries émaillées de l'Italie et de l'Orient.

Les Bretons (Anglais), venaient chercher leur fer dans les Gaules, dont les mines étaient alors partout exploitées.

César parle dans ses mémoires des mineurs Bituriges (pays de Bourges), ainsi que des grandes forges de leur pays.

De nombreux et importants amas de scories, provenant des anciens fourneaux, ont été retrouvés dans l'ouest de la France, dans les régions minières des Pyrénées, des Ardennes, de l'Orne, de la Sarthe et du Périgord, où leurs scories accumulées forment parfois de véritables collines

Ces richesses avaient excité la convoitise des Romains, qui, 110 ans avant J.-C., occupant déjà les régions comprises entre le Rhône et les Pyrénées Orientales, étaient devenus les dangereux voisins des Séquanais.

Cette année là, un épouvantable torrent de créatures humaines, parti des rives de la Baltique, entra dans les Gaules, pillant, brûlant, ravageant les campagnes, et réduisit le pays à de telles extrémités, que dans p'usieurs villes, les habitants retirés à l'abri de leurs remparts, mangèrent de la chair humaine plutôt que de se rendre.

C'étaient les *Cimbres* et les *Teutons*.

Quatre armées romaines furent détruites successivement par ces barbares.

Mais ils commirent la faute de se séparer, et les Teutons battus près d'Aix par Marius, laissèrent tant de cadavres sur le champ de bataille, qu'il en fut engraissé pour plusieurs siècles, et porta dès lors le nom de *champ pourri*.

Pendant longtemps même, les habitants du pays *n'enfermèrent et n'étayèrent leurs vignes qu'avec des os de mort.*

En traversant notre pays, qu'ils avaient précédemment dévasté, les Teutons cherchant à regagner la Germanie furent attaqués par les Séquanais, qui taillèrent en pièces les débris de leurs bandes, firent prisonnier leur roi Teutobock, géant d'une taille colossale et d'une force presque surhumaine, et le livrèrent à Marius, au moment où ce grand capitaine courait en Italie, rejoindre les Cimbres près de Verceil, à leur descente des Alpes centrales.

Les Cimbres ignoraient le sort des Teutons, mais connaissant Marius, lui envoyèrent des propositions de paix « Donne-nous des terres, lui dirent-ils, des terres pour nous et nos frères les Teutons. » Laissez là vos frères s'écria Marius, nous leur avons donné une demeure pour l'Eternité. — Tu railles ! mais malheur à toi et à ton peuple quand les Teutons seront arrivés en Italie.

Ils y sont ! Embrassez-les ! répondit Marius, et il fit venir Teutobock avec les siens chargés de chaînes.

Cette scène de théâtre atterra les Cimbres ; Marius leur livra bataille, les anéantit, et fit exterminer jusqu'aux femmes, jusqu'aux enfants, jusqu'aux chiens !

Près d'un demi-million de créatures humaines périrent dans cette journée.

Depuis la défaite des Cimbres, jusqu'à l'arrivée de Jules César dans les Gaules, la Séquanie vécut en paix avec les Romains, mais non avec les autres peuples voisins.

Rivaux des Eduens, les Séquanais pour les asservir, commirent la faute de se liguer avec Arioviste, roi des Suèves.

Les Eduens furent battus (72 ans av. J.-C.), mais le Rhin ne fut plus une barrière à l'invasion germaine, et deux années après, Arioviste, à qui les Séquanais avaient cédé une partie de leur territoire, traitait la Séquanie en pays conquis, et, appuyé par 125,000 Harudes, Triboques et Suèves, qu'il avait fait venir sous différents prétextes, obligeait nos trop naïfs ancêtres à implorer le secours de Jules César.

Ce dernier, enchanté de pouvoir occuper militairement leur pays, rassemble son armée à Besançon, puis, accompagné de la cavalerie séquanaise, court attaquer les Germains. Huit jours après, Arioviste, battu près de Montbéliard, repassait le Rhin avec peine, laissant entre les mains des vainqueurs, sa famille et les bagages de son armée, dont quelques débris seulement rentrèrent en Germanie.

Notre pays ne fit que changer de maître, car peu d'années après, les Séquanais, unis cette fois avec toutes les autres nations gauloises, dans le formidable soulèvement que dirigea Vercingétorix, voyaient ce dernier vaincu sous les murs d'Alésia, et la domination romaine établie dans les Gaules (52 ans av. J.-C.)

Depuis quelques années, on a découvert plus de vingt localités, occupées dans notre pays par les hommes des *âges de la Pierre, du Bronze et du Fer.*

Les plus importantes de ces stations, sont celles : du Mont-Vaudois et de Saint-Valbert, près d'Héricourt, du Mont-Bart, de Chataillon, de Sainte-Suzanne et du Parc près de Montbéliard ; du Grammont au-dessus de Beaucourt ; de Chatillon, près de Roche-les-Blamont ; de la Bouloie et des vieilles vignes d'Hérimoncourt ; de Mandeure ; et de la caverne de Cravanche, près Belfort.

CHAPITRE V

Époque romaine (1 à 500).

Ce fut pendant les premières années de l'ère chrétienne, et sous l'empereur Auguste, que commença la transformation de la Gaule chevelue en province romaine.

Le gouvernement impérial, pour combattre le druidisme, s'attacha d'abord les hautes classes gauloises, en leur conservant leurs anciens droits et leurs propriétés, puis fit passer dans les Gaules, avec de larges priviléges, une foule de vétérans légionnaires, dont il restait à récompenser les services.

Ces hommes, que les aigles romaines avaient conduits dans tout l'univers connu, apportèrent dans notre pays, non seulement les mœurs et la civilisation de l'Italie, mais encore toutes les industries connues, toutes les découvertes faites, et tous les progrès accomplis alors par l'humanité.

A partir de cette époque, la transformation de notre pays fut rapide.

Les Romains, ces grands bâtisseurs, à qui l'on doit la première route pavée construite 512 ans avant J.-C., et qui élevèrent la maçonnerie à la hauteur d'un art, par le choix de leurs matériaux, de leurs ciments, et l'emploi judicieux de la voûte dans les massifs, les Romains, disons-nous, construisirent en Séquanie quatre voies principales, sur lesquelles s'embranchaient une foule de routes secondaires.

La voie romaine conduisant de Besançon à Mandeure, par les villages actuels de Blussans, Saint-Maurice, Dampierre, Voujaucourt était encore très visible il y a une cinquantaine d'années, et même sur plusieurs points d'une parfaite conservation.

L'inscription d'une colonne milliaire, retrouvée à Mandeure en 1718, fixait à *45,000 pas*, la la distance entre cette ville et Besançon.

Après avoir traversé les territoires de Valentigney, d'Audincourt, et de Taillecourt, cette voie se divisait en deux branches, conduisant l'une à Brisach, Horbourg et Strasbourg, l'autre à Kemps et Augst, près de Bâle.

La première se dirigeait sur Grammatum, (lieu inconnu) première station depuis Mandeure, on en a retrouvé les traces dans les prés d'Etupes qui bordent l'Allan ; on les a retrouvées encore au-delà de cette rivière, et un peu plus loin, dans le bois de Vourvenans. Des culées indiquant l'existence d'un pont ont été reconnues lors des eaux basses de l'Allan sur Etupes, presque vis-à-vis du village de Brognard.

De tous côtés, s'élevèrent de splendides constructions, où le marbre était prodigué aussi bien à l'extérieur qu'à l'intérieur.

Mais une chose manquait encore à ces édifices, décorés de mosaïques merveilleuses, encombrés de ces admirables sculptures et de ces inimitables poteries, qui font encore le désespoir de nos artistes, l'*éclairage*.

L'éclairage, création de la chimie et de la science moderne, était alors dans l'enfance, et *des lampes fumeuses*, analogues à celles qu'employaient jadis nos paysans, empestaient alors les palais les plus somptueux.

L'industrie du verre, apportée chez nous, y fit de tel progrès, que certains vases romains en verres et émaux de couleur, *seraient difficilement reproduits par l'industrie moderne*.

Les miroirs de verre, avaient remplacé les miroirs de métal, et la découverte *de fenêtres vitrées* à Pompéï, fait supposer que l'emploi en était général.

Besançon eut son école, enseignant la langue latine et les sciences, alors que les bibliothèques de l'empire, contenaient des centaines de milliers de volumes écrits sur papyrus.

L'astronomie avait joint aux connaissances des anciens, la théorie d'Hipparque (astronome du deuxième siècle avant J.-C.) sur le soleil, et la géographie devait à ce savant, l'invention des lignes conventionnelles, *latitudes et longitudes*.

L'histoire naturelle des animaux avait été écrite par Aristote, (350 ans av. J.-C.), au vu des échantillons qu'Alexandre-le-Grand son élève, faisait rechercher pour lui, dans les pays conquis par ses armes.

Hérophile avait disséqué le corps humain, fondé l'anatomie, et Hippocrate la médecine, (400 ans av. J.-C.) dont les adeptes employaient alors comme médicament, *le sucre de canne*, importé de l'Inde, et qui d'après Dioscoride, médecin grec du deuxième siècle, était *semblable au sel et craquait sous la dent*.

Toutes les ressources minéralogiques, carrières, mines, salines, furent exploitées plus avantageusement ; partout le sol fut exploré et fouillé, et les quelques gîtes miniers d'or ou d'argent existant alors dans les Gaules, furent promptement épuisés.

Une tentative de *réunion de la Saône à la Meuse par un canal*, fut faite par L. Vétius sous le règne de Néron (60 ans après J.-C.), mais les travaux furent abandonnés.

L'industrie Séquanaise eut à sa disposition, une foule d'outils dont elle avait été privée jusqu'alors.

La moufle à poulies mobiles, le cric, la vis inclinée et la vis sans fin, avaient été inventés, par Archimède (mort 212 ans av. J.-C.)

Le treuil, la chèvre, le cabestan, et quantités d'autres appareils, employés de nos jours encore dans la construction des bâtiments, avaient été décrits par Vitruve, 50 ans avant J.-C.

Thalus avait inventé *le tour et la roue du potier, le ciseau, le compas et la scie*.

Héron d'Alexandrie (250 ans avant J.-C.), les *automates*, et le clepsydre à eau, qui fut perfectionné plus tard par *l'inventeur des pompes*, Ctésibius, fils d'un barbier d'Alexandrie. Le clepsydre à eau de Ctésibius, était une horloge, dont les rouages étaient mis en mouvement, par un filet d'eau tombant sur une roue à augets.

Ce mécanicien de génie, construisit le premier *clepsydre à rouages, marquant les heures, les jours, les mois, et les années*. Cet admirable appareil, contenant *une roue à augets*, un *siphon*, (inventé par Orance) un *régulateur* pour l'écoulement de l'eau, était en outre, muni d'un mécanisme remarquable, indiquant les heures de nuit et de jour, *variant* (suivant l'usage antique) de *longueur avec les saisons.*

Cette machine fut selon nous, la *première horloge* à rouages connue.

C'est probablement aussi après l'arrivée des colons romains dans notre pays, que les humbles forges celtiques primitives furent munies d'un *soufflet*, transformation radicale, qui devait amener beaucoup plus tard la découverte de la fonte, et la construction des gigantesques hauts-fourneaux modernes.

Le pauvre forgeron inconnu, qui, le premier, un jour d'orage ou de pluie, appliqua un soufflet rudimentaire à son fourneau, pour remédier à un tirage insuffisant, ne se doutait guère qu'il avait complétement révolutionné l'industrie du fer, et que son idée enfanterait les colossales machines soufflantes employées de nos jours.

Les plus anciennes traces de cet important perfectionnement, ont été retrouvées dans l'Inde, d'où il fut apporté en Europe.

Trois siècles av. J.-C., des soufflets mus à bras, activaient la flamme des fourneaux à fer de la Grèce et de l'Italie.

Deux vers de Virgile, poëte latin né 70 ans av. J.-C., nous apprennent que de son temps, les soufflets de forges étaient en cuir et munis de soupapes.

Cet instrument, employé de nos jours encore par certains artisans, ne fut pendant bien longtemps qu'un appareil imparfait, suppléant à un mauvais tirage, et ne pouvant dans son insuffisance, qu'activer et régulariser la combustion, sans élever sensiblement la température.

Une seconde ouverture, ménagée dans le bas du fourneau pour la buse de la soufflerie, *fut la seule modification* apportée aux fourneaux de notre pays, alors que le nouveau système y fut appliqué.

Cette modification, constatée par M. Quiquerez sur les fourneaux de la 3ᵉ espèce, diminua la longueur de chaque opération, et la dépense du combustible, tout en permettant d'obtenir une qualité de fer plus régulière, et de plus gros lopins.

Il avait fallu des siècles de tâtonnements, et des milliers d'essais réitérés pour en arriver là!

L'ignorance de farouches ouvriers à demi-sauvages, mêlant à leurs méthodes de travail une foule de pratiques superstitieuses, conservant avec un soin jaloux le mystère de leurs procédés, à une époque où les sciences physiques et chimiques n'existaient pas même de nom, à une époque où les plus intelligents savants de l'Europe, professaient sur ces sujets des théories aussi naïves qu'absurdes, cette ignorance disons-nous, devait empêcher tout progrès sérieux dans l'industrie du fer, pendant 12 siècles encore.

Et pourtant le travail était rude et le résultat bien minime, la consommation du charbon était énorme en raison du produit.

Les minerais très riches pouvaient seuls être exploités, et la majeure partie du fer se perdait encore dans les scories.

La qualité du métal variait à chaque opération, et ne dépendait pas du seul travail de l'ouvrier, mais de la composition et de la nature variable du minerai et du combustible, de la température extérieure, du temps, de la saison, de mille causes enfin.

Avec la civilisation, la consommation du fer augmenta, les forges se multiplièrent, et le nombre des forgerons devenant insuffisant, les Romains, pour les laisser à leurs fourneaux, firent extraire le minerai par des esclaves ou des condamnés

La simplicité de ces ateliers primitifs, en

permettait le déplacement facile, **alors que le sol absolument rasé**, n'offrant plus même un arbrisseau à la hache du charbonnier, obligeait toute l'équipe à rechercher un autre massif boisé.

D'un autre côté, les forêts gaspillées par les habitants, pour le chauffage et les constructions, reculaient chaque jour devant les progrès de l'agriculture, *qui plantait alors la vigne dans le Jura.*

Cet état de choses attira bientôt l'attention des Romains, et ceux-ci comprenant l'importance de la conservation des forêts, édictèrent certaines lois restrictives de police forestière, réglant les coupes dans les plaines, et limitant les défrichements.

Nos montagnes, couvertes encore de forêts vierges, impénétrables, étaient peu habitées à cette époque, et ne furent défrichées que beaucoup plus tard.

C'est alors aussi, que nos cours d'eau commencèrent à faire mouvoir des *moulins à farine*, dont Vitruve ne fait mention qu'à propos des roues à palettes, et comme d'un appareil trop connu pour nécessiter une description.

On ne sait ni à quelle époque, ni par qui, fut construit *la première roue à palettes*, transmettant la force motrice d'un cours d'eau à un mécanisme quelconque.

Ce genre de roue fut appliqué même à la navigation par les anciens, on a retrouvé des médailles romaine représentant *un navire de guerre muni de trois paires de roues*, semblables à celles de nos bateaux à vapeur, mais tournées par des bœufs.

Précédemment, nous avons mentionné la *roue à augets*, en décrivant l'*horloge* de Ctésibius.

Par conséquent, les Séquanais eurent à leur disposition les deux procédés employés de nos jours, pour utiliser les chutes d'eau et les simples courants.

Le *moulin à farine des Romains*, pouvait être construit entièrement en bois, et par un charpentier ordinaire.

Son mécanisme, réduit à la plus simple expression, ne comprenait que l'arbre, (cette fois dans l'acception du terme) de la roue hydraulique, roulant sur des pivots de fer, et portant une roue dentée, engrenant avec le pignon de l'axe vertical de la meule courante (mobile.)

Les derniers moulins de cette espèce, fonctionnaient encore dans notre pays il y a 80 ans à peine, et les constructeurs modernes ne les ont perfectionnés qu'en les compliquant.

Il est vrai que les anciens appareils rendaient peu, et que les produits en étaient irréguliers, mais ils ne coûtaient guère, se détraquaient rarement, et suffisaient aux besoins.

La fabrication des étoffes était aussi très avancée.

Les métiers à tisser à plusieurs rangs de lisses, combinant les couleurs et variant les dessins, travaillaient la soie, la laine et le coton.

Le lin servait aussi bien à la fabrication des toiles à voiles grossières, qu'à celle de cette étoffe légère, qui habille une femme sans la couvrir, *la mousseline*, inventée naturellement par une femme, Pamphile de Céos, fille de Latoüs.

Les teinturiers de cette époque, fixaient avec des *mordants* presque toutes les couleurs végétales et animales employées encore à nos jours; et *deux fabriques de savon* découvertes à Pompéi, nous ont renseigné sur les anciens procédés de lessivage.

La tannerie n'avait plus beaucoup de progrès à faire.

Enfin les *selles*, inventées en 340 dit-on, par les Saliens, peuplade de la Franconie, remplacèrent les tapis ou les simples couvertures que les cavaliers avaient employés jusqu'alors.

Les arts et l'industrie firent un grand pas en Séquanie pendant l'époque romaine, mais, comme nous l'avons déjà fait remarquer dans le chapitre de l'âge du fer, l'Inde était depuis bien des siècles, considérablement plus avancée que l'Europe, dans la connaissance des sciences exactes.

Toute médaille a son revers, et si chaque progrès accompli apporte à l'humanité des jouissances nouvelles, il crée en revanche de nouveaux besoins à l'aristocratie, et ne fait qu'augmenter le nombre des privations endurées par les pauvres.

En effet, la civilisation romaine, apportait avec elle le luxe et la dépravation.

Il fallait de l'argent, immensément d'argent, pour construire ces palais, ces arènes, ces temples merveilleux ; il fallait de l'argent, énormément d'argent, pour payer les armées romaines, et subvenir au luxe effréné des empereurs et de l'aristocratie.

Cet argent, le peuple seul, cultivateur et artisan, devait le fournir.

Et le peuple, à bout de forces, exténué, se couchait pour mourir.

La classe des petits cultivateurs avait disparu, les grands propriétaires y suppléèrent par des esclaves, qui disparurent bientôt, usés par la rigueur des travaux qu'on leur imposait.

Les campagnes se dépeuplaient.

Au commencement du 5e siècle, il y avait dans la Campanie, la meilleure province de l'Empire, *528,000 arpents de terres en friche.*

Plusieurs générations industrielles avaient été successivement détruites par l'esclavage, et les produits de l'industrie et de l'agriculture devenaient si rares, qu'un édit de Dioclétien, (284 à 305) fixe ainsi le prix des denrées :

Une paire de caligæ (la plus grossière chaussure) coûtait 22 fr. 50 ; la livre de viande, de bœuf ou de mouton 2 fr. 50, de porc 3 fr. 60 ; le vin de dernière qualité, 1 fr. 80 le litre ; une o e grasse 45 fr.; un lièvre 33 fr.; un poulet 13 fr.; un cent d'huîtres 22 fr., etc.

Lactance, écrivain latin mort en 325, nous a laissé le terrible tableau de cette époque.

« Tellement grande était devenue la multitude de ceux qui recevaient, en comparaison du nombre de ceux qui devaient payer, telle l'énormité des impôts, que les forces manquaient aux laboureurs, les champs devenaient déserts et les cultures se changeaient en forêts... Je ne sais combien d'emplois et d'employés fondirent sur chaque province, sur chaque ville.

Tous ces gens-là, ne connaissaient que condamnations, proscriptions, exactions, non pas fréquentes, mais perpétuelles, et dans les exactions d'intolérables outrages... Mais la calamité publique, le deuil universel, ce fut quand le fléau du cens ayant été lancé dans les provinces et les villes, les censiteurs se répandirent partout, bouleversèrent tout ; vous auriez dit une invasion ennemie, une ville prise d'assaut.

On mesurait les champs par mottes de terre, on comptait les arbres, les pieds de vigne. On inscrivait les bêtes, on enregistrait les hommes. On n'entendait que les fouets, les cris de la torture ; l'esclave fidèle était torturé contre son maître, la femme contre son mari, le fils contre son père, et faute de témoignages, on les torturait pour déposer contre eux-mêmes ; et quand ils cédaient, vaincus par la douleur, on écrivait ce qu'il n'avaient pas dit.

Point d'excuses pour la vieillesse ou la maladie, on apportait les malades, les infirmes. On estimait l'âge de chacun, on ajoutait des années aux enfants, on en ôtait aux vieillards, tout était plein de deuil et de consternation.

Encore ne s'en rapportait-on pas à ces premiers agents : on en envoyait toujours d'autres pour trouver d'avantage, et les charges doublaient toujours, ceux-ci ne trouvant rien, mais ajoutant au hasard, pour ne pas paraître inutiles.

Cependant les animaux diminuaient, les hommes mouraient et l'on n'en payait pas moins des impôts pour les morts. »

Pendant l'année 270, tous les serfs des Gaules, prirent les armes sous le nom de *Bagaudes* afin d'échapper à l'exploitation d'une aristocratie impitoyable.

Les *Bagaudes*, comme plus tard les *Jacques Bonhommes*, furent écrasés après une résistance héroïque, traqués comme des bêtes fauves, et l'ancien état de choses reprit son cours habituel.

La misère du peuple Séquanais, fut augmentée encore par deux invasions successives d'*Alamans* (260 et 296), qui ravagèrent notre pays.

Il fallut l'avénement de Constantin, et 50 ans de paix, pour effacer la trace de leurs dévastations.

Mais la puissance de Rome déclinait, et l'on voyait depuis longtemps rôder le long du Rhin, comme des loups affamés, les innombrables nations barbares, qui attendaient l'affaiblissement du colosse pour s'en partager les dépouilles.

A la mort de l'Empereur Théodose en 395, l'empire romain fut partagé entre ses deux fils.

Arcadius eut l'Orient avec Constantinople pour capitale.

Honorius eut Rome et l'Occident.

L'empire d'Orient devait durer encore 1058 années.

L'empire d'Occident allait tomber 81 ans plus tard, sous les coups des Barbares.

En 350, nouvelle invasion d'*Alamans et de*

Franks, qui s'établirent en Séquanie, et n'en sortirent que 7 ans après, ne laissant derrière eux que des ruines fumantes.

Julien qui les avait repoussés, parle de Besançon comme d'une petite ville renversée.

Pendant les 50 ans qui suivirent, la malheureuse Séquanie essayait encore de se relever, lorsqu'elle retomba broyée sous l'épouvantable orage qui creva sur elle dans la nuit du 31 décembre de l'année 406.

Alors, dit Théophile Lavallée, on vit se répandre dans les Gaules des Barbares de toutes sortes.

« L'Hérule aux joues verdâtres, le Saxon aux yeux d'azur, le Sicambre aux cheveux graissés, le Suève, le Sarmate, le Gépide, etc. Tout est mêlé, hommes, armes, habitudes, vêtements, les anneaux de fer, les peaux de bêtes, les tuniques étroites, les corps velus et tatoués les casques de tête de loup, les saies bigarrées! haches, frondes, crochets, massues, filets de cuir, flèches armées d'os pointus, les uns antropophages et se parant de la peau des vaincus, les autres adorant des épées, des monstres, ceux-ci à cheval sur des rennes, ceux-là en barque, en charriots. N'ayant de commun que le mépris de la vie, la soif du sang, et la fureur de détruire. »

Ce torrent furieux, ne laissa en s'éloignant qu'un désert jonché de débris.

Deux ans plus tard, les Vandales achevaient de détruire ce que les autres avaient oublié, et en 409, Alaric roi des Visigoths, s'emparait de Rome, et livrait cette ville au pillage pendant trois jours.

A partir de ce moment, les empereurs ne furent plus que les jouets des Barbares, qui disposèrent en maîtres de toutes choses.

Rome avait fait son temps, aux invasions allaient succéder d'autres invasions, et pendant de longs siècles notre pays n'eut plus d'histoire.

Après le passage de ces hordes féroces, les Séquanais échappés au massacre, sortirent de leurs retraites, et recommencèrent pour la sixième fois dans l'espace d'un siècle et demi, à relever leurs habitations incendiées, leurs villages dévastés, leurs villes renversées.

Mais il était écrit que les dernières traces de la brillante civilisation romaine, devaient disparaître de nos pays, malgré la persévérance et le courage de nos malheureux ancêtres.

En effet pendant l'année 456, la hideuse armée d'Attila, battue par Aétius et rentrant en Germanie, trouva notre pays réparant ses désastres, Besançon et Mandeure relevés en partie.

Ces deux villes s'abîmèrent de nouveau dans les flammes, le pays tout entier fut abominablement saccagé, et les habitants qui ne purent échapper à la rage de ces tigres du Nord, furent égorgés, sans distinction de sexe ou d'âge, par ces effroyables brutes, qu'enivraient l'odeur du sang, les râlements des victimes, et la fumée des incendies.

On a retrouvé chez nous des monnaies portant d'un côté la tête de leur roi avec son nom, ATTEVLA, et sur le revers, un cheval avec ce mot VLATOS.

Après toutes ces horreurs, la population fut tellement diminuée, et les survivants tellement misérables et découragés, *que Besançon resta désert pendant 50 ans*, et que les forêts commencèrent à regagner le terrain que l'agriculture leur avait enlevé.

En 476, le dernier descendant des Césars, Romulus Augustule, un enfant de six ans, fut détrôné par Odoacre, chef des Hérules, et les ornements impériaux furent envoyés à Constantinople.

Ainsi finit, après cinq siècles d'existence, le grand Empire romain d'Occident.

Pendant la seconde moitié du cinquième

siècle, les Burgondes occupèrent la Séquanie, et s'étendirent le long du Rhône, jusqu'à la province Viennoise, puis, par la douceur de leur caractère, et leur communauté d'origine avec les habitants, déterminèrent les Gallo-Romains à partager avec eux les terres, les esclaves, les propriétés et à reconnaître leur roi.

Le premier royaume de Bourgogne fut alors fondé.

Vers l'an 180, la religion chrétienne fut apportée en Séquanie, par Saint-Ferréol et Saint-Ferjeux.

Les prédications des apôtres et de leurs disciples, répandaient alors le Christianisme dans tout le monde romain. A partir du troisième siècle, un chrétien pouvait voyager depuis l'Asie Mineure jusqu'en Bretagne, avec une lettre de son évêque et trouver partout des frères et partout aide et protection.

Pendant les persécutions, les chrétiens s'étaient constitué en une immense Société particulière, ayant des signes mystérieux de reconnaissance, une discipline sévère, une hiérarchie parfaitement établie.

D'abord, les évêques nommés par les fidèles au dessus, les métropolitains ou archevêques, puis, les primats archevêques des grandes capitales

Le primat de Rome, fut de bonne heure considéré comme le représentant du catholicisme entier, et le concile de Constantinople en 381, lui attribua la suprématie sur tous les autres. *Le nom de pape, porté d'abord par les évêques, fut réservé pour lui seul*, et déjà en 440, le pape Léon-le-Grand, commençait à jouer un rôle important dans les affaires publiques.

Après la chute de l'Empire, l'Eglise romaine se vit sérieusement menacée dans son existence même.

Les Ostrogoths, puis ensuite les Lombards occupèrent l'Italie. Mais ces derniers ne purent s'emparer de Rome, de Ravenne et du sud de la péninsule, où le pape était protégé par l'empire grec.

Les Ostrogoths, et les Lombards étaient Ariens.

Tout le reste de l'empire d'Occident, à part une petite partie des Gaules, était occupé par des populations païennes ou ariennes.

Disons maintenant ce qu'était l'Arianisme.

La doctrine des Ariens fut prêchée vers l'an 312, par Arius, prêtre de l'école d'Alexandrie (Egypte).

Arius niait la divinité du Christ, tout en le regardant comme un homme éminemment parfait.

L'école d'Alexandrie était alors la plus savante de l'Empire, sa bibliothèque, regardée comme la plus riche du monde, possédait une foule de manuscrits orientaux, parmi lesquels se trouvaient les copies des livres religieux de l'Inde.

Ces livres, écrits par les brahmes (prêtres) de l'Inde, sont *les plus anciens livres du monde*, et démontrent d'une façon irréfutable, que *tous les dogmes, tous les mythes religieux, tous les préceptes du catholicisme, ont été enseignés dans l'Inde, des milliers d'années avant J.-C.*

Nous donnons ci-après, un résumé rapide de la légende hindoue de Christna.

Légende de Christna.

Environ 4800 ans av. J.-C., la sœur du rajah de Madura (Indes Orientales) étant enceinte, eut un songe, pendant lequel Vischnou lui apparut et lui dit : « Tu auras une fille que tu appelleras Dévanaguy, (donnée par Dieu, en sanscrit) elle doit rester vierge, car c'est par elle que les desseins de Dieu doivent s'accomplir.

La naissance et l'enfance de Dévanaguy furent accompagnées de prodiges, et le rajah averti par un songe, que Dévanaguy aurait un fils qui devait le détrôner, enferma la vierge dans une tour.

Un soir, Vichnou apparut à Dévanaguy dans sa prison, *il s'incarna en elle*, et la vierge conçut.

La nuit de son accouchement, un envoyé de Vichnou l'enleva de la tour, et la conduisit *dans une bergerie* appartenant à son oncle Nanda, lequel *averti par un songe*, se mit en marche avec *de saints personnages pour aller adorer le nouveau-né*, qui fut appelé CHRISTNA (mot sanscrit signifiant *sacré*.)

Le rajah furieux de la fuite de Dévanaguy, *ordonna le massacre de tous les enfants* nés dans ses états, pendant la nuit où Christna était venu au monde.

Nanda prévenu, *emmène Christna et sa mère sur les bords du Gange*, pour le soustraire à la fureur du rajah.

A l'âge de 16 ans, Christna se mit à parcourir l'Inde, luttant contre l'esprit du mal, ressuscitant les morts, guérissant les lépreux, rendant l'ouïe aux sourds, et la vue aux aveugles, soutenant le faible contre le fort, et déclarant hautement, *qu'il est la seconde personne de Vischnou*, venu sur la terre *pour racheter l'homme de la faute originelle*.

Après quelques années de prédication, *il s'entoura de disciples* pour continuer son œuvre.

Souvent Christna disparaissait pour éprouver leur foi, revenait relever leur courage dans les moments difficiles, leur apparaissait parfois, dans tout l'éclat de la majesté divine, et *prêchait par paraboles*.

Quand Christna voulut retourner dans le sein de Vischnou, il défendit à ses disciples de le suivre, alla sur les bords du Gange, où il fut percé de flèches par un envoyé des prêtres dont il avait dévoilé les crimes.

Son meurtrier, nommé Agaüda, fut condamné (voir le Juif Errant), à vivre éternellement errant sur les bords du Ganga.

Le corps de l'homme-dieu fut *suspendu à un arbre par son meurtrier.*

Un de ses disciples vint pour l'ensevelir, *mais le corps avait disparu*, et l'arbre auquel il avait été suspendu, s'était couvert de grandes fleurs rouges, exhalant les parfums les plus suaves.

Le court extrait ci-dessus suffit pour démontrer que l'ancienne légende hindoue, ressemble d'une façon étrange aux récits des apôtres.

La légende de Christna, et les préceptes de Manou dans les Védas, ne furent connus à l'origine de l'Eglise catholique, que du haut clergé et des savants.

La bibliothèque d'Alexandrie fut brûlée, en 640, quand Omar, deuxième calife succédant à Mahomet s'empara de cette ville, et toutes les traditions brahmaniques, retombèrent dans l'oubli.

C'est de nos jours seulement, que les travaux de Humboldt, Burnouf, Jacolliot, etc., etc. les ont exhumées du passé (Voir JACOLLIOT : *la Bible dans l'Inde, Christna et le Christ*. Marpon-Flammarion-Lacroix, éditeur, 4e édition).

Si nous ajoutons à ce que nous avons dit ci-dessus au sujet de l'Arianisme, que tous les savants de l'école d'Alexandrie ont accusé les apôtres d'imposture, *en leur indiquant la source où ils avaient puisé leurs récits sur le Christ*, on comprendra la haine des évêques catholiques pour les Ariens, et les dangers que courait alors la papauté.

En effet, si à cette époque, les Barbares Ariens, *maîtres* de la presque totalité de l'empire romain d'Occident, avaient été aussi intolérants vis-à-vis des catholiques, que ceux-ci le furent plus tard pour eux, il est fort possible que le cathôlicisme ne serait plus qu'un souvenir historique.

Nous allons voir l'Eglise se relever, et devenir puissante, grâce à l'appui des Francs.

CHAPITRE VI

Premier royaume de Bourgogne.

Domination franque. — Féodalité.

(502 à 1000).

502 ans après J.-C. Gondebaud Ier, roi de Bourgogne, promulgua la loi Gombette, dont la plupart des articles devaient être observés dans notre pays jusqu'au quatorzième siècle.

Cette loi, traitant les Burgonde et les Gallo-Romains sur un pied d'égalité complète, ne reconnaissait que 4 classes : Sénateurs et Comtes, petits propriétaires, artisans et marchands.

Empreinte des mœurs de l'époque, elle contenait entre autres dispositions bizarres, un article ainsi conçu :

Qui empoignera un homme *franc* aux cheveux, *avec une main*, paiera 2 sols, (5 francs 44 centimes) *avec les deux mains* 4 sols (10 fr. 88) et 6 sols, (16 fr. 32) d'amende. (Le sol d'argent valait alors 2 fr. 72.)

Un autre article dit :

Qui tuera (à son corps défendant) un *noble*, paiera 75 sols d'or. (1413 fr. 72) pour un *bourgeois*. 50. (642 fr. 50) pour un *artisan*, 37 1|2, (706 fr. 87). (Le sol d'or valait alors 18 fr. 87.)

On voit que la vie des esclaves ne comptait pas.

Les Clochettes devaient être en usage depuis longtemps, car il en est parlé en ces termes :

Qui dérobera la clochette d'un cheval, s'il est libre, paiera le cheval.

Les cloches furent inventées à cette époque par Saint-Paulin, évêque de Nole en Campanie (Italie), d'où le mot italien *campana*, conservé par nos paysans, qui appellent encore *campaines* les grosses clochettes employées pour le bétail.

La Séquanie perdit alors son nom, et se fondit dans le royaume de Bourgogne divisé en quatre cantons.

Varasque, Scodingue, Amous et Port.

Notre pays était compris dans le canton de Varasque.

Les Burgondes, comme du reste tous les Barbares établis alors dans les Gaules, étaient Ariens et détestés du clergé catholique, pour les motifs que nous avons exposés à la fin du chapitre précédent.

Les Francs alors établis en Belgique, étaient païens et formaient une population flottante, indécise, attendant une direction, une occasion. Les évêques allaient la leur fournir.

L'Eglise, dit Michelet, fit la fortune des Francs, il est juste d'ajouter qu'elle n'obligea pas des ingrats, et que les Francs lui rendirent la puissance qu'elle avait perdue, à la chute de l'empire romain.

Pourtant, leurs faibles bandes n'auraient jamais pu conquérir la Gaule, si les évêques ne les avaient encouragés et aidés de toutes façons, leur fournissant tous les renseignements nécessaires, espionnant pour eux, éclairant leur marche, leur ouvrant même par trahison les portes des villes assiégées par eux.

Ce fut une grande joie pour l'Eglise, quand en 496, Clovis se fit baptiser avec 3000 de ses guerriers.

Saint-Avitus, évêque de Vienne, et sujet des Bourguignons lui écrivait : *Quand tu combats, c'est à nous qu'est la victoire*, ce qui du reste était absolument vrai.

A cette époque, le baptême était regardé par les barbares comme un jeu lucratif.

Pendant le règne de Charlemagne, un jour que l'on baptisait des Northmans, on manqua d'habits de lin, ce qui arrivait fréquemment, à cause de la foule de ceux qui se présentaient au baptême pour avoir une chemise, et on donna à l'un d'eux une mauvaise chemise mal cousue. Il la regarda quelque temps avec indignation, et dit à l'empereur « *j'ai déjà été lavé ici vingt fois*, et toujours habillé de beau lin blanc comme neige ; un pareil sac est-il fait pour un guerrier, ou pour un gardeur de pourceaux ? Si je ne rougissais d'aller tout nu, n'ayant plus mes habits et refusant les tiens, je te laisserais là ton manteau et ton Christ. »

Les Avares, alliés de Charlemagne, voyant qu'il faisait manger dans la salle, leurs compatriotes chrétiens et les autres à la porte, *se firent baptiser en foule* pour s'asseoir aussi à la table impériale.

Avant d'attaquer les Visigoths, Clovis convoqua ses Francs « Il me déplaît dit-il, que ces *Ariens* possèdent la meilleure partie des Gaules, allons sur eux *avec l'aide de Dieu* et chassons-les ; soumettons leur terre à notre pouvoir. Nous ferons bien, *car elle est très bonne.* » (An 507.)

Loin de rencontrer aucun obstacle, il sembla qu'il fut conduit par une main mystérieuse. Une biche lui indiqua un gué dans la Vienne. Une colonne de feu s'éleva pour le guider la nuit, sur la cathédrale de Poitiers. Il envoya consulter les sorts à Saint-Martin de Tours, et ils lui furent favorables.

De son côté, il ne méconnut pas d'où lui venait le secours, et récompensa le clergé par des donations immenses, et des privilèges de toute nature.

Clovis, fit périr tous les petits rois Francs, ses alliés ou parents, employant, pour rester seul roi, les trahisons et les perfidies les plus infâmes.

Tout lui réussissait, écrivait Saint-Grégoire

de Tours, *parce qu'il marchait le cœur droit devant Dieu.*

En ces temps-là, comme de nos jours : Marcher le cœur droit devant Dieu, a toujours signifié : *servir les intérêts matériels* de l'Eglise catholique.

Pendant les deux siècles et demi qui séparent la mort de Gondebaud du règne de Charlemagne, notre malheureux pays, ensanglanté par les guerres qui le firent tomber sous la domination des farouches enfants de Clovis, désolé par les furieuses querelles de Brunehaut et Frédégonde, livré à la cupidité sans frein des comtes et des soldats, qui profitèrent de l'impuissance des rois fainéants d'Austrasie, pour se le partager, vit ses misères portées au comble à l'arrivée des *Sarrazins.*

Ces hordes impitoyables promenèrent à deux reprises, en 732 et 735, la mort et l'incendie dans nos régions.

Besançon fut détruit encore une fois, et d'autres villes disparurent pour toujours

Après le départ des Sarrazins, les derniers restes de la civilisation romaine, firent place à la barbarie la plus grossière.

Pendant ces déchirements, l'Eglise faisait son chemin sans bruit, d'immenses donations lui avaient été faites, chaque crime des rois lui rapportait une donation nouvelle.

Les Francs donnèrent au clergé une partie de ce qu'ils avaient pris; *il se trouva qu'ils avaient vaincu pour l'Eglise,* qui, en outre fabriquait pieusement de faux titres de donations, et les faisait régulariser par les derniers Mérovingiens, sur lesquels elle avait pris une autorité absolue.

Alors, dit encore Michelet, *le vrai roi, c'est le prêtre.*

De tous les côtés s'étaient fondés des couvents et des abbayes, où la paresse et la débauche entraient avec la richesse.

La règle de Saint-Colomban, prescrit deux jours au pain et à l'eau pour tout moine qui aura failli avec une femme, un jour seulement s'il ignorait que ce fut une faute.

Les rois Mérovingiens, descendants de Clovis avaient rendu l'Eglise catholique souveraine dans les Gaules.

Mais le pape, *resté sujet de l'empereur romain de Constantinople*, avait hâte de s'affranchir de toute tutelle, et désirait devenir souverain indépendant.

En 752, Pépin le Bref, *avec l'appui du pape*, détrônait Childéric, le dernier roi Mérovingien, et se faisait proclamer roi.

Deux ans plus tard, le pape Etienne venait lui-même en France consacrer cette usurpation, en couronnant Pépin roi des Francs.

Les Carlovingiens, issus d'une famille de prélats et de moines, ne furent pas moins reconnaissants envers la papauté, que les Mérovingiens l'avaient été envers le clergé gallican.

Pépin paya bientôt sa dette, en faisant deux campagnes en Italie, et en donnant au pape malgré les réclamations de l'empire de Constantinople, Rome, Ravenne, et toutes les provinces qu'il avait conquises sur les Lombards.

Ce fut l'origine de la puissance temporelle des papes, qui, de simples prêtres qu'ils avaient été jusqu'alors, allaient devenir rois.

Charlemagne continua l'œuvre de son père, en augmentant encore le nombre des domaines du Saint-Siège.

Son règne fut le triomphe de la papauté, et partout, les ennemis de l'Eglise furent les ennemis des Francs.

On voit par tout ce qui précède, que la France a bien mérité le nom de *fille aînée de l'Eglise*.

La première horloge à rouages connue en France, fut envoyée à Pépin le Bref vers 760, par le Pape Paul Ier.

La deuxième horloge de ce genre, faisait partie des cadeaux qu'Haroun al Raschid, calife de Bagdad, envoya à Charlemagne dans les commencements du 9e siècle.

En 760, l'empereur grec de Constantinople, Copronyme, envoyait à Pépin *les premières orgues à plusieurs jeux* que l'on vit en France.

On peut supposer que notre pays fût tranquille, depuis le départ des Sarrazins en 735, jusqu'à la mort de Charlemagne, en 814.

Mais les Carlovingiens, plus moines qu'empereurs, étaient pour la plupart, plus aptes à chanter au lutrin qu'à tenir l'épée de leur ancêtre.

La papauté en profita, car sitôt après la mort du grand empereur. l'*Eglise se sentit assez forte, pour affirmer hautement son droit de détrôner les rois et de disposer des couronnes.*

Ce gouvernement de prêtres et de moines, se trouva impuissant quand il fallut défendre la France contre les invasions des Normands.

« Ces pirates pillèrent trois fois Bordeaux, prirent les faubourgs de Toulouse, saccagèrent Bayonne dans le midi, remontèrent autant de fois qu'ils le voulurent la Seine et la Loire, pillant les villes et les monastères. Ils forcèrent Saint-Martin de Tours, Saint-Germain-des-Prés de Paris, voyant partout les populations s'enfuir devant eux, voyant les souverains abbés et évêques se sauver, emportant leurs reliques, abandonnant les peuples sans direction et sans asile, négociant timidement de loin avec les envahisseurs, et leur demandant humblement pour combien de livres d'argent ils voudraient quitter telle province, ou rendre tel abbé captif.

L'effroi était si grand, qu'on n'osait plus même récolter.

Les forêts s'épaississaient entre la Loire et la Seine, une bande de 300 loups parcourut l'Aquitaine sans que personne pût l'arrêter.

L'impuissance et l'humiliation des rois et

des évêques étaient telles, qu'en 866 il fut convenu : que tous les serfs pris par les Normands, qui viendraient à s'enfuir de leurs mains, *leur seraient rendus, ou achetés au prix qui leur plairait*, et si quelqu'un des Normands était tué, on payerait une somme pour le prix de sa vie.

En 870, le chef de l'église Gallicane, Hincmar, écrivait au pape ce pénible aveu : « Voici les plaintes que le peuple élève contre nous : « Ces-
« sez de vous charger de notre défense, si vous
« voulez avoir notre secours pour la défense
« commune. Priez le Seigneur apostolique de ne
« pas nous imposer un roi qui ne peut nous ai-
« der contre les incursions des païens. »

Ainsi fut démontrée l'impuissance du pouvoir épiscopal pour défendre et gouverner la France.

En 885, Charles le Gros, pour sauver Paris attaqué par les Normands, fut assez lâche pour leur donner 700 livres pesant d'argent et *l'autorisation de piller sa province de Bourgogne*. Cette lâcheté lui coûta la couronne, car il fut déposé en 887, à la diète de Tribur, par les grands indignés.

Ces guerriers sauvages, combattant pour la plupart avec des armes de pierre ou de bronze, ravagèrent notre pays à plusieurs reprises, et ne s'éloignèrent qu'en l'année 911, alors que, sur les conseils des grands, Charles le Simple proposa au chef des Normands, Rollon, de lui céder la province qui, depuis, s'appela Normandie, en lui donnant en plus le titre de duc, et la main de sa fille.

En retour de ces avantages, Rollon devait rendre hommage à Charles et se faire chrétien.

Rollon accepta, mais ne voulant pas baiser le pied du roi en lui rendant hommage, il envoya un de ses compagnons à sa place.

Celui-ci, prit le pied du roi, et, l'enlevant à la hauteur de ses lèvres, culbuta le souverain devant toute sa cour.

On voit par ce trait, quelle était l'audace de ces hardis pirates, qui se partagèrent la Normandie au cordeau, après en avoir réduit la population à l'esclavage.

26 ans après le départ des Normands de la Bourgogne, une affreuse nation du Nord, buvant du sang et se repaissant de chair crue, celle des *Ougres* ou *Ogres* (Hongrois, Madgyares), dont le nom est encore employé pour effrayer les petits enfants, s'abattit en 937 sur l'Alsace, la Lorraine, la Champagne et la Haute-Bourgogne.

Les jours d'Attila étaient revenus, ne respirant que le meurtre, le pillage et la destruction, ces bêtes fauves mirent tout à feu et à sang.

Besançon fut détruit pour la quatrième fois et *Mandeure ne se releva plus.*

Ce fut la dernière invasion de ce genre que la Bourgogne eut à subir, mais une autre calamité la suivit : la *Féodalité.*

Pendant les guerres amenées par le démembrement de l'Empire, les comtes et les évêques, qui cherchaient depuis longtemps à se rendre indépendants, réussirent à obtenir des empereurs, *le droit qu'ils n'avaient pas eu jusqu'alors, de transmettre à leurs héritiers les domaines, charges et bénéfices qu'ils tenaient du souverain.*

En leur concédant ce droit, en 877, à la diète de Kiersy-sur-Oise, Charles le Chauve constitua *légalement la féodalité.*

Féodalité.

Les rois et le clergé, les ducs et les comtes, avaient été impuissants contre les Normands et contre les Hongrois.

Après avoir fui longtemps dans les bois à l'approche des Barbares, les populations avaient pris l'habitude de ne plus compter que sur elles-mêmes.

Les plus braves, pour se défendre, commencèrent à construire des retranchements et des fortifications *malgré la défense royale.* Enfin, un édit en 853, ordonna la construction de nouveaux châteaux, et la réparation des anciens.

Ce fut alors que notre pays se hérissa de forteresses, et que les incursions des Barbares furent arrêtées.

Mais en revanche, nos pauvres aïeux en les construisant, armèrent de toutes pièces et contre eux, les maîtres insatiables qui devaient les exploiter jusqu'en 1789.

Ce fut alors, que sur les ruines de la royauté méprisée, avilie, s'élevèrent des milliers de petits souverains, qui, sûrs de l'impunité, devinrent les fléaux et la terreur des campagnes.

Ce fut alors, que, bravant toutes les lois divines et humaines, constamment en guerre avec tout le monde, pillant, désolant tout aux environs de leurs repaires, réduisant à l'esclavage les artisans et les cultivateurs libres, les seigneurs, maîtres après Dieu, des hommes et des choses, commencèrent à établir la hache au poing, et chacun selon son caprice, les innombrables corvées, impôts, tailles, exactions et humiliations de toutes espèces, partout différentes comme réglementation, variant de formes à l'infini, mais toujours et partout convergeant vers le même but, *l'exploitation à main armée des cultivateurs et des artisans.*

Ce fut alors, que les hommes libres encore, menacés dans leur existence et dans celle de leur famille, battus, volés, désespérant de l'avenir, se résignèrent à échanger leur liberté contre la protection du seigneur.

Ce fut alors, que s'organisa la France féodale.

En haut, l'aristocratie batailleuse, qui règne, juge, pille, et tyrannise ; en bas, le peuple qui travaille, fait vivre ses oppresseurs, et lui fabrique ses vêtements, ses armes, ses châteaux, son pain.

Qu'on ne cherche plus d'hommes libres, ils

ont disparu, les uns se sont élevés, et sont devenus d'heureux seigneurs, les autres sont serfs et vilains.

Tout appartient au seigneur.

Le sire, dit un juriste de ce temps (Baumanoir), peut prendre, aux serfs tout ce qu'ils ont, et les tenir en prison toutes les fois qu'il lui plaît, soit à tort ou à droit, et *il n'est tenu à en répondre fors à Dieu.*

D'anciens documents de l'époque disent encore :

« *Ils sont seigneurs du ciel et de la terre, sur et sous terre, sur cou et tête, sur eau, vents et prairies... Nous reconnaissons à notre gracieux seigneur : la haute forêt, l'oiseau dans l'air, le poisson dans l'eau qui coule, la bête au buisson.* »

Pas de terre sans seigneur, dit un axiome féodal.

Aussi, tout ce qui n'appartenait pas à l'Eglise fut partagé entre les seigneurs ; les plus forts et les plus adroits prenant les plus gros morceaux.

Mais bientôt, chacun fut mécontent de son lot, et voulut l'agrandir aux dépens de ses voisins prêtres ou laïques, de là, des guerres continuelles, qui pendant plusieurs siècles firent endurer les maux les plus épouvantables aux misérables populations des campagnes.

Les nobles ne croyaient qu'au droit de l'épée. Toute colline devint une forteresse, toute plaine un champ de bataille.

Sur qui retombait le poids de ces guerres interminables ?

Elles étaient fort peu meurtrières pour le noble bardé de fer, car à la bataille de Brenneville, sur *900 chevaliers engagés, 3 seulement sont tués.*

A la bataille de Bouvines, Philippe-Auguste, renversé de son cheval, reste longtemps seul, entouré de fantassins ennemis, *et ceux-ci cherchèrent vainement un joint de son armure pour y passer un poignard, frappèrent inutilement à coups de masse d'arme sur sa cuirasse, sans pouvoir la briser.*

Ses chevaliers ont tout le temps de venir le relever, et le remettre en selle, mais après, quel beau carnage ! chaque coup tue un pauvre fantassin.

Quand le seigneur était fait prisonnier, autre calamité, le peuple devait payer sa rançon.

Mais personne ne payait au pauvre serf sa chaumière et sa moisson brûlées, personne ne pansait ses blessures, personne ne nourrissait sa veuve et ses orphelins.

La féodalité ecclésiastique s'établissait en même temps que la féodalité guerrière, dont elle recevait constamment de l'argent et de nouvelles terres, pour prix de ses services.

Car l'Eglise, que certains historiens nous dépeignent comme la protectrice des faibles et des opprimés, *prêchait l'égalité des hommes devant Dieu, tout en maltraitant elle-même ses millions d'esclaves;* enseignait le mépris des richesses, alors qu'elle augmentait tellement les siennes, *qu'au milieu du Moyen-Age, elle possédait le tiers du sol de l'Allemagne et le quart de la France ;* donnant à peine aux pauvres les miettes de sa table, tout en faisant grand bruit de sa charité, tout en faisant publier par toutes les trompettes de la renommée, par tous les fidèles, les vertus de quelques rares moines ou prêtres, tout en faisant un immense étalage de ses saints et de leurs bonnes œuvres, l'Eglise, disons-nous, rendait au seigneur l'immense service *de prêcher la soumission* aux serfs, les menaçant de l'enfer à la moindre révolte, leur promettant le ciel en échange de leur obéissance sur la terre.

Les deux aristocraties se complétaient et s'entraidaient mutuellement pour retenir le peuple dans le servage ; l'une avec l'épée, pendant la guerre, l'autre avec son hypocrite douceur, ses impostures audacieuses, ses miracles effrontés et ses impudents mensonges pendant la paix.

Le haut clergé était loin de croire aux fables absurdes qu'il enseignait au peuple.

Avec un rare cynisme (JACOLLIOT), l'évêque catholique Synésius, trace du peuple et du prêtre le portrait suivant, qu'on ne saurait trop méditer et vulgariser.

« Le peuple, dit-il, *(in Calvit... p. 515)* veut
« absolument qu'on le trompe, on ne peut agir
« autrement avec lui.... Les anciens prêtres de
« l'Egypte, en ont toujours usé ainsi, c'est
« pour cela qu'ils se renfermaient dans leurs
« temples et y composaient à son insu, leurs
« mystères. Si le peuple eût été du secret il se
« serait fâché qu'on le trompât, cependant,
« comment faire autrement avec le peuple, puis-
« qu'il est peuple ? Pour moi, *je serai toujours*
« *philosophe avec moi*, mais je serai *prêtre avec*
« *le peuple.* »

Et ces deux pères de l'Eglise, s'épanchant dans le sein l'un de l'autre !

« *Il ne faut que du babil pour en imposer au*
« *peuple*, écrivait saint Grégoire de Nazianze à
« saint Jérôme, *moins il comprend, plus il ad-*
« *mire.* »

« Nos pères et Docteurs ont souvent dit, non
« ce qu'ils pensaient, mais ce que leur faisaient
« dire les circonstances et le besoin. »

Tromper le peuple et s'enrichir à ses dépens, voilà le fond de la morale de l'Eglise, qui a toujours su se servir avec une grande habileté, de la grotesque figure du diable, de sa fourche, de ses griffes et de ses cornes, pour épouvanter les simples d'esprit et battre monnaie sur leur crédulité.

Augmenter la puissance de l'Eglise par tous les moyens, vivre dans l'abondance et l'oisiveté, profiter de l'ignorance et de la naïve crédulité du peuple, lui persuader à l'aide de monstrueux mensonges, que le seigneur et le prêtre ont le droit de s'emparer du fruit de son travail, faire étalage de bonté et de charité, *en rendant au pauvre à titre d'aumône, une infime parcelle de ce qui lui avait été extorqué*, pardonner ou maudire au nom de la Divinité, lui, homme, charlatan, menteur et fainéant, voilà le travail du prêtre au temps de la féodalité.

La féodalité porta ses fruits, et fut dignement inaugurée par le X⁰ siècle, que désolèrent *dix pestes et treize famines*, pendant lesquelles, le clergé exploitant habilement une prédiction, annonçant la fin du monde pour l'an 1000, se faisait *plus que jamais* donner des terres, de l'argent, des châteaux et des bénéfices.

Pendant ces effroyables calamités, les seigneurs continuaient à guerroyer, et l'œuvre de Charlemagne s'effondrait au milieu d'abominations de toute espèces.

De 937 à 1031, nos historiens ne voient que ruines et confusion en Franche-Comté, et le moine Adson écrivait tristement dans son monastère de Luxeuil :

« Dans l'Elsgau, l'audace des méchants est à
« son comble, et *il n'y a plus ni roi ni juges.* »

Ni roi ni juges, voilà le résumé de cette époque terrible, que les contemporains appelèrent le *siècle de fer*.

L'anarchie était partout, le désordre à son comble, et l'agriculture délaissée.

La circulation était devenue impossible, et les routes si dangereuses, que l'abbé de Cluny, près de Mâcon, refusa au comte de Paris d'envoyer un de ses religieux à Saint-Maur-les-Fossés (près Paris), objectant *le danger et la longueur du voyage, dans un pays étranger et inconnu.*

La vente ou l'échange des esclaves était devenu *le seul commerce possible.*

Toutes les industries de luxe avaient disparu. Parmi les industries de première nécessité, dont la conservation était obligatoire, celle du fer dût tenir le premier rang.

Il fallait alors des armes, et ce n'était pas chose facile que les faires venir de l'étranger.

Aussi, les forgerons échappés à cette effroyable série de guerres, de famines et de pestes, continuèrent leur métier, les uns libres au fond des forêts, les autres abritant leur fourneau sous les murs d'un chateau ou d'une abbaye.

Beaucoup de seigneurs pourtant, jaloux de leur droit de chasse, et préférant laisser les forêts empiéter sur la culture, répugnèrent à l'installation d'une forge sur leurs domaines.

Car les forgerons avaient conservé, et devaient conserver pendant plusieurs siècles encore, et leur indépendance, et leurs habitudes de braconage, en même temps que le secret du métier, et seuls dans les forêts, libres au milieu d'un peuple d'esclaves, ces rudes successeurs des ouvriers celtiques, rachetaient leurs méfaits en fournissant du *fer* et de l'acier aux armuriers esclaves des seigneurs.

Jusqu'au VI⁰ siècle, les rares habitants des montagnes du Jura étaient libres, et le terrain appartenait au premier occupant.

La servitude y fut apportée à cette époque par les fondateurs du monastère de Saint-Claude, Saint-Romain et Saint-Lupicin, que Grégoire de Tours nous représente vêtus de peaux de bêtes et *chaussés de sabots*.

Avant de terminer le dixième siècle et la première partie de notre ouvrage, nous croyons utile de donner un aperçu général de la situation de l'Europe à cette époque.

L'histoire d'ANGLETERRE, est jusqu'alors, le récit d'une série d'invasions de peuples venus du Nord, se succédant et se disputant le pays.

En 1017, la domination danoise y fut établie par Kanut le Grand. Après un pélérinage à Rome, ce roi établit dans toute l'Angleterre et au profit du pape, un impôt d'un denier par *feu*.

Cet impôt prit le nom de *denier de Saint-Pierre*.

L'ALLEMAGNE s'organisait, et devenait un puissant empire. Othon le Grand s'étant fait couronner à Rome, empereur d'Allemegne et roi d'Italie, *voulut avoir la haute main sur l'Eglise, en nommant lui-même les papes.*

Cette prétention amena la plus longue guerre du Moyen-Age, la *guerre des Investitures*, la lutte de la papauté contre l'Empire.

Les Normands, ces intrépides rois de la mer, qui se riaient des vents et des flots, qui se lançaient sur la *route des cygnes*, en chantant : « La force de la tempête aide le bras de nos rameurs, l'ouragan nous jette où nous voulons aller », avaient poussé leurs excursions *jusqu'en Amérique*, où, après avoir découvert le Labrador, ils étaient arrivés en suivant la côte, jusqu'en un pays où croissait la vigne, et qu'ils appelèrent Vinland. — En chemin, ils avaient découvert l'Islande, les îles Féroé et le Groenland.

C'est un Normand, Rurik, qui est regardé comme le fondateur de l'empire russe en 862, avec Novgorod comme capitale.

L'ESPAGNE était presque entièrement occupée par les Sarrazins, dont nous allons dire quelques mots.

Mahomet avait commencé à prêcher sa doctrine vers 611.

En 622, il dût s'enfuir de la Mecque. De cette fuite (*hégire* en arabe) date l'ère musulmane, comme la nôtre, dâte de la naissance de J.-C.

Il mourut en 632, laissant le Koran à son successeur Abou-Beker, qui choisit à son tour pour l'aider, Omar et Othman.

Un siècle plus tard, les sectateurs de Mahomet avaient conquis la Perse, la Syrie, l'Egypte, tout le littoral africain de la Méditerranée, une partie de l'Asie et de l'Espagne.

Leur empire qui avait 1800 lieues de longueur, se partagea en trois khalifats : celui de Bagdad, célèbre par le fameux Aroun al Raschid et son vizir Giafar, cités dans les *Mille et une Nuits*, le khalifat d'Afrique dont la capitale fut le Caire, et celui de Cordoue.

Vers l'an 900, Cordoue comptait 200,000 maisons, 600 mosquées (dont une existant encore, avait 1093 colonnes de marbres et 4700 lampes) 50 hospices, 80 écoles publiques, et *un million d'habitants*.

Les khalifes de Cordoue bâtirent l'Alhambra, et firent de la plaine de Valence le jardin de l'Espagne, qui ne fut jamais aussi florissante que sous leur règne.

Ce sont leurs artisans, qui donnèrent une réputation européenne aux armes de Tolède, aux soieries de Grenade et aux cuirs de Cordoue.

On attribue aux Arabes l'invention du *moulin à vent* vers la fin du septième siècle.

Ce sont eux qui introduisirent en Espagne *la culture du ver à soie*, vers 980.

Il était intéressant de montrer dans quel état de prospérité se trouvait l'Espagne musulmane, au moment où la France chrétienne à peine échappée aux souffrances et aux calamités des invasions barbares, était déchirée par les querelles des seigneurs féodaux.

Le Pays de Montbéliard au dixième siècle.

C'est au dixième siècle seulement, que le nom de Montbéliard apparaît dans les ténèbres qui recouvrent encore les premiers temps de la féodalité. — Notre pays était alors compris dans l'Elsgau, (pays de l'Els ou Allan), et faisait partie du duché d'Alsace et de l'Austrasie.

On ignore à quelle époque il fut détaché de la Bourgogne pour être annexé au Sundgau ; (Alsace supérieure), mais on croit que ce fut avant le huitième siècle, et que ses populations furent dès lors désignées sous le nom de *Campanenses*.

Les lieux les plus anciens du pays de Montbéliard, ou du moins ceux qui sont cités dans les chartes antérieures au douzième siècle sont : Delle et Delémont (727) ; Sainte-Marie près de Montbéliard et Saint-Dizier (730) ; Mandeure (désigné Mandourum castrum, château de Mandeure 748) ; Moutier-Granval, Sainte-Ursanne (849) ; Chavannes, Champagney, Alanjoie (869) ; Montreux, près Belfort (884) ; Sainte-Suzanne près Montbéliard (913) ; Roie près de Lure, Tavel, Dambenoît ou Dambelin (978) ; Bethoncourt, Granges (fin du X° siècle) ; Saint-Hippolyte, Dampierre-sur-le-Doubs, Sainte-Marie-le-Châtel, Saint-Maurice-sur-le-Doubs, Montécheroux, Roches-les-Blamont, Ecot, Fontaine-les-Clerval et Soye (1040.)

Dans la légende de Saint-Valbert, écrite vers 984 par Adson abbé du monastère de Luxeuil, on parle d'une petite ville dont le château portait *depuis longtemps* le nom de *Mons Billiardæ* (Mont Billiard.)

Dans ce château, était une église, où l'on transporta, vers l'an 900, le corps du prêtre écossais Saint-Maimbœuf, assassiné, dit la légende, vers 820 près de Dampierre-les-Bois, et enterré d'abord dans ce village.

Depuis lors, l'église du château de Montbéliard prit le nom de Saint-Maimbœuf.

Une autre légende, celle de Saint-Dizier, raconte que vers 720, ce saint fut tué près du village de Croix, et que Rabiac, seigneur de la contrée, ordonna le transport du corps du saint dans un oratoire, qui reconstruit en 1041, devint la belle église gothique que l'on voit encore au village de Saint-Dizier.

D'après ce qui précède, on voit que jusqu'à la fin du dixième siècle, l'istoire du pays de Montbéliard, faute de documents positifs est celle de la Séquanie, de la Bourgogne, de l'Alsace et de l'Austrasie.

Nous arrivons à l'époque où notre histoire commence à pouvoir être séparée de celle des pays voisins.

Résumé de la Première partie.

Dans cette première partie de notre ouvrage, nous avons vu les populations sauvages et primitives de notre pays, faire place aux populations asiatiques à demi-sauvages de l'époque du bronze, et notre pays prendre le nom de Séquanie.

Après, sont venus les Kymris, apportant une demi-civilisation avec le fer et le druidisme; puis, les Romains avec leur brillante civilisation, couvrant la Séquanie de villes, de routes, de temples et de palais. Splendide décor voilant d'abominables abus.

Nous avons assisté au sinistre défilé des peuples barbares, *tous, traversant notre malheureux pays*, et le faisant retomber dans la barbarie.

Nous avons vu l'Eglise romaine prête à disparaître des Gaules, se relever avec le secours des Francs, s'emparer peu à peu du pouvoir civil sous les Mérovingiens, devenir souveraine sous les Carlovingiens, mais, impuissante contre les dernières invasions barbares, laisser la France et le pouvoir royal s'émietter entre les mains des seigneurs féodaux.

Nous avons assisté à la naissance des trois pouvoirs, qui remplissent le Moyen-Age de leur querelles.

L'Empereur d'Allemagne, le Pape et la Féodalité.

Nous avons vu enfin, le peuple, réduit à l'esclavage, exploité sans pitié par les Romains, massacré par les Barbares, devenir la proie de la féodalité. Nous l'avons vu changer de nom, changer de maîtres; et toujours souffrir tous les maux imaginables.

Malheureusement ses misères étaient loin d'être terminées : d'autres calamités, d'autres souffrances lui étaient réservées, et pendant huit siècles encore, l'*humble postérité des vaincus*, ainsi qu'on l'appelait encore aux Etats généraux de 1789, devait vivre courbée sous le *bon plaisir* de la *race des fiers conquérants*.

FIN DE LA PREMIÈRE PARTIE

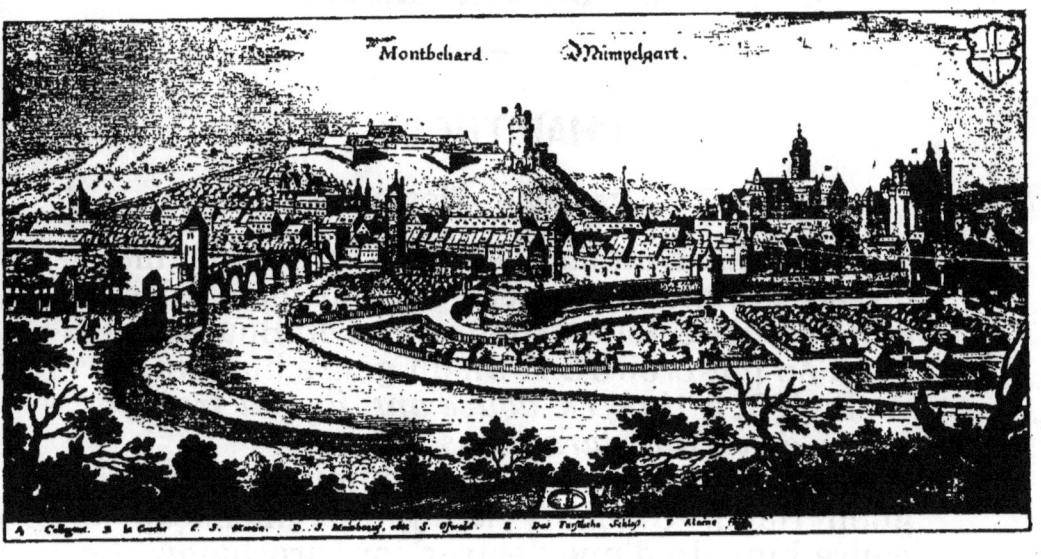

ABRÉGÉ DE L'HISTOIRE
DU
PAYS DE MONTBÉLIARD

DEUXIÈME PARTIE

Histoire du Pays de Montbéliard depuis son premier comte jusqu'à la domination des ducs de Vurtemberg.

CHAPITRE VII

Onzième Siècle.

L'an 1000 n'amena pas la fin du monde, mais les 30 premières années du onzième siècle, amenèrent de telles souffrances en Bourgogne, que l'on put croire à la fin du genre humain.

De 1002 à 1014, *en douze ans, il y eut trois famines dont l'une dura 5 ans.*

La famine, raconte le chroniqueur bourguignon Raoul Glauber, la famine, menaçait le genre humain d'une destruction prochaine. *Le boisseau de grains* coûtait presque partout 60 sols d'argent (220 fr. 20) et même en quelques lieux 90 sous d'argent, (330 fr. 30). Le sol d'argent valait alors 3 fr. 67.

« On vit les hommes, après avoir dévoré les bêtes et les animaux des champs, se résoudre à ronger des cadavres et d'autres aliments non moins odieux. On mangeait l'écorce des arbres dans les bois, on arrachait l'herbe des ruisseaux afin d'échapper à la mort. Le voyageur assailli sur la route, succombait sous les coups de furieux affamés qui se partageaient ses membres, les grillaient au feu et les mangeaient. Quelques-uns, présentaient à des enfants un œuf ou une pomme, pour les attirer à l'écart et les immoler à leur ventre. »

Un misérable osa étaler de la chair humaine au marché de Tournus, pour la vendre cuite, comme du bœuf ou du mouton. Il fut arrêté et livré aux flammes.

Un autre subit le même supplice pour avoir déterré et mangé des cadavres.

Dans la forêt de Châtenay, à trois milles de Mâcon, un homme avait bâti une chaumière, où il égorgeait les voyageurs; dénoncé, on trouva chez lui quarante-huit têtes d'hommes, de femmes et d'enfants.

Puis, les loups alléchés par la multitude des cadavres sans sépulture, commencèrent à s'attaquer aux hommes.

Alors les gens craignant Dieu, ouvrirent des fossés où le fils traînait le père, le frère son frère, la mère son fils, quand ils les voyaient défaillir, et le survivant, désespérant de la vie, s'y jetait souvent après eux.

Et chose atroce, mais que l'histoire est malheureusement là pour prouver, *les nobles, accaparant les vivres pour eux et leurs soldats, continuaient leurs guerres impies*, au milieu de ces populations exténuées par des souffrances et des misères sans noms

C'est alors qu'apparut, provoquée par les émanations pestilentielles de ce vaste charnier, l'horrible maladie que l'histoire appela le *Mal des Ardents*, cette peste affreuse qui, d'après Raoul Glauber, *desséchait en une nuit et détachait du corps, les membres auxquels le mal s'attachait*.

Cette fois, les seigneurs ne furent plus à l'abri du fléau, qui escalada les murailles de leurs châteaux, fit périr beaucoup d'entre eux, et força les autres à interrompre leur passe-temps favori.

Pendant deux années, les glaives rentrèrent au fourreau, et la paix de Dieu permit au malheureux de mourir en repos.

De 1032 à 1048, la guerre recommença, mais, entre la Bourgogne et l'empereur d'Allemagne. Notre pays fut ravagé à différentes reprises, et le château de Montbéliard fut assiégé.

Louis de Mousson (1024 à 1070), *le premier comte de Montbéliard*, sur lequel, dit M. Tuefferd, il ne peut y avoir aucun doute, prit part à cette guerre, combattant d'abord avec les Bourguignons, pour l'empereur ensuite.

C'était un puissant prince, possédant en plus du comté de Montbéliard, les comtés de Bar et de Mousson, le pays de Ferrette avec les seigneuries de Delle et de Belfort, le pays de Porrentruy, les terres d'Héricourt, Blamont, Chatelot, Étobon, le comté de la Roche Saint-Hippolyte, et les baronnies de Granges et de Montjoie.

Ses armoiries, qui sont toujours restées celles du comté de Montbéliard, étaient de gueules (rouges) portant deux bars (barbeaux) dorés et adossés.

En 1049, Louis de Mousson, reçut au château de Montbéliard la visite du pape Léon IX son cousin germain, qui pendant son séjour, consacra la chapelle Saint-Maimbœuf.

En 1040, Hugues Ier archevêque de Besançon, commença, avec l'appui de l'empereur d'Allemagne Henri III, à relever Besançon et à repeupler le pays.

Ce prélat, rétablit le commerce ruiné, *en instituant des foires à Besançon*, favorisa l'industrie des artisans, et les Comtois reprenant courage après des siècles de souffrance, recommencèrent à travailler avec l'espoir de jours meilleurs.

Car ils demandaient peu de choses, ces serfs et ces mainmortables, qui souvent, devaient envier le sort des chiens de leurs nobles seigneurs.

Ils demandaient comme une faveur : le droit de travailler péniblement pour leurs maîtres, le droit de ramasser les miettes de leur table pour les donner à leur famille, le droit de ne pas mourir faute d'un morceau de pain d'avoine (le pain des paysans, *le bôlon*, était fait principalement avec des vesces et de l'avoine), le droit de vivre enfin, courbés humblement sous les plus dures exigence de l'aristocratie.

Les Serfs : attelés dès l'aube à la charrue comme des bêtes de somme, massacrés par l'ennemi, écrasés de travail et de mauvais traitements par leurs maîtres, attachés à la propriété seigneuriale, *dont ils faisaient partie comme les arbres et les buissons*, sans armes, sans défense et sans recours contre l'injustice, dénués de tout, n'ayant le droit de rien posséder, accouplés comme des animaux, voyant leurs femmes et leurs filles à la merci des caprices du maître, nés au milieu de cet état de choses, de parents qui l'avaient toujours vu, menacés du dernier supplice pour la moindre tentative de fuite, pour la moindre rebellion, à une époque où la vie humaine comptait pour rien, à une époque *où le seigneur de Maîche et le comte de la Roche Saint-Hippolyte, avaient le droit, étant à la chasse en hiver, de faire éventrer deux paysans serfs, et de se réchauffer les pieds dans leurs entrailles fumantes*, ils étaient regardés comme des choses, et vivaient dans la plus morne indifférence.

Les souverains se succédaient dans notre pays, des royaumes disparaissaient, des empires s'effondraient au milieu des batailles, leurs souffrances étaient toujours les mêmes, et les traditions de leurs pères, disaient qu'il en avait toujours été ainsi, et que leurs maux devaient être éternels.

Les mainmortables, marchands, artisans et pour la plupart habitants des villes, fournissaient à l'aristocratie et au clergé, les meubles, étoffes, armes ou objets de luxe dont ils avaient besoin.

Pouvant choisir leurs compagnes et vivre en famille, souvent en relations avec les marchands des autres pays, ils pouvaient réfléchir, comparer, se compter, rêver l'indépendance et se grouper dans une sourde opposition aux pouvoirs établis.

« Mais les seigneurs, dit Henri Martin
« avaient tout frappé d'impôts, les meubles et
« les immeubles, les denrées et les marchan-
« dises, la terre et l'eau ; ce n'était que péages
« aux portes, sur les ponts, au passage d'un
« quartier dans un autre, quand la ville avait
« plusieurs seigneurs, ce n'étaient que droits
« de toutes sortes sur les ventes et mutations,
« droits sur les récoltes et profits. On ne pouvait
« adopter que telle ou telle profession, ni bâtir
« ou relever une maison, ni faire en quelque
« sorte aucun acte de la vie civile, sans payer
« un droit au seigneur ; on ne pouvait moudre
« son blé qu'aux moulins du seigneur, cuire son
« pain qu'au four banal ; on était enchaîné dans
« son logis comme un serf à sa glèbe ; on devait
« payer le cens pour la maison ou le terrain
« qu'on occupait, et la taille pour sa personne
« et celle de sa femme et de ses enfants.

« A cette série de tyrannies financières, il
« faut ajouter les corvées, les prises et amendes
« arbitraires, les exactions ou plutôt les bri-
« gandages : le seigneur enlevait de force dans
« les maisons les choses à sa convenance, ou
« bien, il contraignait ses sujets à lui donner à
« crédit, des marchandises et des denrées qu'il
« ne payait jamais ; il mettait en réquisition
« chevaux et charrettes, et, quand il faisait son
« entrée dans la ville ou dans la bourgade, il
« avait son droit de chevauchée, qui lui per-
« mettait de prendre aux serfs, pour son usage

« ou celui de sa suite, les meubles, la literie et
« les fourrages. »

Le main mortable ne pouvait se marier sans le consentement du seigneur, et s'il prenait femme hors de la seigneurie, il devait payer le droit de *formariage* à la volonté du seigneur.

Les enfants étaient partagés entre les seigneurs, et s'il n'y en avait qu'un, il appartenait au seigneur de la mère.

A la mort du main mortable, ce qu'il possédait appartenait au seigneur

Si loin qu'il aille, *le droit de suite* s'attache à sa personne et à son pécule.

Le sire hérite partout de son serf.

Le seigneur avait droits de *bris et d'aubaine.*

Tout vaisseau qui se brisait au rivage, appartenait corps et biens au seigneur propriétaire de l'écueil.

Tout malheureux cherchant asile, même de race noble, devenait au bout d'un an de séjour, l'*aubain* ou serf du seigneur.

Quiconque traversait les terres du seigneur sans son consentement, lui appartenait.

C'est ainsi que Richard Cœur de Lion, roi d'Angleterre, surpris à son retour de la troisième croisade, traversant incognito les terres du duc d'Autriche, fut retenu prisonnier pendant 13 mois, et dût payer pour sa rançon 150,000 marcs d'argent (environ 7 millions et demi de francs.)

Le seigneur mort, c'est l'aîné de ses fils qui a tout, les autres sont obligés de chercher aventures ou d'entrer dans l'Église, dont les évêques dit Michelet : « chevauchent, chassent, combattent, bénissent à coups de sabre, et *imposent avec la masse d'armes, de lourdes pénitences.*

« *Bon clerc et bon soldat*, voilà une oraison funèbre d'évêque.

« Les évêques d'Allemagne déposent Chris

tian archevêque de Mayence, *comme pacifique et peu vaillant.*

« Tout père prévoyant ménage à ses cadets un évêché, une abbaye. Ils font élire, par leurs serfs, leurs petits enfants aux plus grands sièges ecclésiastiques. *Un archevêque de six ans*, Atto de Verceil, monte sur une table, balbutie deux mots de catéchisme, il est élu et prend charge d'âmes, il gouverne une province ecclésiastique. Le père vend en son nom les bénéfices, reçoit les dîmes, le prix des messes, sauf à n'en pas faire dire. Il fait confesser ses vassaux, les fait tester, léguer, bon gré mal gré, et recueille. Il frappe le peuple de deux glaives tour à tour : il combat, il excommunie ; il tue, damne à son choix. »

« Il ne manquait qu'une chose à ce système, c'est que ces nobles et vaillants prêtres n'achetassent plus la jouissance des biens de l'Eglise par les abstinences du célibat, qu'ils eussent la splendeur sacerdotale, la dignité des saints, et de plus, les consolations du mariage ; qu'ils élevassent autour d'eux des fourmilières de petits prêtres ; qu'ils égayassent du vin de l'autel leurs repas de famille, et que du pain sacré ils gorgeassent leurs petits.

« Douce et sainte espérance ! ils grandiront ces petits, s'il plaît à Dieu ! ils succéderont tout naturellement aux abbayes, aux évêchés de leurs pères. Il serait dur de les ôter de ces palais, de ces églises ; l'église, elle leur appartient, c'est leur fief, à eux. Ainsi l'hérédité succède à l'élection, la naissance au mérite. »

L'Eglise imite la féodalité et la dépasse ; plus d'une fois elle fit part aux filles, une fille eut en dot un évêché.

Il y avait en Bretagne quatre évêques mariés ; ceux de Quimper, Vannes, Rennes et Nantes ; leurs enfants devenaient prêtres et évêques ; celui de Dôle, pillait son église pour doter ses filles.

La femme du prêtre marchait près de lui à l'autel ; celle de l'évêque disputait le pas à l'épouse du comte.

Le onzième siècle ne devait pourtant pas finir sans amener de nouvelles souffrances.

Le mal des Ardents occasionna la grande mortalité de 1060 ; puis, la famine de 1076 et la guerre des Investitures qui déchira les deux revers du Jura de 1077 à 1080, se joignirent aux calamités de ce siècle néfaste, pendant lequel *on échangeait à Poligny trois paysans contre un mauvais cheval.*

Le clergé était puissant alors, et déjà plusieurs souverains avaient courbé la tête sous une menace d'excommunication. Mais il ne pouvait malgré cela, ramener l'ordre et la paix dans le chaos féodal, au milieu d'une noblesse ne rêvant que bataille.

Depuis la mort de Charlemagne, l'Eglise rêvait la domination universelle, et travaillait à faire du pape le maître absolu de la chrétienté.

Mais ce rêve était irréalisable, alors qu'une partie des seigneurs féodaux vivaient de brigandages, sans nul souci du clergé dont ils pillaient les églises et les monastères.

Il fallait affaiblir cette noblesse turbulente, et trouver un aliment à sa fureur guerrière.

Il fallait l'enflammer d'ardeur pour la délivrance du tombeau du Christ, insulté par les infidèles ; il fallait promettre à ces pillards l'absolution de leurs crimes ; leur faire entrevoir les immenses trésors accumulés dans cet Orient mystérieux, où ruisselaient, disait-on, l'or et les pierres précieuses, dans des palais féeriques et des jardins enchantés. Il fallait leur persuader que Dieu ferait un miracle en leur faveur, et que toutes ces richesses tomberaient facilement entre leurs mains.

Plusieurs papes avaient déjà tenté d'armer l'Europe contre l'Asie, en exploitant les préjugés populaires d'alors, en faveur des Lieux

Saints. Ces tentatives aboutirent enfin au concile de Clermont, présidé par Urbain II.

L'Europe féodale s'ébranla en 1096 à la voix de Pierre l'Ermite, et la *première croisade*, envoyant en Palestine ces pourfendeurs de paysans, *vint porter le premier coup à la féodalité*.

« Les serfs, dit H. Martin, quittant leur
« chaumières par milliers, et prenant la croix
« sans que personne pensât à les retenir, tour-
« nèrent le dos au manoir seigneurial, et se vi-
« rent pour la première fois, libres au milieu de
« nouveaux horizons, avec le ciel sur leur tête,
« la terre et l'inconnu devant eux. »

Des pays les plus éloignés débarquaient dans les ports de France, des barbares qui, ne pouvant se faire comprendre, mettaient leurs doigts en croix, pour indiquer leur désir de se joindre à la croisade.

Les pauvres, certains que Dieu récompenserait leur foi ardente par un miracle, ne s'inquiétaient de rien, ils ferraient leurs bœufs comme des chevaux, chargeaient sur leurs charriots leurs minces provisions, emmenant avec eux vieillards, femmes et enfants ; les petits, à chaque château, à chaque ville qu'ils rencontraient, demandant : n'est-ce pas là Jérusalem où nous allons ?

Une avant-garde de 15,000 hommes, *n'ayant que huit chevaux à eux tous*, partit la première sous la conduite d'un pauvre chevalier normand nommé *Gauthier sans Avoir*.

Pierre l'Ermite suivait pieds nus, ceint d'une corde, à la tête de 100,000 hommes.

Une autre troupe fermait la marche, dirigée par le prêtre allemand Gottschalk.

Qu'espéraient ces infortunés, ivres d'enthousiasme religieux et de liberté ?

Heureux d'échapper au servage, croyant trouver chez des frères chrétiens, aide et protection le long du chemin, rêvant du paradis que leur promettaient des moines fanatiques, ils allaient, ils allaient, avec la naïveté de l'ignorance, avec l'aveugle confiance de la foi.

Il était pourtant facile de prévoir le sort qui leur était réservé.

Il était facile de prévoir ce qu'il adviendrait d'une multitude indisciplinée, cohue de pauvres gens, ignorant le métier des armes, partant pour un voyage de 800 lieues, sans argent, sans vivres, sans ressources d'aucune sorte, sans chefs militaires.

Pauvre troupeau de bétail humain, conduit bêtement à l'abattoir par des fous, pauvres victimes du haut clergé, qui les encourageait en leur promettant la victoire et le ciel.

Le résultat était fatalement indiqué.

Au bout de peu de temps, leurs maigres ressources étant épuisées, ils en furent réduits à piller pour vivre. Arrivés en Hongrie, après s'être habitués à se procurer le nécessaire par la violence, ils commirent de tels excès, que les populations s'armèrent et commencèrent à les exterminer.

Il n'en arriva qu'une partie seulement à Constantinople, où l'empereur, pour s'en débarrasser, leur fournit immédiatement des vaisseaux pour les transporter en Asie.

Tous furent massacrés par les Turcs dans les plaines de Nicée, *où leurs ossements servirent* quelque temps après, *à fortifier le camp des seconds croisés.*

Pendant ces événements, les lourdes armées des princes et des chevaliers, s'ébranlaient lentement et arrivaient à Constantinople, d'où l'empereur Alexis les fit passer en Asie.

Ce fut à leur tour, de joncher de leurs cadavres, les plaines arides de l'Asie-Mineure.

Partis 100,000 chevaliers et 60,000 fantassins, ils n'arrivèrent que 20,000 devant Jérusalem ; les autres, soit 140,000 hommes étaient morts de fatigue, de soif, de privations, ou sous le cimeterre des Turcs ; 10,000 seulement revirent l'Europe.

Le fils de *Thierry I, deuxième comte de Montbéliard* (1070 à 1104), nommé Louis de Mousson comme son grand-père, fit partie de la première croisade, et se fit remarquer par ses talents militaires.

Au siège d'Antioche, il commandait une partie de l'armée, et le 15 juillet 1099, jour où Jérusalem fut emportée d'assaut, Louis de Mousson y entra un des premiers, avec Tancrède, Gaston de Foix et Gérard de Roussillon.

Revenu dans ses foyers en 1102, il fut tué la même année par ses serfs révoltés.

A la fin du onzième siècle, les défrichements commencèrent dans les montagnes du Jura.

Simon de Crépy, comte de Valois, moine de l'abbaye de Saint-Claude, commença en 1076 avec quelques compagnons et les serfs de ce monastère, le défrichement de cette partie de nos montagnes, qui s'étend des Rousses au mont d'Or, et fonda l'abbaye de Mouthe.

En même temps, trois autres colonies religieuses défrichaient : l'une les environs du lac de Saint-Point, la seconde, le val du Saugeois où elle fondait l'abbaye de Montbenoît, la troisième, la vallée de Morteau où elle construisit l'abbaye de ce nom.

Mais pendant longtemps ces établissements restèrent pauvres. Ils ne furent peuplés que par les donations ou les achats de serfs, *envoyés là comme du bétail, avec leurs femmes, leurs enfants et leurs meubles.*

Là aussi comme partout, la civilisation apportait la servitude, et le Jura libre devint esclave à mesure qu'il se peupla.

A part ces défrichements, l'agriculture et l'industrie ne firent aucun progrès dans notre pays, de l'an 1000 à l'an 1100.

Pendant le onzième siècle, l'ANGLETERRE fut conquise par le duc de Normandie, Guillaum le Conquérant, qui en 1066, parti de France avec 1400 vaisseaux et 60,000 hommes, écrasa les Saxons à la bataille d'Hastings, et partagea le pays entre ses compagnons, dont la *plupart, partis de France cultivateurs ou artisans, devinrent chevaliers, propriétaires de terres et de châteaux.*

En ALLEMAGNE, l'empereur Henri III (1037-1056), avait rigoureusement usé pendant son règne, du droit de nommer les chefs de l'Eglise romaine. Il nomma lui même trois papes.

Son fils Henri IV voulut continuer à exercer le même droit.

Mais la puissance de l'Eglise augmentait constamment, elle possédait d'immenses richesses, recevant toujours, ne donnant jamais rien, elle avait alors en propriété le *cinquième du sol de l'Europe chrétienne.*

Aussi, le pape Grégoire VII se crut assez fort pour résister à l'empereur, et l'excommunier. Henri IV abandonné par les Saxons et les Souabes, fut obligé d'aller implorer le pardon du pape au château de *Canossa, où il resta trois jours dans la cour du château, les pieds nus dans la neige, attendant une audience.*

Ce ne fut qu'au bout de ce temps, que le pape consentit à lui pardonner.

Trois années après, Henri IV redevenu puissant, attaqua les alliés du pape, s'empara de Rome, et Grégoire VII alla mourir dans l'exil (1085.)

En 1088, le pape Urbain II réussit *à armer les deux fils de Henri IV contre leur père.*

Henri IV fut vaincu, et ce fut son fils aîné qui exécuta l'arrêt de l'Eglise.

« Quand le pauvre vieil empereur dit Miche-
« let, fut saisi à l'entrevue de Mayence, et que
« les évêques lui arrachèrent la couronne et les
« vêtements royaux, il supplia avec larmes ce
« fils qu'il aimait encore, de s'abstenir de ces
« violences parricides, dans l'intérêt de son sa-
« lut éternel.

« Dépouillé, abandonné, en proie au froid et
« à la faim, il vint à Spire, *à l'église même de la
« Vierge, qu'il avait bâtie, demander à être nour-
« ri comme clerc;* il alléguait qu'il savait lire et
« pourrait chanter au lutrin. *Il n'obtint pas cette
« faveur.* La terre même fût refusée à son corps ;
« *il resta cinq ans sans sépulture* dans une cave
« de Liège. »

La vengeance des prêtres l'avait suivi, jusque dans la tombe.

EN FRANCE, Hugues Capet avec l'appui du pape Sylvestre II, s'était fait couronner roi en 987, à la place du dernier descendant de Charlemagne, et avait fondé la dynastie des Capétiens, dont les premiers rois, sans autorité, eurent un règne obscur, et comblèrent le clergé local de faveurs et de donations.

Du onzième siècle, date en France la construction de 326 églises ou monastères, d'architecture romane, caractérisée par ses voutes en plein cintre, ses colonnes massives et ses toits aigus. Il en fut bâti 702 au douzième siècle.

Au onzième siècle, toute la France parlait la *langue romane*, mélange de gaulois, de latin et d'idiomes barbares.

La langue romane commençait à se partager en *langue d'oil*, ou langue du Nord de la France, *dont notre patois a conservé un grand nombre de mots*, et en *langue d'oc*, ou langue du Midi.

C'est alors aussi, que les poètes chanteurs nommés *Trouvères* dans le Nord, *Troubadours* dans le Midi, s'en allaient la vielle sur le dos, chantant de châteaux en châteaux les exploits de Charlemagne et de ses pairs, ou les faits d'armes des chevaliers en renom.

Eux seuls en temps de paix, apportaient quelques distractions aux farouches seigneurs de cette époque, toujours enfermés derrière les murailles épaisses de leurs sombres et massives forteresses, dont l'unique porte était défendue par un pont-levis, et dont les autres ouvertures visibles de l'extérieur, n'étaient que d'étroites meurtrières destinées au lancement des flèches.

Pendant le onzième siècle, les arts, les sciences, l'industrie et l'agriculture, ne firent aucun progrès dans l'Europe chrétienne.

CHAPITRE VIII

Douzième Siècle.

Le douzième siècle commença par une immense déception.

Jérusalem restait aux chrétiens, mais 300,000 hommes avaient payé de leur vie ce mince résultat.

Le peuple comprit qu'il avait été trompé, la foi des simples fut ébranlée et refroidie, aussi, lorsque quarante-huit ans plus tard, la seconde croisade fut prêchée par Saint-Bernard, le peuple fut plutôt hostile, et ce fût, dit un contemporain, au milieu des imprécations, que partit le roi de France Louis VII, qui s'était croisé en 1047, avec Conrad III empereur d'Allemagne.

L'armée de l'empereur n'arriva pas en Palestine, elle fut taillée en pièces par les Turcs dans les défilés du Taurus, et Conrad revint presque seul à Constantinople.

Louis VII après un premier désastre dans les montagnes, renonce à son projet de faire la route par terre, et s'embarque à Satalie avec les débris de son armée, *abandonnant lâchement la foule des pauvres pèlerins qui suivaient la croisade.*

De ces malheureux, *3,000 seulement échappèrent à la mort en se faisant mahométans*, les autres furent massacrés, ou réduits à l'esclavage.

Après un court séjour à Jérusalem, et une

tentative inutile pour prendre Damas, Louis VII revint en France.

La deuxième croisade avait coûté 260,000 hommes, et ne rapporta que la honte et le déshonneur pour ses chefs.

Pendant ces événements, le pays de Montbéliard était administré par son troisième comte, *Thierry III* (1103 à 1162), qui fonda en 1140, l'*abbaye de Belchamp*, près d'Audincourt et lui donna en 1162, la forêt appelée *Vouaivre d'Exincourt*.

Pendant l'année 1153, la guerre éclata entre l'empereur Frédéric Barberousse et le comte de Bourgogne, qui essaya vainement de se soustraire à la domination de l'empire d'Allemagne.

Pendant cette guerre, notre pays *quoique neutre*, fut cruellement ravagé par les troupes impériales.

A cette époque, l'indiscipline qui régnait dans les armées, exposait au pillage et à la dévastation, aussi bien les pays amis que les ennemis.

Thierry III mourut en 1162, laissant le comté de Montbéliard à son gendre *Amédée*, de la puissante famille des Montfaucon, dont le premier château, berceau de leur famille, se voit encore en ruines près de Besançon.

En 1157, Frédéric Barberousse se fit couronner roi de Bourgogne et d'Arles, à Besançon.

La Comté fut tranquille et prospère pendant son règne.

Le premier, il institua *une cour suprême* à Dôle, jugeant en dernier ressort tous les différends, *même ceux entre serfs et seigneurs*, et fit régler chaque année le prix des céréales par une taxe.

Ce fut lui qui permit aux bourgois de Dôle de nommer leurs magistrats.

Le comte Amédée de Montbéliard faisait partie des hauts personnages entourant Frédéric Barberousse, dans la cour plénière que ce prince tint à Dôle en 1166, et pendant laquelle l'abbesse du couvent de Baume-les-Dames, vint intercéder pour les habitants de la *prévôté de Mathay*, maltraités par leur prévôt.

Cette prévôté comprenait cinq villages : *Mathay, Bavans, Ecot, Lucelans et Bourguignon, dont les habitants étaient complétement libres* depuis le sixième siècle, époque à laquelle ces villages avaient été peuplés par les Bourguignons.

Barberousse leur rendit justice.

Après sa mort, en Orient, ce prince laissa des regrets unanimes dans toute la Franche-Comté.

En 1195, le comte de Montbéliard, Amédée de Montfaucon fut tué par Othon I, fils de Barberousse, en voulant s'opposer à la construction d'un bourg fortifié à Clerval.

En 1188, on apprit en Europe que les Turcs commandés par Saladin, avaient écrasé les chrétiens de Palestine à la bataille de Tibériade, et repris Jérusalem.

La troisième croisade fut décidée, et trois puissants princes partirent : Philippe-Auguste, roi de France, Richard Cœur de Lion, roi d'Angleterre, et Frédéric Barberousse, empereur d'Allemagne.

Ce dernier mourut en chemin, pour s'être baigné dans les eaux glacées du Cydnus, et des 100,000 hommes qui l'accompagnaient, 5000 seulement virent la Terre-Sainte et se joignirent aux deux autres armées qui assiégeaient la ville d'Acre avec 600,000 hommes.

Le siège dura deux ans et coûta 120,000 hommes aux croisés.

Thierry de Montfaucon, archevêque de Besançon et frère du comte Amédée de Montbéliard, se distingua pendant ce siège, où il inventa plusieurs machines de guerre, mais il mourut de la peste avant la prise de la ville, en 1191.

La prise d'Acre *fut le seul résultat* de la troisième croisade, dont les chefs revinrent en Europe, *en laissant Jérusalem aux mains des infidèles.*

C'est au douzième siècle, que la lutte commença en France entre la royauté et la féodalité.

Jusqu'alors, les rois capétiens avaient été beaucoup trop faibles pour chercher à enlever aux seigneurs, les droits souverains que ces derniers avaient usurpés après le démembrement de l'empire de Charlemagne.

Du règne de Louis le Gros (1108) date le réveil de la royauté

Ce roi, employa les hommes des communes marchant sous la bannière de leur paroisse, pour combattre les seigneurs et réprimer leurs brigandages.

Ces hommes, qui souvent avaient vu fuir devant eux les nobles chevaliers, commencèrent à se dire avec le poète de ce temps : Robert Wace (Roman du Rou). « *Nous sommes hommes comme ils sont ; tout aussi grand cœur nous avons ; tout autant souffrir nous pouvons.* » (1)

Que demandèrent-ils en payement des services qu'ils rendaient, en échange du sang qu'ils versaient vaillamment sur les champs de bataille ? Un peu de liberté.

« Ils voulurent tous, dit Michelet, quelques
« franchises, quelques privilèges, ils offrirent
« de l'argent; ils surent en trouver, indigents et
« misérables qu'ils étaient, pauvres artisans,
« forgerons ou tisserands, accueillis par grâce
« au pied d'un château, serfs réfugiés autour
« d'une église, tels ont été les fondateurs de nos
« libertés.

« Ils s'ôtèrent les morceaux de la bouche,
« aimant mieux se passer de pain. Les sei-

---

(1) Voir un extrait du *Roman du Rou*, à la fin du douzième siècle.

« gneurs, le roi, vendirent à l'envi ces diplômes
« si bien payés. »

Cette révolution s'accomplit partout, sous mille formes et à petit bruit.

En 1191, les bourgeois de Besançon, qui avaient obtenu déjà de leurs archevêques, la remise entière et à perpétuité de leurs collectes et tailles, profitèrent de l'absence de Thierry III qui avait accompagné Frédéric Barberousse en Palestine, pour se faire délivrer, par Henri IV, *une charte d'affranchissement qui fut la première octroyée en Bourgogne.*

Pendant le douzième siècle, les populations de notre pays n'eurent à souffrir que les maux du servage. Les campagnes dépeuplées par les calamités sans noms du siècle précédent, reprirent sans doute un peu d'animation, et les terres en friche furent remises en culture.

Aucun document de l'époque ne donne d'indications sur Montbéliard au douzième siècle, ce qui permet de supposer que ce n'était encore qu'une humble bourgade, composée de chaumières groupées autour du château, dans lequel la population se réfugiait à l'approche de l'ennemi, pendant que les paysans s'enfuyaient dans les forêts.

On sait peu de chose sur la configuration du château à cette époque.

C'était un de ces lourds manoirs comme on en construisait dans les premiers temps de la féodalité, un château d'embuscade, où tout était sacrifié aux facilités de la défense, où tout était combiné en vue d'un assaut prochain, n'ayant d'autres ouvertures visibles que d'étroites meurtrières.

Il était composé de deux châteaux distincts, enfermés dans une seule enceinte de murailles, mais séparés par un fossé creusé dans le roc. Ce fossé existait encore en 1751, époque à laquelle il fut comblé, lors de la construction du bâtiment attenant aux tourelles.

Celui qui était du côté où sont les tours actuelles, s'appelait *Chatel Derrière* ou *Neuf donjon*, l'autre *Chatel devant* ou *Vieux donjon*.

Tous deux probablement avaient un *donjon*, grosse tour massive qui surmontait alors toutes les forteresses féodales, et qui, en cas de prise du château, était le suprême refuge de ses défenseurs.

Les tours actuelles n'existaient pas encore.

Dans la cour, se trouvait l'église Saint-Maimbœuf, dont nous avons déjà parlé dans le chapitre précédent, comme ayant été consacrée en 1049, par le pape Léon IX.

Le douzième siècle vit renaître le commerce en Comté, et quelques juifs Lombards, usuriers ou marchands, commencèrent à s'y établir, apportant leurs capitaux, leurs marchandises étrangères, et le système des lettres de change, inventées dit-on par eux, dès 1180.

Il n'était pas facile à cette époque de traverser la France féodale avec des marchandises.

Chaque passage de rivière ou de fleuve, chaque colline, chaque rocher dominant la route, avait sa tour.

A chaque défilé, on voyait descendre de la montagne quelque homme d'armes, suivi de ses varlets et de ses dogues, réclamant péage ou bataille, visitant le petit bagage du voyageur, prenant sa part, prenant tout, et parfois l'homme par dessus.

Les marchands qui apportaient alors aux célèbre foires de Troyes en Champagne, de Saint-Denis près Paris, de Beaucaire en Languedoc, les tapisseries des Flandres, les denrées de l'Orient, les armes de Tolède et les cuirs de Cordoue, ne pouvaient arriver à destination, sans assurer à l'avance leur passage sur chaque seigneurie, en payant un droit d'escorte, moyennant lequel chaque seigneur lui fournissait des hommes d'armes pour l'accompagner.

Une *Hanse* (association) s'était formée à Paris, entre tous les négociants recevant leurs marchandises par eau.

Philippe-Auguste confirma les privilèges de cette Société, dont les armes figurant un vaisseau, sont encore celles de la ville de Paris.

Avant de terminer le douzième siècle, nous donnons à titre d'échantillon curieux du langage et de la poésie du temps, un extrait du *Roman du Rou* de Robert Wace, dont nous avons parlé ci-déssus à propos des chartes d'affranchissement.

Cet extrait nous donne en plus, un renseignement précieux sur l'état des esprits à cette époque.

> Li païsan e li vilain.
> Cil del boscage et cil del plain,
> Ne sai par kel entichement,
> Ne ki les meu premièrement ;
> Par vinz, par trentaines, par cenz...
> Unt tenuz plusurs parlemenz...
> Privéement ont porparlé
> Et plusurs l'ont entre els juré
> Ke jamez par lur volonté,
> N'arunt seingnur ne avoé.
> Seingnur ne lur font se mal nun ;
> Ne poent aveir od elss raisun.
> Ne lur gaainz, ne lur laburs ;
> Chescun jur vunt a grand dolurs...
> Tute jur sunt lur bestes prises
> Pur aïes e pur servisses...
> Pur kei nus laissum damagier,
> Metum nus fors de lor dangier ;
> Nus sumes homes cum il sunt,
> Tex membres avum cum ils unt,
> Et altresi grans cor avum,
> Et altretant sofrir povum,
> Ne nus faut fors cuer sulement ;
> Alium nus par serement,
> Nos aveir e nus defendum,
> E tuit ensemble nus tenum.

Es nus voilent guerreier ;
Bien avum, contre un chevalier,
Trente u quarante païsanz
Maniables e cumbatans.

CHAPITRE IX

Treizième siècle.

Les croisades avaient inutilement dévoré des centaines de milliers d'hommes, partis confiants dans les promesses des prêtres, espérant une intervention divine, rêvant gloire, richesses et jardins enchantés, et qui n'avaient trouvé que des déserts arides, un pays désolé, la faim, la soif, la peste et d'innombrables ennemis.

Le découragement était venu avec la lassitude.

« *Dieu dort*, disait un troubadour de l'époque, *et Mahomet fait éclater son pouvoir. Puisque le fils de Dieu qui devrait l'empêcher, le trouve bon, il y aurait folie à s'y opposer.* »

Ni les rois ni les peuples ne s'associèrent à la *quatrième croisade*, prêchée par Innocent III.

Cette croisade ne fut qu'une entreprise commerciale, une vaste piraterie, où la chevalerie seule s'engagea pour faire prouesses d'armes et bénéfices.

Les croisés s'embarquèrent à Venise en 1204 sur des vaisseaux que les Vénitiens *leur fournirent pour un prix convenu* d'avance.

Au lieu d'aller directement en Terre Sainte, les croisés *acquittèrent une partie du prix de leur passage*, en s'arrêtant d'abord en chemin pour prendre la ville de Zara, appartenant au roi de Hongrie, et la donner aux Vénitiens, puis, débarquèrent ensuite devant Constantinople, dont ils s'emparèrent.

Ils pillèrent consciencieusement cette ville,

puis *après avoir loyalement payé aux Vénitiens le reste de leur dette*, ils partagèrent scrupuleusement entre eux le résultat de l'opération, environ 25 millions de francs en argent.

Après ce bel exploit, les uns restèrent dans le pays qu'ils se partagèrent, les autres revinrent tranquillement chez eux, rapportant leur part de butin.

De Jérusalem, il ne fut plus un instant question.

Le comte *Richard de Montbéliard*, (1192 à 1237) fit partie de cette croisade, avec son frère Gauthier de Montfaucon, qui devint gardien du royaume de Chypre, sénéchal de Jérusalem, et fonda en Orient une maison illustre que les historiens des croisades appellent *maison de Montbéliard*.

Richard, comte de Montbéliard, revint au pays, où il mourut en 1237 laissant le comté à son fils *Thierry III dit le Grand Baron*.

Jusqu'à l'avénement de Rodolphe de Habsbourg (1237) les comtes de Montbéliard étaient comtes *par la grâce de Dieu*, formule féodale indiquant qu'ils étaient *souverains maîtres après Dieu* dans leur comté, ayant tous les droits de la royauté.

Rodolphe de Habsbourg avait été nommé empereur d'Allemagne, principalement pour réprimer les affreux brigandages des seigneurs féodaux.

Ce fut un grand destructeur de châteaux. Rien qu'en Thuringe, il en rasa 70.

Le comte *Thierry de Montbéliard* lui rendit foi et hommage.

Depuis cette époque, les comtes de Montbéliard perdirent leur souveraineté et devinrent les vassaux des empereurs d'Allemagne.

Thierry III mourut en 1282, laissant le comté de Montbéliard à son gendre *Renaud de Bourgogne*, à qui il avait donné en mariage sa fille *Guillaumette*.

« Renaud, dit M. Tuefferd est le vrai type du *baron* du Moyen Age ; brave jusqu'à la témérité ; ne connaissant de loi que son épée ; grand querelleur, encore plus grand pillard ; toujours à cheval et armé de pied en cape ; ennemi des prêtres, des rois, de tout ce qui était au-dessus de lui et faisait obstacle à ses projets ambitieux; tantôt en guerre avec l'évêque de Bâle ou l'abbé de Murbach, tantôt avec l'empereur d'Allemagne ou le roi de France ; plusieurs fois prisonnier, passant des traités avec ses adversaires pour les violer le lendemain ; bref, c'était un de ces hommes fortement trempés, qui accomplit une foule d'actes appelés *exploits*, à cette époque demi-barbare, mais qui porteraient un tout autre nom de nos jours. »

Le 1ᵉʳ mai 1283, Renaud de Bourgogne et sa femme Guillaumette accordèrent une charte de franchise à la ville de Montbéliard. En ce faisant, Renaud avait pour but d'y faire venir des étrangers, et d'accroître l'importance de la ville, qui ne consistait alors qu'en quelques maisons groupées autour du château.

De plus, ils avaient besoin d'argent, et les bourgeois de Montbéliard n'obtinrent cette charte qu'en la payant 1000 livres estevenant, (représentant 15000 francs de nos jours), ce qui était une grosse somme pour l'époque.

Déjà une quantité de villes, tant en Bourgogne que dans le reste de la France, avaient obtenu une charte d'affranchissement plus ou moins complète.

Le mouvement commencé au douzième siècle, continué au treizième, devint général au quatorzième.

Il est utile de remarquer en passant, que ceux-là qui auraient dû le plus encourager ce mouvement, ceux-là qui se sont toujours hypocritement intitulés défenseurs du faible et de l'opprimé, LES PRÊTRES *s'opposaient aux franchises.*

« *Il n'y eut pas d'opposition systématique à cette révolution*, dit Augustin Thierry, continuée d'une manière paisible, *que de la part du haut clergé, partout où ce corps possédait l'autorité temporelle et la seigneurie féodale.* »

« Aussi pour toute la Franche-Comté ne compte-t-on que *six actes de ce genre émanés de gens d'église*, et encore n'affranchirent-ils leurs hommes que de la main-morte, *en maintenant toutes les autres servitudes*, telles que les Tailles, les Corvées, etc. » (Tuefferd.)

Les dispositions de la charte de Montbéliard sont très larges, et beaucoup plus libérales que toutes celles qui avaient été accordées jusqu'alors en Bourgogne.

Les bourgeois ont la libre disposition de leurs biens meubles et immeubles, et peuvent les transmettre à leurs héritiers.

Ils sont exempts de tout service militaire envers le comte ; mais ils doivent entourer Montbéliard de murailles à leurs frais, et veiller à la sûreté de la ville.

Ils ont le droit d'élire chaque année *Neuf bourgeois jurés*, dont l'un prenait le titre de *maître-bourgeois en chef*, le seigneur nommait un *Maire*, qui avait pour mission de percevoir les redevances, droits et rentes, qui lui étaient encore réservés.

Tout bourgeois est électeur et éligible

Les bourgeois peuvent admettre parmi eux tous ceux qu'ils veulent, à l'exception des hommes *taillables* du comte, qui, lui appartenant, ne pouvaient s'émanciper sans son consentement.

De plus, le seigneur doit prendre la défense des bourgeois, et garantir leur sécurité en toutes circonstances, sauf en cas de guerre.

Il ne réserve qu'un seul impôt, le cens des toises de douze deniers estevenant par toise de façade de maison.

« Les libertés, (dit M. Tuefferd), accordées par Renaud de Bourgogne à la ville de Montbéllard, contribuèrent à en augmenter la population. Elles y attirèrent des habitants qui créèrent peu à peu les rues voisines du rocher sur lequel est situé le château ; de sorte que l'hôpital construit en 1249 dans un pré au dessous de cette forteresse, se trouva presque réuni à la ville. Sous l'influence bienfaisante de la liberté, l'aisance s'accrut avec la population. Le pays était cependant aussi pauvre que l'ignorance était grande. Sauf quelques métiers, sur lesquels on tissait de grossières étoffes de chanvre et de laine, *l'industrie n'existait pas encore.* L'agriculture produisait à peine ce qui était nécessaire à la consommation des habitants ; et le cultivateur, attaché à la glèbe, vêtu de toile grossière ou de peaux d'animaux, logé dans de misérables chaumières enfoncées dans la terre, épuisé par la misère et des privations sans nombre, ne travaillait qu'à regret pour un maître qui lui enlevait le produit de ses sueurs. Les habitants de la ville, couverts de camelot ou de droguet, habitaient des maisons la plupart construites en bois, sur des rues non pavées et pleines d'immondices. »

La charte des franchises de Montbéliard servit de modèle, à celles de Saint-Hippolyte en 1298, de Montjoie en 1306, de Moron en 1315, de Belvoir en 1314, d'Héricourt en 1374, de Blamont en 1308, de Clémont en 1338.

Pendant la fin du treizième siècle, le comte Renaud, prit les armes plusieurs fois contre Rodolphe de Habsbourg, et fut chaque fois vaincu ; une fois même, en 1288, le château de Montbéliard fut emporté d'assaut.

Notre pays souffrit cruellement pendant les guerres continuelles que Renaud eut à soutenir contre ses voisins et contre l'empereur. Que devenaient les pauvres paysans des campagnes, pendant ces guerres atroces où *l'on écorchait les prisonniers, où on les renvoyait chez eux après leur avoir coupé les mains ou les pieds ?*

Il est facile de le deviner.

Cependant les historiens ne signalent en Bourgogne pendant le treizième siècle, aucune de ces effroyables calamités qui dépeuplèrent le pays dans les siècles précédents.

Pillage de la Provence. — Croisade des Albigeois.

Au commencement du treizième siècle, une grande partie des habitants du comté de Toulouse avaient abandonné les pratiques du catholicisme, et avaient fondé chez eux une religion nouvelle qui n'a jamais été bien connue.

Tout ce qu'on sait, c'est que les Albigeois, tel était le nom qui leur fut donné, méprisaient le pape et les prêtres catholiques, rejetaient les sacrements, la messe, le culte des images et le purgatoire.

Saint-Bernard qui avait été hué par eux, écrivait des Albigeois : « *Leurs mœurs sont irréprochables, ils ne font de mal à personne, leurs visage est mortifié par le jeûne, ils ne mangent pas leur pain comme des paresseux, ils travaillent pour vivre, et méprisent les richesses.*

Innocent III résolut d'exterminer cette engeance maudite.

Un de ses légats ayant été tué par un serviteur du comte de Toulouse, le prétexte fut trouvé.

Aux armes ! soldats du Christ, écrivait-il au roi et aux barons de France. *Que les hérétiques disparaissent. Nous permettons à tout catholique de leur courir sus, de s'emparer de leurs biens, de leurs terres ; armez vous contre cette race perverse, et que des colonies de catholiques soient établies en leur place.* (Lettre d'Innocent III, épitres 26, 27, 28, 29.)

Ces paroles, dignes d'un chef de brigands,

conviant la chrétienté au pillage de la Provence, furent accueillies avec enthousiasme par tous les aventuriers et tous les bandits de France.

Une foule d'évêques et de seigneurs (le duc de Bourgogne en était) prirent la croix, des serfs les suivirent, et l'armée des croisés, commandée par le légat du pape envahit d'abord le comté de Béziers.

Les habitants de cette ville, ayant fait une sortie imprudente, les croisés en les repoussant entrèrent dans la ville avec eux.

La ville prise, les vainqueurs demandèrent au légat *Arnaud*, comment ils devraient s'y prendre, *pour distinguer les hérétiques des bons catholiques qui habitaient Béziers en grand nombre* «TUEZ-LES TOUS, DIEU RECONNAITRA LES SIENS,» répondit *le représentant du pape*.

» Alors, dit un contemporain, se fit le plus grand massacre qu'on ait jamais vu dans le monde ; on n'épargna ni vieux ni jeunes, pas même les enfants à la mamelle. Tous ceux qui le purent se retirèrent dans la grande église Saint-Nazaire, où les prêtres faisaient entendre le son des cloches, à défaut de la voix humaine; mais il n'y eut ni son de cloches, ni prêtres revêtus de leurs habits, ni croix, ni autel qui pût empêcher que tout ne passât par l'épée. Ce fût la plus grande pitié qui jamais fut osée et faite, et la ville pillée, on y mit le feu par tous les coins, tellement que tout fut dévasté et brûlé, et qu'il n'y resta chose vivante au monde (1209). 40,000 pauvres créatures périrent ce jour là. »

Carcassone se rendit, Les habitant durent quitter la ville, *abandonnant tout, vêtus d'une chemise seulement, 450 furent brûlés. La ville fut ensuite mise au pillage.*

Les autres places fortifiées du comté se rendirent, et furent traitées comme Carcassone.

On devine quel fût le sort des villages.

L'armée des croisées partit *chargée de butin*.

Mais l'évêque de Toulouse « *demandait expressément que cette ville fut traitée comme Béziers et Carcassonne.* »

Une deuxième armée de croisés arriva, et ce fut le tour du comté de Toulouse.

Tous les Provençaux qui tombèrent entre les mains des pèlerins furent brûlés « *avec une joie indicible* » écrivait l'abbé de Vaux-Cernay.

Chaque jour arrivait un nouvel évêque, suivi de ses ouailles qui s'en retournaient *chargés de butin*, mais mécontents dit un chroniqueur de l'époque « *en voyant que le légat et Montfort* (le chef de la croisade) *n'avaient pas ni cause ni querelle pour dévorer le monde comme ils faisaient.* »

Après le Comté de Toulouse, Montfort *continua la croisade* dans l'Agénois, *qui était complétement catholique.*

Quant la Provence fut écrasée et les croisés suffisamment gorgés des dépouillés de leurs victimes, le pays fut partagé : les évêchés entre les prêtres, les seigneuries entre les seigneurs (1212.)

Trois années après, le concile de Latran, où assistaient presque tous les évêques et abbés de la chrétienté, *approuva et ratifia tous ces crimes et toutes ces usurpations.*

Dernières Croisades.

La *Cinquième Croisade* fut encore inutile. Commandés par Jean de Brienne, les croisés remportèrent quelques succès en Egypte. Les musulmans offrirent Jérusalem et la Palestine pour obtenir la paix. Le légat (réprésentant) du pape rejeta leurs propositions avec hauteur, croyant déjà tenir l'Egypte tout entière. Mais les chrétiens, enveloppés dans un débordement du Nil, furent heureux de pouvoir battre en retraite (1221).

La sixième Croisade fut entreprise par l'Empereur d'Allemagne Frédéric III. Ce monarque, profitant de la terreur qu'inspirait aux Orientaux, l'approche des Tartares de Tchingis-Khan, obtint une trêve de 10 ans et la restitution de Jérusalem dont il se couronna roi lui-même. (1239.)

Alors, des plateaux de l'Asie centrale arrivait une multitude innombrable de Tartares Mongols, chassant devant eux, leurs troupeaux et les nations, décidés à effacer de la terre toute ville, toute construction, toute trace de culture, à refaire du globe une libre prairie.

Après s'être emparé de la Russie, les Mongols ravagèrent la Hongrie, et s'arrêtèrent on ne sait pour quel motif.

Pendant cette invasion, les chrétiens de Palestine *alliés aux mahométans*, avaient été écrasés par les Turcomans à la bataille de Gaza, et Jérusalem était retombée encore une fois aux mains des infidèles (1239.)

Ce fut le pieux roi Saint Louis qui entreprit la *septième croisade*. Il s'embarqua à Aigues-Mortes avec une puissante armée, malgré les supplications de sa mère, de sa cour *et du pape*.

La guerre avait recommencé entre l'empereur d'Allemagne et la papauté. Frédéric II avait chassé Innocent III de l'Italie, le pape, réfugié à Lyon ne rêvait que vengeance, et cherchait à obtenir l'aide de Saint-Louis contre Frédéric.

Depuis la guerre des Albigeois (dit Michelet) « il semblait que la soif du meurtre fut devenue le génie même du prêtre. Ces hommes de paix ne demandaient que mort et ruines, des paroles effroyables sortaient de leur bouche. Ils s'adressaient à tous les peuples, à tous les princes, ils prenaient tour à tour le ton de la menace ou de la plainte : ils demandaient, grondaient priaient, pleuraient Que voulaient-ils avec tant d'ardeur ?

la délivrance de Jérusalem ? Aucunement ; l'amélioration des chrétiens, la conversion des gentils ? Rien de tout cela. Eh, quoi donc ? Du sang. Une soif horrible de sang semblait avoir embrasé le leur, depuis qu'une fois ils avaient goûté de celui des Albigeois. »

La Septième Croisade fut encore un désastre.

Saint-Louis, débarqué en Egypte, y trouva la peste et la famine, 30,000 chrétiens périrent, le reste fût fait prisonnier avec le roi, qui après avoir payé un million de bezans d'or pour sa rançon, alla en Palestine avec 6,000 hommes, y négocia inutilement avec les musulmans et revint en France en 1254.

A cette époque, le feu grégeois était employé par les Turcs comme principal moyen d'attaque.

La composition du feu grégeois avait été apportée en 674 de la Chine ou de l'Inde, aux empereurs de Constantinople, par un architecte syrien nommé Callinique.

Cette composition fut mise au nombre des secrets d'Etat de l'Empire d'Orient, qui lui dut plusieurs victoires navales.

Après la prise de Constantinople par les croisés en 1204, la composition du feu grégeois fut donnée on ne sait par qui aux Turcs, qui dès lors l'utilisèrent comme engin de guerre.

La composition du feu grégeois variait.

Un manuscrit arabe de 1225, appartenant à la bibliothèque de Leyde, en donne plusieurs formules différentes.

Mais c'était toujours un mélange de matières excessivement inflammables, formant une espèce de pâte plus ou moins compacte, que l'on renfermait dans des tonneaux, ou d'autres récipients, et que l'on enflammait avant de les lancer sur l'ennemi, soit à la main, soit avec des machines de guerre.

Les matières employées étaient d'ordinaire

prises dans le nombre de celles-ci : soufre, naphte, goudron, résine, huile, graisses diverses, sel ammoniac, salpêtre, et parfois certaines poudres métalliques.

De nos jours, un moyen d'attaque aussi primitif ferait sourire, mais à cette époque d'ignorance et de crédulité naïve, il causa une terreur folle aux croisés, et laissa dans leurs imaginations, déjà que trop disposées à croire aux miracles et au diable, une impression tellement profonde, que le souvenir en resta, et que naguère encore (pendant l'enfance de celui qui écrit ces lignes), se répétait dans le peuple, la légende d'un feu mystérieux et terrible, réduisant en cendres tout ce qu'il touchait, pierres ou métaux, brulant sous l'eau, impossible à éteindre, et dont le secret s'était perdu.

De nos jours, l'antique feu grégeois n'effrayerait même pas les enfants, car le pétrole seul, est au moins aussi dangereux. De plus, la chimie moderne a trouvé des compositions incendiaires bien autrement terribles.

Quoiqu'il en soit, l'étrangeté, le mystérieux, l'inconnu de ce moyen de combat, jeta l'épouvante dans les rangs des soldats de Saint-Louis.

Le fidèle compagnon du roi, le pieux chevalier Joinville, historien de la septième croisade, nous a laissé le curieux récit de l'effet produit par le feu grégeois, sur ces rudes chevaliers et barons batailleurs du Moyen-Age, et sur le roi lui-même.

Ung soir, dit-il, les Turcs amenèrent un terrible engin à malfaire, et le misrent vis à vis des chaz chateilz (tours de bois), que messire Gaultier et moy guettions de nuyt, par lequel engin ilz nous gettoient le feu grégeois à planté, qui éloit la plus orrible chose que oncques je veisse.

Quand le bon chevalier, messire Gaultier

vit ce feu, il s'écrie et nous dit : Seigneur, nous sommes perdus à jamès, sans nul remède.

S'ils brulent nos chaz chateilz nous sommes ars et brulés, si nous laissons nos gardes nous sommes ahontés. — Nul de ce péril ne nous peust deffendre, si ce n'est Dieu notre benoist créateur. Si vous conseille à tous, que toutes et quantes fois qu'ils nous getteront le feu grégeois, que chacun se gette sur les coudes et à genoulx, et crions mercy à notre Seigneur en qui est toute puissance.

Et ainsi fisme,...

La manière du feu grégeois estoit telle qu'il venoit bien devant comme ung gros tonneau, et de longueur la queue en duroit bien comme d'une demye canne de quatre pans.

Il faisoit tel bruit à venir, qu'il sembloit que ce fust foudre qui cheust du ciel et me sembloit d'un grand dragon vollant par l'aer et gettoit si grant clarté, qu'il fesoit aussi cler dedans notre ost (camp) comme le jour, tant y avoit grand flamme de feu. — Trois fois cette nuyctée nous gettèrent le dit feu avec la dite perrière (machine à lancer les pierres) et quatre fois avec l'arbaleste à tour.

Et toutes les foys que nostre bon roi Saint-Loys oyoit (entendait) qu'ilz nous gettoient ce feu, il se gettoit à terre et tendoit les mains la face levée au ciel et crioit à haute voix à nostre Seigneur et disoit en pleurant à grans larmes : — « Beau sire Dieu, Jésus-Christ, garde moy et toute ma gent. » Et crois, moy, que ses bonnes prières et oraison nous eurent bon mestier.

Ce récit donne mieux que tout autre, la mesure de l'ignorance et de la naïveté de cette époque demi barbare.

En 1268, les Mameluks d'Egypte envahirent la Palestine, et s'emparèrent des dernières places appartenant encore aux chrétiens, dont une quantité furent écorchés vifs.

Dans la seule ville d'Antioche, 17,000 furent

massacrés et 100,000 vendus comme esclaves.

En 1270, Saint-Louis voulut tenter encore une croisade qui fut un nouveau désastre, l'armée retrouva sous les murs de Tunis, la famine et la peste dont Saint-Louis mourut.

Ce fut la huitième et dernière croisade en Orient, on n'en fit plus jamais d'autres.

En 1295, *la Palestine fut complètement reconquise par les Musulmans*, et leur historien put dire avec orgueil : « *Les choses, s'il plaît à Dieu resteront ainsi jusqu'au dernier jugement.* »

Les croisades avaient coûté la vie à des millions d'hommes, mais elles avaient rapproché les peuples et provoqué un immense mouvement dans les esprits.

Auparavant, on vivait à l'écart et en ennemis. A partir des croisades, les relations amicales et commerciales s'établirent, aussi bien entre les peuples d'Europe qui avaient combattu ensemble pour la même cause, qu'entre l'Orient et l'Europe.

Les croisades contribuèrent aussi dans une large mesure à l'expansion de deux puissances nouvelles : la *royauté et les communes*.

Des milliers de seigneurs, ayant besoin d'argent pour subvenir aux grands frais de ces expéditions lointaines, avaient vendu des libertés aux habitants des villes.

Des milliers de seigneurs avaient péri, la féodalité s'était considérablement affaiblie, et les rois appuyés par les milices des communes, avaient commencé à mettre de l'ordre dans le chaos féodal, en réprimant les affreux brigandages des seigneurs, brigandages qui rendaient le commerce et la circulation presque impossibles.

En France, le pouvoir royal s'était considérablement accru. Alors que Louis VII en 1187, ne régnait effectivement que sur cinq ou six départements de la France actuelle, Saint-Louis, 40 ans plus tard, en avait 35 sous sa juridiction.

A plusieurs reprises, ce roi honnête et juste châtia les crimes des nobles ; ce fut l'homme, dit l'historien Joinville « qui plus se travailla à faire et mettre paix et concorde entre ses sujets, et par spécial entre les princes et seigneurs de son royaume et des voisins. »

Il abolit les combats judiciaires, au moyen desquels les criminels échappaient à la justice, le plus fort et le plus habile au maniement des armes ayant toujours raison.

« Au fait, disait-il, des pauvres, des églises et des personnes dont il faut avoir pitié, l'on ne doit pas aller avant par gage de bataille: *bataille n'est pas voie de droit.*

Le droit qui avait été jusqu'alors écrasé par la force, commençait à revivre, et la classe des *légistes*, qui devait aider les rois à ruiner la féodalité apparut sous le règne de Saint-Louis, dans les cours des *baillis-royaux*.

Pendant les croisades, l'industrie se réveilla pour fournir à tant d'hommes les armes, les harnais et les vêtements nécessaires. Ce mouvement ne s'arrêta plus, les artisans se multiplièrent comme les marchands, *et peu à peu beaucoup d'argent s'accumula entre leurs mains.*

Les artisans des villes, s'organisèrent en corporations, ayant leur caisse de secours mutuels, leurs bannières, leurs réglements; leurs chefs syndics ou jurés.

Une nouvelle classe, *le Tiers-Etat*, fit son apparition sur la scène politique, qu'elle devait plus tard occuper toute entière.

C'est pendant les croisades, et pour distinguer les seigneurs les uns des autres, que furent inventées *les armoiries*, qui depuis, passèrent de père en fils avec le nom de la famille.

C'est aux croisades que l'on doit les tissus de Damas, imités à Parme et à Milan ; le verre de Tyr imité à Venise; l'usage du lin, de la soie, le prunier de Damas, la canne à sucre, le murier, Saint-Louis rapporta la renoncule, et le roi de Navarre, la rose de Damas.

Les étoffes de coton commencèrent à se répandre. *Le papier de coton* était connu depuis longtemps, *le papier de linge* le fût à la fin du treizième siècle, mais ce n'est qu'au seizième qu'il remplaça généralement le parchemin.

Le treizième siècle marque le triomphe de l'ogive en architecture, et la construction des admirables cathédrales de Strasbourg, Cologne, Notre-Dame, et d'autres de même style, dont la Sainte-Chapelle de Paris est le plus merveilleux spécimen.

En 1215, fut créé l'ordre des moines Dominicains qui fondèrent l'*Inquisition*.

C'est alors que cette digne fille du catholicisme, *basée sur la confession et l'espionnage*, commença son œuvre sinistre : couvrant de bûchers les pays où elle pouvait s'établir ; brûlant sans pitié sur un mot, sur un soupçon, des milliers d'honnêtes créatures, pour *s'emparer de leurs biens* ; cherchant partout des coupables ; forçant par la torture les innocents à se déclarer criminels, afin de *s'enrichir de leurs dépouilles* ; ne reculant devant aucune infamie pour augmenter les richesses et la puissance de l'Eglise, hors de laquelle disait elle : Il n'est point de salut.

Le 2 mars 1295, Otton IV, comte Palatin de Bourgogne, pour la dot de sa fille aînée Jeanne, promise à Philippe, deuxième fils du roi de France Philippe-le-Bel, abandonna à perpétuité à ce souverain : son comté, sa baronnie, ses terres, ses droits, ses hommages et ses fiefs. Ces dispositions irritèrent la noblesse du comté de Bourgogne, qui, ne voulant pas prêter hommage au roi de France, commença contre Philippe-le-Bel une guerre qui dura 5 ans. Les confédérés au nombre desquels figurait *Renaud de Bourgogne, comte de Montbéliard,* furent abandonnés par l'empereur d'Allemagne et durent se soumettre.

Renaud fut obligé de prêter foi et hommage au roi de France (Avril 1301.)

Le commerce activé par les foires de Besançon, les habitudes de luxe, et les besoins nouveaux, que les seigneurs avaient rapportés des croisades, prit enfin une certaine importance; mais surtout entre les mains des Juifs de Florence ou d'Asti, dont la plupart étaient les représentants ou les intermédiaires de marchands italiens.

Grâce à leurs capitaux, les Juifs purent s'emparer du monopole de la banque ou plutôt de l'usure, et de la vente exclusive des articles de luxe, à laquelle ne pouvaient encore prétendre les pauvres marchands du pays.

Jusqu'après le treizième siècle, dit Dom Grappin « on ne trouve, à part les salines et les forges, nulles traces de manufactures au comté de Bourgogne. »

La petite industrie toute manuelle, était complétement renfermée dans les boutiques des artisans. En outre des *moulins à farine* seigneuriaux, *les moteurs hydrauliques* n'étaient employés, ainsi que nous le montrent les chartes d'affranchissements de Poligny et de Dôle, que pour *les moulins à écorces* de la tannerie, *les moulins à huile*, et les *foulons* travaillant les étoffes de laine.

Ce fut pendant le Moyen-Age, que les ouvriers nomades de certains corps de métiers, commencèrent à former certaines sociétés mystérieuses, dont les membres se reconnaissaient entre eux à l'aide de mots secrets et de signes convenus.

Cette organisation sur laquelle nous reviendrons encore, devait se maintenir pendant plusieurs siècles, sous le nom de *compagnonnage*, et ne disparaître qu'après la révolution de 1848.

En 1037, les rois chrétiens avaient déjà

chassé les Arabes d'une partie de l'Espagne, où ils ne possédaient plus que le royaume de Grenade, qui devait durer deux siècles encore.

C'est à cette époque que le fameux Cid (seigneur) Rodrigue de Bivar marchait de victoires en victoires, et devenait le héros des romanceros espagnols et le type de la chevalerie.

En 1090 se fonda le *comté de Portugal*.

En Italie, la domination allemande, et les longues guerres entre l'empereur et le pape, avaient pris fin à la mort de Frédéric II (1250), dernier empereur de la maison de Souabe, de cette *race de vipère*, comme l'appelaient les papes, qui tant de fois avaient dû s'humilier devant elle.

Le plus célèbre voyageur du Moyen-Age, Marco Polo, naquit à Venise en 1254.

Son père Nicolo Polo, et son oncle Mafféo, partirent en 1260 pour un voyage aux bords du Volga, poussèrent jusqu'à Boukhara, puis jusqu'aux frontières de la Chine, à la cour du plus puissant souverain asiatique de cette époque, Koubilaï Khan, petit-fils de Tchingis Khan.

Désireux d'entrer en relations avec les peuples d'Occident, Koubilaï les renvoya comme ambassadeurs au pape.

De retour à Venise, en 1269, ils trouvèrent l'Eglise sans chef élu, et repartirent en 1271 emmenant avec eux le jeune Marco, alors âgé de 15 ans.

Il leur fallut trois années et demie pour traverser l'Asie dans toute sa largeur, et revenir près de Koubilaï, qui protégea Marco, lui fit étudier les langues du pays, en fit un de ses officiers de confiance, l'envoya nombre de fois en ambassade, le fit même gouverneur d'une ville, et ne le laissa retourner en Europe qu'à regret.

Marco, son père et son oncle, s'embarquèrent en 1292 dans un port de Chine, restèrent *deux ans* pour atteindre les côtes de la Perse, et rentrèrent à Venise en 1295 après 25 ans d'absence.

On les croyait morts. Habillés à la Tartare, ayant l'apparence misérable, personne ne voulait les reconnaître.

Mais les parents et les amis se retrouvèrent en foule, alors qu'ayant décousu leurs vêtements, ils en firent tomber une cascade éblouissante de bijoux inestimables.

Le voyage de Marco Polo écrit sous sa dictée, est un modèle de clarté, de simplicité, et d'observation intelligente

Toutes les descriptions de pays traversés par lui, ont été depuis reconnues *absolument exactes*, y compris même celle de la région montagneuse du Pamir, explorée tout récemment encore par le voyageur Bonvalot.

Malgré la sincérité de ses récits, on ne voulut pas le croire, et comme il employait fréquemment le mot million, en parlant des immenses richesses du grand Khan des Tartares, on lui donna le sobriquet dérisoire de Marco Millionni.

Ses dernières années furent abreuvées d'amertume.

Après que Messire Marco Pol (dit un manuscrit du quatorzième siècle), avoit pris fame et si étoit demouré plusours ans de sa vie à Venysse, il advint que mourut Messires Mafés, qui oncle monsignour Marc étoit, et mourut ausi ses granz chiens qui avoit amené du Catay (Chine), adonc n'avoit oncques puis Messire Marc nullui, fors son esclave Pierre le Tartare, avecques lequel pouvoit penre soulas à s'entretenir de ses voiages et des choses dou Levant.

Car la gent de Venysse si avoit de grand piesce moult anuy près dés loncs contes Monseignour Marc, et quand le dit Messire Marc issoit de l'uys (sortait de la porte) sa meson, souloient li petit marmot es voies darière li courir en cryant. Messer Marco Milliôn' ! cont'a nu un busiôn' ! que veult dire en François « Messires Marc des millions, di nous un de vos gros mensonges » En oultre sa dame Donate fame annuyouse étoit et d'estroit esprit, et plainne de convoitises.

Aussi advint que Messires Marc désiroit es voiages rantrer durement,... et chevaucha es parties d'Occident.

A son lit de mort, des amis cherchèrent même à lui faire rétracter ses récits, comme mensonges et péchés mortels.

CHAPITRE X

Quatorzième Siècle.

La conséquence immédiate des affranchissements, devait être et fut la reprise du commerce et de l'industrie.

Nous allons enfin assister à leur réveil, et, malgré de nouvelles souffrances et de fréquents revers, les voir grandir en même temps que disparaîtront les institutions féodales, et le souvenir des mauvais jours qu'elles avaient amenés.

L'an 1300, le pape Boniface VIII parut au jubilé de Rome *vêtu des ornements impériaux, la couronne sur la tête, précédé de deux glaives et du sceptre portant la boule du monde.*

C'est moi, disait-il, *qui suis César, c'est moi qui suis l'empereur, c'est moi qui défendrai les droits de l'empire.*

La puissance de la papauté était alors à son point culminant ; la descente allait commencer.

Jusqu'alors la France avait été le bras droit de l'Eglise : sous Clovis contre les Ariens, sous les Carlovingiens contre les Lombards et les païens, plus tard, contre les Albigeois.

Mais le roi de France était devenu puissant, et le prestige du pape diminuait en raison même de ses violences et de son ambition.

Philippe-le-Bel, ce roi des légistes, obligé de subvenir aux frais énormes de l'administration, de l'armée, d'une flotte et des subsides à l'étranger, ne voulut plus que le pape continuât à tirer de grosses sommes d'argent de la France, en y vendant les évêchés et en imposant le clergé à son profit.

Le roi voulut que les impôts payés par le clergé français appartinssent à la France. Cette prétention irrita Boniface VIII qui répondit dans une bulle « *Dieu nous a constitué sur les rois et sur les royaumes, pour arracher, détruire, édifier, planter en son nom et par sa doctrine.* »

Philippe le Bel, se sentant appuyé par la nation, convoqua dans l'église Notre-Dame, un parlement *où pour la première fois, les députés des communes siégèrent à côté des nobles et du haut clergé.*

Ce furent les premiers États-Généraux (10 avril 1302.) L'assemblée supplia le roi « *de ne reconnaître souverain en terre fors que Dieu* » et la noblesse signa un acte reprochant au pape de vendre les évêchés et les revenus ecclésiastiques à des étrangers, au lieu de les donner à la noblesse qui les avait fondés.

Le comte Renaud de Montbéliard fut un des signataires de cet acte.

Le pape excommunia Philippe le-Bel et prépara une bulle DONNANT LA FRANCE A L'EMPEREUR D'ALLEMAGNE.

Mais avant que cette bulle ne fut lancée, Guillaume de Nogaret, envoyé de Philippe-le-Bel, fit prisonnier le pape dans sa ville d'Agnani, et Boniface VIII, souffleté ce jour-là par le gant de fer d'un seigneur italien, Colonna, mourut de honte et de rage quelques semaines après.

En 1305 Philippe-le-Bel *faisait nommer* un

pape français, Clément V, qui se fixa dans la ville d'Avignon, où 8 papes, nommés par les rois de France se succédèrent de 1309 à 1376.

De ce jour, Philippe-le-Bel tenant le pape à sa discrétion, put attaquer et détruire le puissant ordre des chevaliers du Temple, dont les 10,000 châteaux forts, et les richesses immenses était un danger pour la royauté.

Le gouvernement de Philippe-le-Bel fut ennemi des prêtres et de la féodalité. On reproche à ce monarque d'avoir falsifié les monnaies pour bénéficier sur le change, mais s'il eut toujours besoin d'argent, ce ne fût point pour ses dépenses personnelles, car il avait de l'ordre et était économe. Il ne dépensa que pou raccroître la puissance de la France, du roi et du Parlement.

Après la mort de Philippe le Bel, son fils Louis le Hutin, promulgua un édit affranchissant toutes les villes de France, et conviant la noblesse à le suivre dans cette voie.

Quelques seigneurs entraînés par cet exemple, le plus grand nombre, pour tirer meilleur parti de leurs mainsmortables, affranchirent pendant le quatorzième siècle presque toutes les villes et bourgades de la Comté.

Pour quelques-uns, l'affranchissement fut une nécessité.

Les considérants des chartes de Gy en 1347, de Saint-Maurice, (arrondissement de Saint-Claude) en 1383 et plus tard celle de Dampierre en 1485, disent nettement: que les mains-mortables *découragés* ne veulent plus travailler pour autrui, ni bâtir de maisons ; que les étrangers ne veulent pas épouser leurs filles, ni s'établir dans leurs villages dépeuplés ; que les trois quarts des terres sont incultes, enfin que les biens de main-morte ne rapportent plus rien au seigneur.

Les localités ci-dessous situées dans la région qui nous occupe furent affranchies pendant le quatorzième siècle.

Belfort (1307), l'Isle-sur-le Doubs et Blamont (1308) ; Belvoir (1314) ; Champagnole où les bourgeois eurent le droit de chasse (1320) ; Bonnétage, Fontenelle et Longevelle (1331) ; Clémont (1338) ; Passavant (1339) ; Grand Combe des Bois et Blanchefontaine (1345) ; Vercel (1348) ; Maîche (1357) ; Rougemont (1370) ; Héricourt (1374.)

Philippe le Long avait abandonné le gouvernement de la Bourgogne à la reine Jeanne, son épouse.

Cette princesse intelligente, enrichie par les dépouilles des commerçants juifs que Philippe le Long avait expropriés et chassés de Bourgogne, s'appliqua, pendant son règne, à rendre le pays prospère.

En 1318, Jeanne fit venir de Paris des tisserands, des drapiers, et favorisa leur établissement.

Les manufactures de drap établies à Gray y prospérèrent rapidement : celles de Besançon, de Poligny et de Dôle suivirent. Dans cette dernière ville, notamment, on comptait déjà quatre maîtres drapiers au commencement du quinzième siècle.

Orgelet, Saint-Amour, Clervaux eurent des rouets et des métiers, pour la fabrication des draps, du droguet et des toiles.

Enfin Arinthod fabriqua des chapeaux et des toiles.

Les premiers tréfileurs (tireurs de fil de fer) *de fils à carde*, s'établirent probablement chez nous à la même époque ; venant peut être de Normandie, où ces artisans formaient une grande corporation réglementée par des statuts et des ordonnances royales.

Au quatorzième siècle, l'article 3 de leurs statuts parlant des fils : *gros, fins, cuits, recuits et fils à carde*, ordonne l'emploi de fers français, disant que les fils fabriqués avec des fers d'Allemagne sont « maulvais, pliant, rompant et décevables. »

La tréfilerie fournissait alors aussi des *fils de laiton*, aux nombreux *fabricants d'épingles* de l'époque.

Ce fut en 1327, que la *première forge de Comté* mentionnée dans les documents historiques, fut commencée par l'abbaye de la Charité, entre Fretigney (canton de Gray) et la forêt de Bellevaivre, dans laquelle se trouvaient réunis le charbon et le minerai exploités de nos jours encore par des hauts-fourneaux de la Hte-Saône.

Cette forge resta *cinq années en construction*, et ne fut achevée qu'en 1332.

Ce renseignement seul, indique *la transformation radicale de l'industrie du fer* dans notre pays, car l'établissement d'une ancienne forge romaine aurait à peine nécessité quelques semaines de travail.

Cette transformation, était le résultat de la découverte de la fonte, et de l'application d'un moteur hydraulique aux appareils de forge.

D'après M. Delon, la fonte de fer aurait été découverte au douzième siècle, et des morceaux de fonte blanche, ont été retrouvés par M. Quiquerez, adhérents encore aux ruines d'anciens fourneaux, remontant paraît-il à cette époque ; fourneaux *construits en pierre de grès à côté d'un cours d'eau*.

La fonte fut découverte le jour où le soufflet de l'ancien fourneau fut assez puissant, pour élever sa température jusqu'au point de fusion du minerai.

Quelle dût être la surprise du forgeron qui, grâce à une énergique soufflerie, vit le premier, sortir de son creuset, un petit ruisseau de fer liquide, éclatant sous le choc du marteau.

Il dut croire à un accident, et ralentit le jeu de son soufflet.

Le même phénomène dût fréquemment se

reproduire à mesure que les soufflets se perfectionnèrent.

Puis un jour, un ouvrier plus intelligent ou plus observateur que les autres, imitant les fondeurs de bronze, fit couler ce métal nouveau dans un moule et produisit la *première pièce de fonte moulée*.

Pendant le quatorzième siècle les roues hydrauliques étaient appliquées au travail des forges de notre pays.

Nous en trouvons la preuve dans les comptes de la maison de Philippe le Hardi, mentionnant en ces termes, une usine établie par ses ordres dans la vallée du Cusançin. (Près de Baume-les-Dames.)

« De la mine de fer de Beaume, ensemble une forge à aïgue (eau) garnie des aisements, faite pour Monseigneur à Pont-les-Moulins près de Beaume, huit livres es't venantes. »

Nos aïeux tirèrent un merveilleux parti de la roue hydraulique, *dont l'arbre,* jusqu'à l'invention des machines à vapeur et des turbines, fut l'*organe principal* de tous les grands appareils mécaniques employés dans leurs industries.

Muni d'une roue dentée ou d'un tambour, cet arbre fit tourner leurs moulins à farine, à huile, et à écorces, leurs manèges, leurs appareils d'épuisement, et les ventilateurs de leurs mines.

Garni de chevilles, il mit en mouvement leurs foulons à laine, leurs scieries, leurs pilons à papiers, parfois des pompes, leurs marteaux et leurs soufflets de forge, enfin leurs pilons à broyer le minerai (bocards.)

La combinaison très simple de ces engins de bois, permettait d'associer sur le même arbre plusieurs appareils différents, et d'en confier la construction complète à un charpentier intelligent.

L'art de la charpente était alors très avancé, et sous le nom de *charpentiers de la grande co-*

gnée, ces artisans, dirigés par les habiles architectes de l'époque, nous ont laissé des travaux remarquables.

Ce furent eux qui, pendant le quatorzième siècle, *jetèrent en quelques heures un pont sur la Seine*, devant les Parisiens émerveillés.

La plus grande économie présidait d'ordinaire à la construction des bâtiments d'usines. L'espace y était presque toujours insuffisant pour les manœuvres, et les ouvriers travaillaient dans une quasi obscurité, causée par la petitesse et la rareté des fenêtres.

Les moulins de Besançon étaient si mal établis, qu'à deux reprises, en 1353 et 1355, les crues du Doubs enlevèrent ceux de Rivotte, Saint-Paul et Chamars.

Vers l'année 1340, une mine de plomb fut exploitée au pied du ballon de Lure, par des ouvriers qui fondèrent le village de Plancher-les-Mines.

A cette époque, les Juifs réalisaient d'énormes bénéfices, autant en prêtant de l'argent à un taux usuraire, qu'en vendant des marchandises étrangères; mais presque partout ils devaient payer un droit de séjour.

Ce droit était en 1310, à Pontarlier, de 40 livres estevenantes (520 francs) par année. Dans d'autres endroits, certains marchands riches, donnèrent jusqu'à 293 livres est. (3807 fr.), et cela pour le droit de séjour seulement, car ils avaient encore en plus : les péages, les droits d'entrée, d'étalage, de vente etc., etc., auxquels se joignait souvent une redevance, *pour ne pas être appelés sur les champs de bataille.*

Les Juifs furent pendant le Moyen-Age, *la tirelire* des rois et des seigneurs.

Quand ils s'étaient enrichis par l'usure le change et le commerce, le seigneur les mettait en prison, s'emparait de leur fortune et les chassait ensuite du pays.

Puis il leur permettait d'y revenir, les laissait amasser suffisamment, les remettait en prison, les redépouillait complétement et les chassait de nouveau

Malgré cet état de choses bien connu d'avance, les bénéfices des Juifs étaient tellement énormes, qu'ils ne pouvaient résister à la tentation, et que l'appât de l'or suffisait pour les faire constamment revenir.

En 1349, la peste éclata en Franche Comté et fit de tels ravages que cette année-là fut nommée : *Année de la grande Mort*.

Le comte Renaud de Montbéliard, mourut en 1321. Son fils Othenin faible de corps et d'esprit lui succéda ; mais en 1332, il dût abandonner le comté de Montbéliard à son beau-frère Henri de Montfaucon (1332 à 1367), qui fut comme chevalier le digne successeur de Renaud de Bourgogne.

« Partout où il y eut des coups d'épée à donner où à recevoir, on est sûr de trouver le jeune comte de Montbéliard. Il joua un rôle considérable dans tous les événements qui se passèrent alors en Bourgogne et même en Europe. Il combattit à côté de Philippe de Valois à la bataille de Cassel, livrée contre les Flamands ; il s'embarqua pour l'Angleterre et accompagna Edouard III en Ecosse ; il se mit avec Jean de Châlon Arlay, à la tête de la ligue des barons francs-comtois contre le duc de Bourgogne ; mais il fut vaincu et obligé d'aller se constituer prisonnier du roi dans son château du Louvre ; il eût des démêlés sanglants avec Louis de Neufchâtel en Suisse, époux de sa nièce Jeanne de Montfaucon ; il se rendit en Prusse et en Samogitie pour aider les chevaliers teutoniques dans leur guerre contre les Lithuaniens; il combattit, avec le roi Jean, les Anglais, puis tourna ses armes contre ce monarque, qui avait voulu enlever le comté de Bourgogne à la princesse Marguerite ; il continua la guerre avec persistance contre son fils Charles V ; il chassa les *grandes compagnies* du sol de la Franche-Comté qu'elles avaient ravagé pendant de longues années ; enfin il mourut dans un âge avancé, après avoir promené son humeur guerrière sur tous les champs de bataille de l'Europe » (Tuefferd.)

Notre pays fut souvent dévasté pendant les guerres incessantes que Renaud de Bourgogne et Henri de Montfaucon, eurent avec leurs voisins, mais il faut reconnaître à l'honneur de ces deux intrépides batailleurs, *qu'ils firent preuve de patience et de modération, vis à vis des bourgeois de Montbéliard,* alors que ceux-ci se révoltaient à tort entre eux, ce qui arriva deux fois. Ces différends se terminèrent à l'amiable au lieu de finir par des supplices.

Ils encouragèrent l'agriculture, et pendant les moments de paix, les campagnards louaient des terres pour les cultiver.

C'est ainsi que nous voyons le 30 avril 1318, Cuenat de Brognard prendre à ferme pour le terme de vingt cinq ans, des abbés et couvent de Belchamp, tout ce qu'ils tiennent en la *ville et finage de Brognard, en champs, prés, maisons, chesal, bois, curtils, oiches,* pour onze sols de bons estevenants et *pour un plein régal de trois fouaices* (pains blancs) *et de deux gelines,* à livrer tous les ans au jour de Noël. Cette prestation semble être la même chose que le *cens des menaudes,* qu'on trouve au Moyen-Age établi dans plusieurs lieux du comté de Montbéliard. A Lougres, la *menaude* consistait en six poules et trois réseaux de fleur de farine, *au feur de six pains blancs le réseau ;* à Etouvans, elle se composait de *deux chapons trésannés (vieux), d'une aune de Provins de longueur entre la queue et la tête, et de deux pains de la hauteur d'un empan en mettant le pouce au milieu pour tourner à l'entour.* Lors de la livraison au seigneur, celui-ci devait un pâté.

De même le 18 mai 1335, deux habitants du

village d'Exincourt, *pour eux et les prud'hommes du lieu*, prennent en amodiation, des abbé et couvent de Belchamp, pendant le terme de quinze ans, la *Vouaivre* (forêt) d'Exincourt, « dès le fossé jusqu'au chemin de Montbéliard, pour seize sols et six deniers de bons estevenans par chacun an. »

Des marchands étrangers étaient venus s'établir à Montbéliard et dans le comté, en payant un droit. Le 2 mars 1350 : quittance de trois cents florins, fut donnée par le comte Henri, à Demoinges de la Court, Lombard, citoyen et marchand d'Ast, demeurant à Montjustin ; « pour celuici être son bourgeois, demeurer et marchander à Montbéliard, à Granges, ou quelque autre lieu, en ses terres qui mieux lui plaira, ainsi qu'à ses compagnons. » (Duvernoy).

Dans les nombreux traités que signa Henri de Montfaucon, il prit tantôt le titre de comte de Montbéliard, tantôt celui de sire de Montfaucon, selon qu'il représentait le comté de Montbéliard, qui dépendait de l'empire d'Allemagne, ou les terres de Montfaucon, qui relevaient de la Bourgogne.

En 1337, commença la terrible *guerre de Cent ans*, entre la France et l'Angleterre.

En 1346, la chevalerie française éprouva un affreux désastre à Crécy.

11 princes, 2 archevêques, 80 barons à bannières, 1200 chevaliers et 30,000 soldats furent tués par l'*infanterie anglaise*.

Dans les batailles de cette époque, les chevalier cherchaient avant tout à faire des prisonniers pour en tirer rançon. *Un chevalier en danger de mort, n'hésitait jamais à se rendre à son adversaire, car sa rançon était payée par les bourgeois et les serfs de ses domaines.*

A Crécy, où malheureusement pour eux, les nobles français tombèrent entre les mains des fantassins anglais, archers. et gens du peuple, *qui ne savaient pas le français*, ils eurent beau offrir de grosses rançons pour sauver leurs vies. On ne les comprit pas, et ils furent tous massacrés.

C'est à cette bataille que les Anglais firent entendre pour la première fois, le *bruit du canon*, peu redoutable encore, mais inconnu jusqu'alors en France.

L'armée anglaise bien disciplinée, bien armée, était pourvue d'un matériel de guerre très remarquable, dans lequel figuraient déjà, *montés sur des charriots, des moulins, des fours et des forges de campagne.*

De 1346 à 1348, le comté de Montbéliard fut ravagé par la guerre, en 1348 et 1349, il fut dépeuplé par la peste.

Dans le pays de Montbéliard elle enleva *les deux tiers* des habitants.

Les corps exposés à la porte des maisons, ou jetés par les fenêtres, se corrompaient dans les rues. A Besançon, huit ou dix cadavres étaient jetés à la fois dans de larges fosses ouvertes au cimetière Saint-Jacques.

La maladie durait rarement plus de deux ou trois jours. Celui qui était sain hier, aujourd'hui on le portait à la fosse ; sitôt qu'une tumeur s'élevait à l'aine ou aux aisselles, on était perdu.

Les populations exaspérées par leurs souffrances, s'en prirent aux Juifs qu'on accusait d'avoir empoisonné les fontaines. En 1348, tous ceux des Vosges furent massacrés : ceux de Gray, de Salins, de Vesoul, de Montbéliard, de Strasbourg, de Genève, etc , eurent un sort semblable, et leurs biens furent confisqués.

Le 18 octobre 1356, un tremblement de terre renversa la ville de Bâle et plusieurs châteaux du voisinage. Il fut ressenti au loin ; le comté de Montbéliard, l'Alsace et la Franche-Comté en éprouvèrent les funestes effets. Les eaux débordées entraînèrent des villages ; les ponts de la Saône et du Doubs furent emportés.

En France, jamais, depuis les invasions barbares le peuple n'avait été aussi malheureux.

Les Anglais ravageaient le pays, et la chevalerie française écrasée d'abord en 1302, dans les fossés des prairies de Courtray par les bourgeois des Flandres, battue ensuite à plate couture à Crécy, fut enfin déshonorée à Poitiers (1356), *où deux mille seigneurs* engagés dans un chemin creux, *se rendirent avec le roi Jean*, pendant que les autres s'enfuyaient avec le dauphin. Ce dernier revint à Paris, où commandait alors le fameux prévôt des marchands, Etienne Marcel.

Le trésor royal était vide, le roi Jean, sans s'occuper des calamités publiques, l'avait gaspillé follement. Une fois entre autres, il avait donné 50,000 écus, à un chevalier qui avait su lui plaire.

« Il n'y avait (Michelet) au fond qu'un ennemi, une victime des maux de la guerre : c'était le paysan. Avant la guerre, celui-ci s'était épuisé pour fournir aux magnificences des seigneurs, pour payer ces belles armes, ces écussons émaillés, ces riches bannières qui se firent prendre à Crécy et à Poitiers. Après, qui paya la rançon ? ce fut encore le paysan.

« Les prisonniers, relâchés sur parole, vinrent sur leurs terres, ramasser vivement les sommes monstrueuses qu'ils avaient promises sans marchander sur le champ de bataille. Le bien du paysan n'était pas long à inventorier. Maigres bestiaux, misérables attelages, charrues, charrette, et quelques ferrailles. De mobilier, il n'y en avait point.

« Nulle réserve, sauf un peu de grain pour semer. Cela pris et vendu, que restait-il sur quoi le seigneur eût recours ? le corps, la peau du pauvre diable. On tâchait encore d'en tirer quelque chose. Apparemment, le rustre avait quelque cachette où il enfouissait. Pour le lui faire dire, on le travaillait rudement. On lui chauffait les pieds. On n'épargnait ni le fer ni le feu.

« Ruiné par son seigneur, le paysan n'était pas quitte. Ce fut le caractère atroce de ces guerres des Anglais ; pendant qu'ils rançonnaient le royaume en gros, ils le pillaient en détail. De plus, il se forma par tout le royaume des bandes de malfaiteurs que l'on nommât Grandes Compagnies ou Routiers.

« Le chef d'une de ces bandes, Armand de Cervoles, surnommé l'archiprêtre, traversa toute la France, jusqu'en Provence, mit à sac Salon et Saint-Maximin pour épouvanter Avignon. Le pape tremblant, invita le brigand, le reçut comme un fils de France, le fit dîner avec lui, et lui donna 40,000 écus ; de plus, l'absolution. Cervoles, en sortant d'Avignon, n'en pilla pas moins la ville d'Aix, puis, vint ravager la Bourgogne pendant cinq ans.

« Les chevaliers du quatorzième siècle avaient une autre mission que ceux des romans, c'était d'écraser le faible. Le sire d'Aubrécicourt volait et tuait au hasard *pour bien mériter de sa dame*, Isabelle de Juliers, nièce de la reine d'Angleterre : « Car il était jeune et amoureux durement. »

« La captivité du roi, et la dissolution de la monarchie donnait à ces pillards des espérances folles. C'était à qui entrerait par ruse ou par force dans quelque château mal gardé. Les capitaines des places se croyaient libres de leurs serments. Plus de roi, plus de foi. Ils vendaient, échangeaient leurs places, leurs garnisons.

« Cette vie de trouble et d'aventures, après tant d'années d'obéissance sous les rois, faisait la joie des nobles.

« Froissart, leur historien, ne se lasse pas de conter ces belles histoires. « Et toujours ga-
« gnoient pauvres brigands à piller villes et châ-
« tels.... ils épioient une bonne ville ou châ-

« tel, une journée ou deux loin et puis s'assem-
« bloient et entroient en cette ville droit sur le
« point du jour, et boutoient le feu en une mai-
« son ou deux, et ceux de la ville s'enfuyoient...
« et ces brigands brisoient maisons, coffres et
« écrins... Un, fit telle prouesse que le roi de
« France le voulut avoir chez lui, et acheta son
« châtel vingt mille écus (château volé) et fut
« huissier d'armes du roi de France. Et étoit
« appelé ce brigand Bacon. »

« Les paysans ne dormaient plus. Ceux des bords de la Loire passaient les nuits dans les îles, ou dans des bateaux arrêtés au milieu du fleuve. En Picardie, les populations creusaient la terre et s'y réfugiaient. Le long de la Somme, de Péronne à l'embouchure, on comptait encore au dernier siècle, trente de ces souterrains.
« Les familles s'y entassaient à l'approche de l'ennemi. Les femmes, les enfants y pourrissaient des semaines, des mois, pendant que les hommes allaient timidement au clocher, voir si les gens de guerre s'éloignaient de la campagne.

« Mais ils ne s'en allaient pas toujours assez vite pour que les pauvres gens pussent semer ou récolter. » (Michelet.)

Tout était gâté, détruit. Il ne restait plus rien dans les châteaux. « Dont un si cher
« temps vint en France, qu'on vendoit un ton-
« nelet de harengs trente écus, et toutes autres
« choses à l'avenant, et mouroient les petites
« gens de faim, dont c'était grand'pitié, et dura
« cette dureté et ce cher temps plus de quatre
« ans. » (Froissart.)

Le paysan, enragé de faim et de misère, força les châteaux, égorgea les nobles.

Ce fut le 21 mai 1358, que sous le nom de *Jacques Bonshommes*, les paysans de France, se révoltèrent contre leurs seigneurs.

En quelques jours, 50,000 désespérés furent debouts, et profitant du premier moment de stupeur, démolirent quelques uns de ces châteaux, du haut desquels leurs maîtres en sûreté, regardaient tranquillement les Routiers et les Anglais, piller et brûler leurs pauvres cabanes.

« Chaque village eut son chef ; au lieu de le prendre parmi les plus forcenés, ces paysans que certains historiens représentent comme des bêtes fauves, *nommaient de préférence le plus honorable, et souvent le plus modéré.* »

Jamais les nobles n'auraient voulu croire à une telle audace.

Ils avaient ri tant de fois, quand on essayait d'armer ces populations simples et dociles, quand on les traînait à la guerre ! On appelait par dérision le paysan *Jacques Bonhomme*, comme nous appelons *Jeanjeans* nos conscrits. Qui aurait craint de maltraiter des gens qui portaient si gauchement les armes ? C'était un dicton entre les nobles : « Oignez vilain, il vous poindra ; poignez vilain, il vous oindra. » (Michelet.)

« Quand on était dans les bons jours, que
« l'on ne voulait pas tuer, ou qu'on ne le voulait
« que par hasard et par accident, *il y avait une*
« *facétie qui se reproduisait souvent et qui était de-*
« *venue traditionnelle. On enfermait le mari dans*
« *la huche où l'on pétrit le pain, et jetant la femme*
« *dessus comme sur un lit, on la violait. S'il y*
« *avait là quelque enfant dont les cris importu-*
« *naient, au moyen d'un lien très court, on atta-*
« *chait à cet enfant un chat retenu par un de ses*
« *membres.* Voyez-vous d'ici la figure de Jacques
« Bonhomme sortant de sa huche, blémissant
« encore de rage sous cette couche de farine qui
« le rend grotesque et lui ôte jusqu'à la dignité
« de son désespoir, le voyez-vous retrouvant sa
« femme et sa fille souillées, son enfant ensan-
« glanté, dévisagé, tué quelque fois par le chat
« en fureur ? » (Bonnemère.)

Les grands et les nobles, sans distinction de parti, s'unirent pour écraser la *Jacquerie.*

Charles le Mauvais flatta les paysans, invita leurs principaux chefs, et pendant les pourparlers, il fit main basse sur eux. *Il couronna le roi des Jacques d'un trépied de fer rougi au feu.* Il les surprit ensuite près de Mondidier, et en fit un grand carnage.

Les nobles d'abord effrayés, se rassurèrent et se mirent à tuer et brûler tout dans les campagnes à tort ou à droit.

Que pouvaient des malheureux demi-nus, mal armés, épuisés par les privations, contre des hommes robustes, habiles à manier les armes et couverts de fer.

Commencée le 21 mai, la Jacquerie était terminée le 9 juin. Elle avait duré moins de trois semaines. (Michelet.)

Mais la noblesse ne voulait pas négliger une si belle occasion, un si excellent prétexte, pour commettre des brigandages.

Après le massacre des Jacques, les nobles *continuèrent* à faire partout main-basse sur les paysans sans s'informer de la part qu'ils avaient prise à la Jacquerie. Ils firent, dit un contemporain, « *tant de mal au pays, qu'il n'y avait pas besoin que les Anglais vinssent pour la destruction du royaume. Ils n'auraient jamais pu faire ce que firent les nobles de France.* »

Etienne Marcel écrivait le 11 juillet 1358 aux bonnes villes de France « Nous pensons que vous avez ouï parler de la grande multitude de nobles qui « sans faire distinction quelconque
« de coulpables ou non coulpables, de bons ou
« de mauvais, sont venuz en armes par manière
« d'ostilité, de murdres (meurtres) et de roberie,
« et combien que à plusieurs d'euls rien ne
« leur ait esté meffait.

« Ils ont ars (brulé) les villes, tué les bonnes
« gens du païs sens pitié et miséricorde quel-
« conque, robé et pillé tout quanques ils ont

« trouvé ; femmes, enfants, mis à cruelles
« gehines (cruelles tortures) pour savoir l'avoir
« des gens et ycels prendre et rober, et plu-
« sieur d'iceuls fait morir ès gehines... les pu-
« celles corrompues et les femmes violées
« en présence de leurs maris, et briefment
« fait plus de mauls plus cruellement et plus
« inhumainement que onques ne firent les
« Wandres, ne Sarrazins. »

Plus loin, Marcel dit encore que le Dauphin n'eût pas un mot de blâme contre ces nobles, qui depuis la captivité du roi Jean *n'avaient pas voulu s'armer contre les Anglais*, mais qui avaient couru au massacre des paysans, comme à une partie de plaisir, et ne s'étaient armés que pour piller les villes et les innocents.

Après une nouvelle campagne des Anglais, le dauphin leur céda une partie de la France et s'engagea à leur payer *3 millions d'écus d'or* pour la rançon de Jean. (Aujourd'hui 250 millions.)

Ce qui restait de la France épuisée, ne travailla plus *pendant plusieurs années* que pour payer la rançon du roi.

Les quittances de ces paiements sont aux Archives nationales.

Quand le roi Jean revint, sa première ordnnance fut pour l'établissement d'un impôt. Après avoir indiqué les charges nouvelles de cette énorme contribution, il ajoute : « duquel aide *nous nous contenterons pour la grande compassion que nous avons pour notre peuple.*

Le roi Jean mourut en 1364, à Londres, *où il était retourné pour rejoindre ses maîtresses, et vivre joyeusement à la cour d'Angleterre.*

Notre pays ressentit le contre-coup des malheurs de la France.

En 1362 les grandes Compagnies désolaient le comté de Bourgogne, et la peste, appelée par le peuple *Murie de la Bosse*, dépeuplait les villes et les campagnes.

Henri de Montfaucon aida la princesse Marguerite, fille de Philippe le Long à chasser les grandes Compagnies qui, après avoir abominablement saccagé la Comté pendant 5 ans, ne s'éloignèrent qu'en 1365.

Mais quarante années de guerres avaient épuisé la Comté : l'industrie et le commerce étaient de nouveau réduits à rien. Les villages étaient déserts, la population diminuée des deux tiers. La misère était grande, les ruines couvraient partout le sol et les terres étaient laissées en friche. La cause disaient les malheureux paysans à la comtesse Marguerite, parcourant la province dans l'automne de 1374. « la cause, ce sont les guerres qui ont été faites au comté de Bourgogne par nos seigneurs grands et petits ; la cause, ce sont les mortalités qui, par plusieurs fois, ont bien abaissé et diminué le peuple et les *gaignours*, parce que les terres et les *meix* sont demeurés en ruines et en désert, et enfin les grandes Compagnies qui du temps passé ont fait si grand dommage, tel que moult de gens et moult de peuple de Bourgogne ont été périllé (péri) de corps et moult s'en sont allés *fuers* (hors) du pays. »

C'est pendant le règne de la comtesse Marguerite que les actes publics commencèrent à employer le nom de FRANCHE-COMTÉ.

Philippe le Hardi succède à Marguerite Ire en épousant sa fille, l'année 1369.

Ce prince rétablit de nouveau le Parlement de Dôle, en augmenta les attributions, et convoqua des assemblées de notables, où les barons et les prélats durent siéger côte à côte avec les bourgeois.

En 1389, il publiait une ordonnance qui donnait à chacun le droit de se déclarer *Bourgeois du prince*, et de dire à son seigneur...

« Nous en appelons à Dôle, avons confiance au Parlement. »

Et chaque paysan disait à ceux qu'il rencontrait : « Es-tu pas à monseigneur le prince, mets-toi vite en ce parti. »

Les bourgeois de Morteau qui profitèrent de cet édit, furent maintenus par le Parlement dans leur nouvelle bourgeoisie, *malgré tous les efforts du prieur de Morteau.*

Philippe le Hardi releva le commerce et l'industrie ; sous son règne, en 1393, les foires de Saint-Georges et Saint-Luc furent établies à Pontarlier, où affluaient «.*les drapiers pourtant vendre sur leurs bras* » et les marchands de toile, de cuir, de poterie, de poix, de cire, etc., etc.

Le faste inouï déployé par ce prince, imprima un nouvel élan au commerce et aux industries de luxe.

Des sommes énormes furent consacrées par lui à des réceptions de gala, à des tournois et à des frais de représentation de toutes espèces. En 1389 pour les fêtes données à Dijon, il fit acheter *douze cents livres de poivre.*

Philippe le Hardi mourut en 1404, laissant tellement de dettes, que sa femme préféra renoncer à sa succession, plutôt que de les payer.

L'artillerie était alors employée en Bourgogne. Les comptes de la maison de Philippe de Rouvres, mentionnent des canons, des broches à rougir et de la poudre « pour faire gitter les canons. »

Pendant l'année 1377, Philippe le Hardi fit confectionner à Châlons une bombarde en *fer forgé,* pouvant lancer un *boulet de pierre pesant 450 livres.* Un maître canonnier et neuf forgerons travaillèrent pendant 88 jours à la terminer.

Philippe le Hardi fit venir d'Arras *les deux premières horloges connues en Bourgogne,* et les paya 20 francs (93 fr. 50) chacune avec les cloches et les poids.

La fabrication des horloges d'appartement à rouages et à timbres, importée chez nous beaucoup plus tard, était alors très avancée en Allemagne, d'où elle avait pénétré en Flandres et en Artois.

Les grandes horloges d'édifices publics, se répandaient partout, quoique privées de sonnerie. Dans la ville d'Arras notamment, un homme était chargé de frapper sur les cloches les heures indiquées par le cadran.

Les forêts de nos montagnes commençaient à être exploitées, il est probable même que *les premières scieries* y avaient été construites, car en 1354, le comte de Neuchatel, se plaignait des gens d'Odon III comte de la Roche Saint-Hippolyte, qui se refusaient à payer au péage de Luhier, le passage *des lavons (planches) barils et soillots (baquets)* fabriqués par eux dans les forêts de la montagne, où le *flottage* était mis en pratique, ainsi que le prouve un article des comptes de la cour de Bourgogne, fixant à 5 sols pour l'année 1404, la redevance du passage et du « *droit de flottes de sapins passants par dessoubs le pont de Beaume-les-Dames, sur la rivière du Doubs.* »

La *fabrication des chandelles* par la méthode du *trempé*, livrait alors à la consommation trois espèces de produits. La chandelle ordinaire en suif, celle de suif recouverte d'une robe de cire, enfin celle de cire pure et blanchie.

La cire était aussi employée pour enduire les étoffes, car le corps embaumé de Philippe le Hardi fut enveloppé dans trente deux aunes *de toile cirée.*

Enfin, les comptes de la maison de ce prince mentionnent *deux boussoles* en ces termes : « Deux boissettes esquelles sont deux aiguilles aigmantées pour la trémontaine. »

Nous signalerons encore parmi les autres industries en voie de progrès.

La tannerie, une des plus anciennes fabrication comtoises, atteignait alors son plus haut point de perfectionnement en Espagne, où se fabriquaient les célèbres cuirs de Cordoue.

Celle des *charpentiers de la petite cognée*, ou menuisiers, qui ont laissé de splendides bahuts et des meubles admirablement sculptés.

La Carrosserie, dont les premières voitures suspendues sur ressorts, avaient été vues à l'entrée de la reine Isabeau de Bavière à Paris.

Les deux *premières papeteries* importantes fondées en France vers la fin du quatorzième siècle, celles d'Essonne et de Troyes, dénaturaient les chiffons d'étoffe de chanvre, et produisaient du papier collé à la gomme.

Les premiers *ouvrages de cuivre*, ornés de figures et de dessins *repoussés au marteau*, avaient été rapportés des croisades, et fournissaient de nouveaux modèles *aux chaudronniers auvergnats* (magnins), *qui depuis un temps immémorial*, peut être même depuis l'époque romaine, dit Monteil, parcouraient la France avec des chaudrons de cuivre *étamés au suif*.

Enfin, l'Italie avait encore le monopole de la fabrication des étoffes de soie, et Gênes, celui des fils d'or et d'argent, employés par le tissage et la broderie.

Il serait intéressant de connaître le gain des ouvriers de notre pays à cette époque, ainsi que le prix des vivres et des objets les plus usuels. Malheureusement, les documents font défaut, et nous avons dû emprunter à Monteil les chiffres que nous donnons ci-après à titre de renseignement général seulement, car la valeur des denrées variait chaque année avec l'abondance de la récolte, et le taux des journées d'ouvrier, dépendait le plus souvent de circonstances locales impossibles à apprécier.

Les chiffres ci-dessous, nous fournissent pourtant quelques indications précieuses, *sur la proportion* existant alors en France, entre le gain des ouvriers et le prix de certains articles.

Nous avons converti les chiffres originaux

en mesures métriques pour la plus grande facilité de nos lecteurs, et compté la livre tournois à 4 francs 89 centimes.

Gages payés à l'année.

Garçon de charrue 7 livres........soit 34 fr. 23
» berger 3 » 10 sols » 17 » 11
» vacher 50 sols......... » 12 » 25
Chambrière, la
  chaussure et 50 sols......... » 12 » 25
Nourrice à la maison 50 sols......... » 12 » 25
Allaitement d'un
  enfant au dehors 100 » .... » 24 » 50

Taux des journées d'ouvriers.

Laboureur avec deux
  chevaux.......... 12 sols........ soit 3 fr. 94
Laboureur avec un
  cheval........... 4 à 5 sols,.... 0,98 à 1 fr. 22
Moissonneur........ 2 sols 6 deniers..... 0 fr. 61
Faucheur d'avoine,
  batteur en grange,
  travailleurs de vi-
  gne............. 18 deniers........ 0 fr. 36
Charpentiers, cou-
  vreurs et maçons,
    l'été........ 32 deniers........ 0 fr. 65
    l'hiver...... 26 deniers........ 0 fr. 54

Le tableau ci-dessus nous montre qu'en moyenne les ouvriers d'alors gagnaient six fois moins que ceux d'aujourd'hui.

Voyons maintenant si le prix des vivres et des vêtements, était de même six fois moindre que les prix actuels.

QUATORZIÈME SIÈCLE

Certaines choses coûtaient moins cher :

La livre de pain.....	coûtait	1 denier soit	2	cent
» de fromage	»	2 »	4	»
» de saindoux	»	5 »	10	»
Le litre de vin, rouge ou blanc..........	»	3 »	6	»
Le litre de bière coûtait		2 deniers	4 cent	
Une paire de bons souliers..........	»	4 sols	98	»
Une paire de souliers communs.........	»	18 »	49	»
Une paire de souliers de femme.........	»	18 deniers	36	»
Une toise de maçonnerie............	»	8 sols.		
Soit le mètre cube..	»	1 sol,	24	»
Une livre d'étain....	»	8 »	16	»

D'autres étaient à peu près au même prix *comparativement* toujours bien entendu au taux moyen de la journée de l'ouvrier.

Une pension ordinaire coûtait par jour	1 sol	soit	24 cent
Une pension d'écolier coûtait par jour	18 deniers		36 »
Une pension bourgeoise, 4 repas par jour, 4 livres (19 fr. 56) par mois, soit par jour......			65 »
100 pommes...............	1 sol		24 »
100 poires.................	1 sol 2 den.		28 »
1 fer à cheval.............	6 à 7 den.		12 à 14 »
Une journée de cheval à l'auberge	36 deniers,		72 »

Les produits manufacturés, comme ceux d'exportation étrangère, étaient naturellement plus chers.

Une livre de sel............	2	» soit	4 cent.
» de raisins secs..	10	»	20 »
» de plomb	3	»	6 »
» de poivre.......	4 sols		98 »
» de figues sèches	10 deniers		20 »
1000 tuiles...............	50 sols,		12 fr. 25
Toile de lin pour une chemise.................	10	»	2 fr. 45 »
Façon de la chemise.....	22 deniers		44 »
Une livre de riz.........	8 deniers		16 »
» de sucre	3 sols		73 »
» de dragées....	6	»	1 fr. 47 »
» de fer ouvré...			29 à 32 »
100 harengs, 12 sols, soit.....	un hareng		29 »
Un pied carré de verre blanc	3 sols		73 »
Une livre de soie........	3 livr.		14 fr. 25 »
» de velours....	6 «		29 fr. 34 »
» d'amandes....	18 deniers,		36 »
» canelle........	14 sols,		3 fr. 43 »
Un horloge d'appartement	20 livr.		93 fr. 20 »

Etienne, dernier comte de Montbéliard (1)

(1367 à 1397.)

Henri de Montfaucon mourut en 1367, laissant le comté de Montbéliard à son fils Etienne.

Pendant les huit premières années de son règne, Etienne fut en guerre avec les ducs d'Autriche et le sire de Neufchatel. Etienne était un puissant prince, *il était bon pour ses sujets, on*

(1) Extrait de l'*Histoire des Comtes de Montbéliard*, de M. TUEFFERD.

ne lui reprochait aucune injustice, et si dans les jours où il s'asseyait sur son tribunal, *son singe déchirait une charte de commune ou en arrachait quelque sceau,* il n'abusait point de cet accident et *agissait en tout avec équité et bonne foi.* Aussi, le peuple craignait-il de voir s'éteindre la lignée des Montfaucon, laquelle deux fois avait régné pour son bonheur sur le pays de Montbéliard.

« Le comte Etienne possédait un nombre considérable de domaines ; à son appel se rangeaient sous sa bannière de nombreux et puissant vassaux ; sa justice et sa loyauté le faisaient chérir de ses sujets ; sa valeur et sa puissance lui attiraient le respect de ses voisins ; des princes, tels que Philippe le Hardi, recherchaient son amitié ; il contemplait avec orgueil ses fils qui promettaient d'être aussi valeureux que leurs ancêtres, et qui brillaient autant par la vertu que par la beauté.

« Et cependant, ce qui prouve le néant des grandeurs humaines, cet homme favorisé de tous les dons de la naissance et de la fortune, devait mourir abreuvé de chagrins, frappé dans ses plus chères affections. A lui, vieillard aux cheveux blanchis par les ans et par les fatigues de la guerre, était réservé le malheur de survivre à ses enfants moissonnés à la fleur de l'âge. Ce fut d'abord son fils Louis, puis Jean-Philippe, ensuite Jeanne, sa fille unique. Il ne restait au vieux comte Etienne qu'un enfant, son aîné, Henri d'Orbe, vaillant chevalier, qu'il espérait voir perpétuer le nom de la noble maison de Montfaucon Montbéliard ; sa jeunesse et sa santé lui promettaient de longues années à vivre. Vain espoir ! ce jeune seigneur devait suivre bientôt dans la tombe ses frères et sa sœur.

« Au mois de juillet 1392, le comte de Montbéliard, perdit son épouse Marguerite de Châlon, dont les soins et l'affection consolaient sa vieillesse éprouvée.

« Deux ans après, nouveau deuil au château

de Montbéliard. Marie de Chatillon, épouse de Henri d'Orbe, succombe en donnant le jour à la quatrième de ses filles (25 février 1394). Sept jours auparavant, *malade et infirme de corps*, et presque expirante, cette dame avait fait son testament, dans lequel elle léguait à l'église Saint-Maimbœuf un drap d'or, présent de la comtesse de Bourgogne, qui devait être mis sur sa sépulture le jour de son *obit* et de son anniversaire. Elle donne sa houppelande de brocard d'or, pour faire une chasuble, et une table d'ivoire au chapelain de la chapelle qu'elle avait fondée; à madame de Chatelbelin, deuxième femme de son beau-frère, *son flocard*, un patenôtre d'or, un fermail du même métal et sa coëffe de soie verte; à sa demoiselle d'honneur, cent francs d'or, son grand manteau en *bedoux* fourré de gris, sa courroie d'argent doré, *qui est sur un textu de moire*, les patenôtres de corail où les signes sont en argent, et un escrin, lequel il plaira à monsieur son mari; à Simonette de Présentevillers (demoiselle d'honneur), sa houppelande et son chapeau de vair fourré en poinct, et la somme de soixante francs; à Elisabeth de Passavant, *sa damoiselle*, un chaperon doublé de drap, son mantelet de moire, son mantelet fourré de gris et trente francs pour une fois; à Henri Bourgeois, l'un de ses écuyers pour sa femme, sa couronne d'argent doré sur un *textu pers*.

Enfin elle institue héritière universelle de ses biens, Henriette, Marguerite, Jeanne et Agnès, nées d'elle et de Monsieur d'Orbe, son très cher mari.

En 1396, le roi de Hongrie Sigismond, effrayé des triomphes du sultan Bajazet, qui menaçait d'envahir l'Europe, demanda une armée de secours à Charles VI roi de France.

« Cette armée de croisés passa par Montbéliard, et le comte Etienne en reçut les chefs au milieu des fêtes et des tournois.

« Malgré son grand âge et les hasards de cette expédition lointaine, le comte de Montbéliard n'hésita point à laisser partir son fils Henri, dernier espoir de la lignée des Montfaucon. Cependant, en lui disant adieu, il le serra longtemps dans ses bras, quelques larmes mouillèrent sa paupière ; puis lorsque l'armée se mit en marche, monté sur l'une des tours de son chateau, il suivit jusqu'à ce qu'il les perdit de vue, les bannières et les trois cents penons qui s'éloignaient à travers des flots de poussière.

« Les croisés traversèrent l'Allemagne et la Hongrie, et après avoir remporté divers avantages sur les Valaques, alliés des Turcs, investirent la forteresse de Nicopolis en septembre 1396. Mais le 28 du même mois, Bajazet, qui était accouru au secours de cette place, leur fit subir l'une des plus sanglantes défaites dont l'histoire de cette époque ait gardé la mémoire. La brillante chevalerie de l'Occident y montra la présomptueuse témérité, qui avait déjà été la cause de ses désastres de Crécy et de Poitiers.

« Tout ce qui ne périt pas sur le champ de bataille, tomba entre les mains du vainqueur, qui épargna les principaux chefs pour en tirer d'énormes rançons, et fit couper la tête au reste. Parmi les chevaliers bourguignons qui périrent les armes à la main, se trouvait Henri de Montfaucon-Montbéliard, sire d'Orbe.

« La nouvelle du désastre de Nicopolis n'arriva qu'au mois de février de l'année suivante en Franche-Comté, où elle sema le deuil et la désolation dans toutes les familles. Tous ceux qui avaient des fils, des frères, des époux, des parents dans les rangs des croisés, se sentaient frappés, mais nul ne savait au juste s'ils avaient péri ou étaient prisonniers des infidèles. Le plus désolé des pères était le vieux comte Etienne ; ne pouvant croire à son malheur, il se berçait de la vaine illusion de revoir son fils. Il avait envoyé des messagers en Hongrie à la recherche du jeune sire d'Orbe ; mais ils ne revenaient point et le malheureux vieillard sentait approcher la mort. Le 31 octobre 1397, il dicta son testament, où à chaque ligne il exprimait l'espoir qui ne l'avait pas abandonné : « En cas que mon fils Henri de Montbéliard, chevalier seigneur d'Orbe, ne serait plus en vie lors de mon trépassement, et qu'il ne retournerait jamais du voyage de Hongrie, où il est allé en armes avec plusieurs grands seigneurs contre les ennemis de la foy chrétienne, *ce que Dieu ne veuille*, en iceluy cas j'institue, etc... » Il reçut les sacrements et mourut au château de Montbéliard, le 2 novembre 1397, à l'âge de soixante et douze ans.

« Ses funérailles furent célébrées avec pompes, le lundi 19 novembre, dans l'église collégiale de St-Mainbœuf. On jeta dans la tombe du défunt son grand sceau brisé, son écu et ses bannières armoriées ; ainsi le voulait la coutume féodale, alors que disparaissait le dernier chef d'une famille noble éteinte.

« Par son testament, le comte Etienne donna le comté de Montbéliard à Henriette, l'aînée des filles de son fils Henri comte d'Orbe, en y joignant les seigneuries de Porrentruy, de Granges, de Clerval et de Passavant, avec la mouvance féodale du comté de la Roche-Saint-Hippolyte et de la terre de Franquemont. Le testateur avait voulu qu'elle eut encore *sa grosse coronne d'or et son grand gobelet d'or, et les gros fermails, et la quatrième partie des perles.*

« La riche succession du comte de Montbéliard, éveilla les pensées ambitieuses des grands seigneurs qui assistaient à ses obsèques.

« Eberhardt le Débonnaire, comte de Vurtemberg, obtint pour son fils Eberhard dit le Jeune, la main de Henriette. Le contrat de mariage eut lieu le 13 novembre 1397 au château de Montbéliard. Mais le mariage ne fut célébré que plus tard, en 1407, à cause de l'extrême jeunesse des futurs époux, Henriette venant à peine d'accomplir sa dixième année, et Eberhard n'ayant que neuf ans.

« C'est ainsi que le comté de Montbéliard, avec Granges, Clerval, Passavant, Etobon, Porrentruy, les fiefs du comté de la Roche et de la seigneurie de Franquemont, passèrent à la maison de Vurtemberg qui les garda jusqu'en 1793. (Tuefferd.)

Jusqu'à la mort du comte Etienne, les comtes de Montbéliard-Montfaucon avaient fait partie de la noblesse bourguignonne et franc-comtoise, à laquelle ils étaient alliés aussi bien par la parenté, que par la communauté des intérêts.

A partir de la mort d'Etienne, les intérêts des deux pays se séparent ainsi que leurs histoires. Montbéliard sous des princes wurtembergeois continue à relever de l'empire d'Allemagne, tandis que la Franche-Comté et la Bourgogne suivent les destinées de la France.

La fin du quatorzième siècle est l'époque la plus triste et la plus misérable de l'histoire de France.

Malgré les efforts de Charles V et de Duguesclin, la France avait été tellement ravagée par les Anglais, les Navarrais et les Routiers, qu'en 1373 *il n'y avait plus un seul cheval* en Auvergne, et qu'à Bordeaux, où il ne restait plus que 6000 hommes, les chevaliers comme les soldats allaient demander leur pain de porte en porte.

Le pays était tellement ruiné, que les Anglais ne *trouvant absolument plus rien à prendre*, dégoutés de la guerre, demandèrent une trêve qui dura jusqu'en 1415.

Après la mort de Charles V en 1380, son fils Charles VI, un fou, lui succéda.

Sous son règne (1380-1422), les quatre oncles du roi pillèrent le trésor royal à l'envi.

Un vent de révolte soufflait partout. Dans le Poitou, le Limousin, l'Auvergne et la Provence, les paysans furieux de misère, s'étaient insurgés, tuant les prêtres et les nobles. Paris, les communes des Flandres et celles du nord de la France s'étaient révoltées.

En Angleterre, un forgeron, Wat-Tyler s'emparait de Londres à la tête de 60,000 vilains, et demandait l'abolition du servage, en répétant les paroles du prêtre John Ball : « *Quand Adam bêchait, quand Eve filait, ou était donc le gentilhomme.* »

Wat-Tyler fut assassiné, John Ball décapité, les communes des Flandres furent vaincues à la bataille de Roosbeck, et tous ces mouvements, mal conduits, et sans entente générale, furent comprimés isolément.

Si les révoltés avaient su s'entendre « *on peut bien croire*, dit Froissard, *que toute noblesse et gentillesse eut été perdue en France, et autant bien aux autres pays ; ni la jacquerie ne fut oncques si grande, ni si terrible qu'elle eût été.* »

Un royaume minuscule s'était fondé pendant la guerre de Cent Ans.

Le roi d'Yvetot, cité dans un arrêt de l'échiquier de Normandie en 1392, avait tous les droits de la royauté. Justice sans appel, exemption de tout hommage, service féodal, militaire ou autre. Indépendance complète vis à vis de la couronne royale de France et ducale de Normandie.

Le royaume d'Yvetot subsista jusqu'en 1555. Henri II lui ayant enlevé le droit de haute justice en dernier ressort, les seigneurs d'Yvetot renoncèrent au titre de roi, mais conservèrent le titre de prince jusqu'en 1793. (H. Martin.)

A la fin du quatorzième siècle, l'Asie fut bouleversée par Timour Leng (boiteux), Tamerlan, qui à la tête d'une armée innombrable de

Mongols, y promena la mort et la dévastation pendant 35 ans.

En 1387, à Ispahan, Timour fit égorger 70,000 personnes ; à Sebsvar, toute la population fut massacrée et 2,000 hommes furent maçonnés vivants avec du mortier et de la brique dans les fondations des tours qu'il y fit construire.

Avant d'arriver à Delhi, il fit tuer 100,000 captifs qui gênaient sa marche. Il se plaisait à faire ériger des pyramides de têtes humaines, aux portes des villes dont il s'était emparé. A Bagdad, il en fit amonceler ainsi 90,000 (1401.)

Après avoir écrasé le sultan Bajazet en 1402, Timour s'arrêta sur les bords de la Méditerranée, et mourut âgé de 69 ans (1405) en marchant contre la Chine.

Il avait fatigué la victoire et la mort à le suivre, et restera dans l'histoire, comme la personnification la plus terrible du génie malfaisant des conquêtes.

Résumé de la deuxième partie

Pendant les quatre siècles, dont l'histoire forme la deuxième partie de notre ouvrage, l'Europe s'est transformée.

Trois grandes nations, la France, l'Angleterre et l'Allemagne se sont constituées.

Etre un bon Français, fut une locution en usage pendant la guerre de Cent Ans.

L'Italie, l'Espagne, le Portugal, le Danemarck, la Suède, la Norvège, la Russie, la Pologne et la Hongrie s'organisent.

La féodalité souveraine du dixième siècle, a fait son temps. Combattue par les rois, affaiblie par les croisades, minée par la bourgeoisie naissante, la féodalité avait perdu jusqu'à son prestige guerrier, dans les désastres de Courtray, Crécy, Poitiers et Nicopolis.

Le canon de Crécy avait sonné le glas de la chevalerie, dont la cuirasse de fer allait bientôt être traversée par la balle du fantassin.

Les petits seigneurs, jadis souverains dans leurs domaines, ont perdu leur indépendance, et sont devenus les vassaux, les serviteurs du roi et des grands seigneurs féodaux, soutenus par la bourgeoisie des communes.

La papauté, après avoir constamment grandi depuis Charlemagne, après avoir vaincu les empereurs d'Allemagne, enivrée d'orgueil et s'exagérant sa puissance, avait eu la prodigieuse prétention, commune à tous les clergés victorieux, de dominer tous les pouvoirs civils, mais souffletée par Philippe le Bel, elle n'était plus vers la fin du quatorzième siècle, que l'humble servante des rois de France.

Une nouvelle classe privilégiée a fait son apparition. La bourgeoisie des villes, pourra désormais s'enrichir par le commerce et l'industrie, s'illustrer en fournissant des légistes, des diplomates, des professeurs, des savants et des artistes.

Mais si le bourgeois peut désormais abriter sa famille et son industrie derrière les bonnes murailles d'une ville, si ses bénéfices le mettent à l'abri de la misère et de la famine, s'il peut envoyer ses fils dans les écoles, le misérable paysan des campagnes reste attaché à la glèbe, serf il était, serf il doit rester jusqu'en 1789.

Tout change autour de lui, pour lui rien ne change, si ce n'est le nom de son maître, et son servage doit durer quatre siècles encore.

FIN DE LA DEUXIÈME PARTIE

ABRÉGÉ DE L'HISTOIRE
DU
PAYS DE MONTBÉLIARD

TROISIÈME PARTIE
Montbéliard sous les ducs de Wurtemberg 1398 à 1793.

CHAPITRE XI

Quinzième Siècle.

Henriette de Montfaucon, petite fille du comte Etienne, avait été fiancée le 13 novembre 1397 à Eberhard le Jeune, fils d'Eberhard III comte de Vurtemberg.

Ce dernier administra notre pays jusqu'au mariage des deux fiancés en 1407.

Cette année là, Jean sans Peur duc de Bourgogne fit assassiner le duc d'Orléans frère du roi, et l'atroce guerre civile des Armagnacs et des Bourguignons se déchaîna sur la France, dont le roi Charles VI était fou.

En 1415, la guerre avec les Anglais, suspendue depuis 1380, recommença et fut inaugurée par la bataille d'Azincourt, où la chevalerie française, bêtement empêtrée dans la boue et dans ses lourdes armures, *ne pût même pas charger l'ennemi*, et fut *égorgetée* sur place et à loisir par l'infanterie anglaise composée *d'archers sans armures, la plupart sans souliers, coiffés de cuir ou d'osier.*

L'armée anglaise était de 12,000 hommes dont 10,000 archers ; elle perdit 1600 hommes.

L'armée française était de 50,000 hommes, dont 14,000 cavaliers couverts d'armures. De ces derniers, 10,000 presque tous nobles, 7 princes et 120 seigneurs à bannières furent tués, 1,500 furent faits prisonniers et payèrent d'énormes rançons aux Anglais.

En 1414, Eberhard IV comte de Montbéliard se rendit avec son père et l'empereur Sigismond, à l'ouverture du concile de Constance, où il vint dit-on 150,000 personnes, où les chevaux des princes et des prélats étaient au nombre de 30,000, et où toutes les courtisanes d'Europe semblaient s'être donné rendez-vous.

Le concile avait été assemblé pour mettre fin au grand schisme de l'Eglise, divisée entre trois papes qui se disputaient le pouvoir.

Ce fut au concile de Constance que *Jean Huss*, qui demandait la réforme de l'Eglise, vint avec un sauf-conduit de l'empereur, dont il ne fut pas tenu compte, et fut condamné au bûcher ainsi que Jérôme de Prague son disciple (1415.)

Au cri de : « La coupe au peuple », 30,000 Bohèmes conduits par Jean le Borgne (Ziska), se levèrent pour venger sa mort, écrasant toutes les forces de l'Allemagne terrifiée, balayant comme poussière, d'immenses armées envoyées contre eux.

Partout où les Hussites portèrent leurs armes, les monastères et les églises s'écroulèrent dans les flammes, les moines et les prêtres catholiques furent exterminés, des villes entières brûlées avec leurs habitants.

Le martyre de Constance eut d'épouvantables funérailles. Avant 1424, quinze mille prêtres et moines avaient été déjà immolés à la mémoire de Jean Huss. Pendant 16 ans, l'étendard du calice, se promena vainqueur à la lueur des flammes, dans la Silésie, la Saxe, l'Autriche, la Franconie, la Thuringe et la Bavière.

Devenu aveugle, Ziska n'en fut pas moins terrible, il ne fut jamais vaincu, et même après sa mort, le tambour *fait de sa peau*, battit encore en Allemagne, son roulement meurtrier.

En 1431, le concile de Bâle mit fin à cette guerre, en accordant aux Hussites la plupart des libertés religieuses qu'ils demandaient.

En mai 1418, Jean sans Peur et l'empereur Sigismond, logèrent pendant trois semaines au château de Montbéliard. De grandes fêtes et tournois, auxquels assistaient toute la noblesse de Bourgogne, furent donnés en leur honneur.

Pendant l'été de cette même année, après les horribles massacres commis à Paris par les troupes de Jean sans Peur, la famine y amena la peste, qui enleva 80,000 personnes dans la ville seule, où, la nuit, des bandes de loups erraient à l'aventure, au milieu de 24,000 maisons abandonnées.

La peste gagna le pays de Montbéliard et la Franche-Comté, plus de 200,000 personnes y moururent.

En juillet 1419, Eberhard IV mourut, et sa femme Henriette gouverna le Wurtemberg et le comté de Montbéliard, pendant la minorité de ses fils.

Le 10 septembre de la même année, Jean sans Peur, fut assassiné au pont de Montereau, sous les yeux de Charles VII, alors encore Dauphin.

Sire, disait un jour à François Ier le prieur de la chartreuse de Dijon, en montrant l'ouverture faite au crâne du duc par la hache de Tanneguy du Châtel : « c'est par ce trou que les Anglais sont entrés en France. »

Les Anglais étaient entrés en France avant l'assassinat de Jean sans Peur, mais à partir de sa mort, son fils Philippe le Bon et ses Bourguignons s'allièrent aux Anglais pour écraser et démembrer la France.

Charles VI était mort, et Charles VII n'ayant pas été sacré était encore Dauphin.

Ce prince lâche et indolent, vivait dans les plaisirs, gaspillant avec ses maîtresses et ses favoris les derniers écus de la France, alors que son royaume était dans la plus épouvantable détresse, et que Paris avait un roi anglais.

Ce fut presque malgré lui, et surtout malgré son entourage, que la pauvre bergère de Domremy, que l'héroïque Jeanne d'Arc, le sauva en sauvant la France.

Aussi, lorsque la Pucelle d'Orléans fut prisonnière, il n'essaya même pas de racheter celle qui l'avait fait roi ; il ne fit pas la moindre tentative pour sauver celle qui dans sa prison le défendit jusqu'au dernier jour, celle qui attendait de lui sa délivrance, celle qui lâchement abandonnée par lui, mourut en bénissant encore son nom (30 mai 1431).

Pendant ces événements, la comtesse Henriette qui administrait le comté de Montbéliard, avait été attaquée et insultée par le comte *Frédéric de Hohenzollern*.

Cette femme énergique, digne fille de la race guerrière des Montfaucon-Montbéliard, leva une armée, tailla en pièce les troupes de son ennemi, assiégea son château, le prit d'assaut, le détruisit de fond en comble, et ramenant prisonnier celui qui l'avait outragée, l'enferma jusqu'à sa mort dans une des tours du château de Montbéliard (1422).

Jusqu'en l'année 1439, notre pays jouit d'une tranquillité profonde, tandis que les pays voisins : Blamont, Héricourt, Clémont, Saint-Hippolyte, étaient ravagés par les guerres entre seigneurs. Héricourt fut pris en 1425 par les Bâlois, et ses fortifications furent détruites en grande partie.

En 1439, s'abattirent sur notre pays, des bandes de soldats que la paix d'Arras signée en 1435 entre le duc de Bourgogne et Charles VII, avait laissées sans emploi.

Sous le nom d'*Ecorcheurs*, ces bandes de

brigands commirent des cruautés inouïes. Dans le seul village de Grandvillars, *ils tuèrent cinquante petits enfants.*

Ils brulèrent le château et le village de *Chamabon*, dont les habitants se retirèrent à Audechaux et Ecurcey. *Ce village ne fut pas relevé.*

Ils démantelèrent le château de *Clémont*, situé entre Montécheroux et Noirefontaine. Ce château fut définitivement détruit en 1519, mais le bourg qui était au pied subsista jusqu'au commencement du dix-huitième siècle. A ce moment le peu d'habitants qui restaient, allèrent s'établir à Montécheroux.

La peste et la famine vinrent s'ajouter encore aux ravages des Ecorcheurs.

Ces bandits furent chassés de notre pays par la comtesse Henriette, qui d'après la chronique, *en jeta jus bien cinq cents.*

La bonne comtesse ainsi qu'on l'appelait, affranchit de la main-morte les habitants du comté, ainsi que ceux des seigneuries de Bélieu et d'Etôbon.

Depuis longtemps déjà, les habitants du village de Dung étaient affranchis pour avoir détruit, suivant une ancienne tradition, *une vouivre* qui désolait le pays.

Les habitants d'*Issans* se prétendaient aussi exempts de servitudes, pour avoir bien longtemps avant, tué un loup furieux qui ravageait le canton.

Ce fut la comtesse Henriette qui fit construire sur l'Allan le *Grand-Pont* encore existant, *et la tour, dite Bossue, du château actuel*, côté du nord (1424).

La comtesse Henriette mourut en 1444.

La race guerrière des comtes chevaliers de Montbéliard, qui avait régné quatre cents ans sur notre pays, était pour jamais éteinte.

Le Moyen-Age finissait avec elle.

Le 17 août 1444, le fils de Charles VII, le Dauphin qui fut plus tard Louis XI, arrivait à

Dampierre-sur-le-Doubs avec une armée de 30,000 Écorcheurs, qu'il conduisait à l'empereur Sigismond pour en débarrasser la France.

Il exigea que le château et la ville de Montbéliard lui fussent livrés. Le bailli craignant de ne pouvoir résister lui ouvrit les portes.

Pendant une année entière notre pays fut saccagé par les bandits que le Dauphin y avait laissé en garnison.

« *J'ai vu et entendu raconter, dit le commandeur d'Issenheim, des actes de cruauté et d'atrocité comme jamais personne n'en a vus ni entendus, et il serait impossible de se figurer les genres de supplices auxquels ils soumettent les pauvres gens qu'ils tiennent entre leurs mains, tout mon corps en frémit, chaque fois que cela me revient en mémoire.*

La population des campagnes était tellement diminuée, qu'en 1446, pour les quarante-trois villages du comté, divisé en quatre mairies: Rainans, Charmont, Fesches et Bélieu, il n'y avait que 281 hommes en état de porter les armes.

Les villages les plus populeux étaient alors : *Valentigney, Sainte-Marie, Bavans, Désandans, Bethoncourt, Exincourt, Mandeure et Grand-Charmont*, et les plus faibles : *Sainte-Suzanne, Taillecourt, Brognard, Abévillers, Dasle, Semondans et Badevel.*

En 1450, le comte Louis, fils de la comtesse Henriette, autorisa les bourgeois de Montbéliard à construire sur le pont Guyot, des boutiques ou *Etaux, qui donnèrent leur nom à la rue actuelle*

En France, les désastres de Courtray, Poitiers, Crécy, Azincourt, avaient démontré l'impuissance de la chevalerie, ainsi que l'importance du rôle qu'allaient jouer à l'avenir l'infanterie et l'artillerie dans les batailles.

Charles VII, en formant une armée nationale, dont les soldats étaient pris dans le peuple, en créant une artillerie formidable, put terminer la guerre de Cent ans et chasser définitivement les Anglais de France, tout en affermissant le pouvoir royal, tout en portant un coup mortel à la féodalité.

A la tyrannie des seigneurs, va bientôt succéder la tyrannie du roi tout puissant, et *les temps sont proches où les destinées de la France dépendront de la volonté, des caprices et des fautes d'un seul homme.*

Mais pour créer cette armée, l'équiper, la solder, pour construire cette artillerie, pour chasser l'Anglais, il fallait de l'argent, énormément d'argent, et le pays épuisé ne pouvait le fournir.

Ce fut un homme du peuple, un simple commerçant de génie, Jacques Cœur, qui vint au secours de la France, en administrant, en réorganisant ses finances pendant de longues années ; en mettant sa fortune personnelle acquise par le travail au service du roi.

Alors que ceux-là même que le roi avait comblé de richesses, ne voulaient rien lui prêter, Jacques Cœur, en lui disant « Sire, tout ce que j'ai est vôtre » lui avança en une seule fois 200,000 écus d'or, représentant 10 millions de nos jours.

Un pareil dévouement méritait récompense.

Jacques Cœur, accusé faussement d'avoir empoisonné Agnès Sorel, maîtresse du roi, fut emprisonné, puis *avant tout jugement*, ses biens furent confisqués et partagés entre le roi, sa maîtresse et ses favoris.

Jeanne d'Arc était morte sur le bûcher.

Jacques Cœur parvint à s'échapper de sa prison et mourut dans l'exil.

Charles VII fit réhabiliter la mémoire de Jeanne d'Arc ; non par reconnaissance, mais *parce qu'il n'était pas séant pour lui, d'avoir été couronné par une sorcière* ; et l'on vit *les mêmes prêtres* qui avaient brûlé la Pucelle sur l'ordre du roi d'Angleterre, en faire une sainte, pour complaire au roi de France victorieux.

La mémoire de Jacques Cœur fut réhabilitée d'une façon éclatante par Louis XI, qui rendit aux enfants de ce grand patriote, une partie de la fortune de leur père.

En 1453, Mahomet II assiégea Constantinople avec 260,000 Turcs et une artillerie formidable.

Un de ses canons lançait des boulets de 1200 livres.

La ville fut emportée d'assaut et le croissant y remplaça la croix.

Ici finit le Moyen-Age, commencé par les invasions barbares, terminé par la sinistre guerre de Cent Ans, pendant laquelle le malheureux paysan de France avait souffert tout ce que l'homme peut souffrir, pendant laquelle, misères des misères, effaré, mutilé, broyé dans son sang, enviant le sort des bêtes fauves dont il partageait les tanières, il avait atteint le fond de l'abîme des désolations humaines.

A l'époque de ces guerres hideuses, les grands rivalisaient de férocité avec les Ecorcheurs.

Jean de Ligny exerçait le comte de Saint-Pol, un enfant de quinze ans, à massacrer de pauvres gens qui fuyaient. La comtesse de Foix, empoisonne sa sœur. Le sire de Giac, après avoir empoisonné sa femme, la fait monter derrière lui « et chevauche quinze lieues en iceluy état, puis mourut la dite dame incontinent. — Il faisait ce pour avoir Madame de Tonnerre. » Le duc de Bretagne fait publiquement mourir de faim son frère, que les passants entendaient avec horreur par la fenêtre de son cachot, demander en grâce la charité d'un peu de pain. Adolphe de Gueldre arrache du lit son vieux père, le traîne nu cinq lieues dans la neige, et le jette dans un cul de basse fosse. Le maréchal Gilles de Retz, homme *dévôt et bien en cour*, faisait enlever en 14 ans et mourir, plus de 150 pauvres enfan's dans des tortures sans nom. Après les avoir souillés, il leur faisait couper le cou par derrière avec un couteau ébréché, pour les faire languir plus longtemps, jouissait de leurs cris déchirants, se pamait de rire à leurs grimaces d'agonie, et quand venaient les dernières convulsions, s'asseyait sur ces petits corps palpitants. (Archives de Nantes, déposition de Griard, témoin et complice.)

Ce monstre fut condamné à être brûlé (toutes les pièces de son procès sont aux Archives de Nantes) mais il fut seulement étranglé, et son corps inhumé *en terre sainte*.

Les restes de Jeanne d'Arc avaient été jetés à la mer.

De 1445 à 1473, la paix ne fut troublée dans notre pays, que par une courte invasion du comte de Thierstein, et de nobles alsaciens, qui brulèrent et pillèrent en 1465, les villages de Fesches, Etupes, Exincourt, Taillecourt, Arbouans, Courcelles, etc.

Depuis la mort de la comtesse Henriette, en 1444, jusqu'en 1473, plusieurs princes se succédèrent dans le comté. Louis Ier et Ulrich V fils d'Henriette (1444 à 1446); Louis Ier seul (1446 à 1450); Louis II et Eberhard V le Barbu (1450 à 1457), Eberhard V seul (1457 à 1473): Henri II (1473 à 1482.)

C'est pendant le règne de ces prince, paraît-il, que *Montbéliard obtint le droit d'armoiries*.

Un titre de 1441, est scellé des sceaux de Henri, Batard de Montbéliard, et de Jacot de Velote, un des neuf bourgeois, tandis qu'un titre de 1470 pour le même objet, porte le sceau de la ville tel qu'il est aujourd'hui.

Les rues de Montbéliard furent pavées au quinzième siècle.

A cette époque il y avait une chapelle au

Bannot, et une église au pied de la Citadelle, au lieu dit à la Maladrerie.

Sous le règne de Philippe le Bon, duc de Bourgogne mort en 1467, une industrie nouvelle, *la fabrication du papier*, vint s'établir dans la vallée du Cusancin et près de Baume-les-Dames.

On ne sait à quelle époque le papier de coton fut apporté en Europe, mais comme le prouvent diverses bulles des papes Sergius II, Jean XIII, Agapet II, écrites de 844 à 968 sur ce papier, il était connu et employé en Europe avant le dixième siècle.

Le plus ancien document français connu, écrit *sur papier de chiffons*, est une lettre du sire de Joinville à Saint-Louis, datée de 1270.

Ce fut au quatorzième siècle, que se fondèrent les célèbres papeteries de Troyes et d'Essonne.

Jusqu'au commencement du quinzième siècle, *les bourgeois ne portaient point de chemises*, et l'emploi de ce vêtement regardé comme un luxe inutile et ruineux, était réservé à l'aristocratie.

Les chiffons de lin étaient si rares et si recherchés, que certains états en défendirent sévèrement l'exportation.

Pendant longtemps la production du papier fut limitée par la consommation du linge.

Il est probable que *plusieurs papeteries existaient* en Franche Comté pendant le quinzième siècle, car Gollut, qui décrivait notre pays pendant la seconde moitié du seizième siècle, disait pour faire apprécier la quantité d'eau fournie par la fontaine de Sirod « qu'elle fait tourner les môles de la papeterie voisine. »

Cette mention toute fortuite, ne s'applique selon nous qu'à une fabrication ancienne, que Gollut juge inutile de décrire.

Le terme *de môle*, employé par Gollut, ne doit pas être pris dans son acception exacte, car *les moulins à maillets*, inventés en Italie étaient généralement employés.

La construction de ces moulins, peu différente de celle des foulons à laine, n'offrait aucune difficulté aux charpentiers de l'époque, peu nombreux pourtant, car un recensement fait en 1461, ne trouvait que *onze charpentiers* dans tout le comté de Montbéliard.

Le verre à vitre alors très rare et fort cher, était remplacé généralement *par du papier huilé*.

En 1456, les fenêtres du château d'Etobon furent garnies de *papier neuf*, et ce ne fut qu'à l'occasion des fêtes de Noël, en 1480, que les bourgeois de Montbéliard se décidèrent à vitrer les fenêtres de la grande salle de l'hôtel-de-ville (Tuetey.)

Enfin, les mêmes bourgeois achetaient en 1470 pour 10 gros blancs 5 engroignes (1 fr. 52), le papier nécessaire à la confection de 130 petites bannerettes (bannière), destinées à la réception d'Eberhard le Barbu, *premier duc* de Wurtemberg.

Charles le Téméraire avait succédé à Philippe le Bon. Ce prince légendaire, dernier représentant de la chevalerie et de la grande féodalité française, voulut reconstituer à son profit, l'ancien royaume de Lothaire, comprenant tout l'Est de la France.

Il avait nommé Pierre de Hagembach gouverneur de la Haute-Alsace qui lui appartenait alors. Ce gouverneur était le type du tyran féodal. Le viol et le meurtre étaient ses passe-temps favoris.

Cet homme se rendit bien vite odieux à tous ses voisins, sur lesquels il étendait ses violences et ses exactions. Pour y mettre fin, une ligue dont faisaient partie : les Suisses, les évêques et les villes de Bâle et de Strasbourg, *le comte Ulric de Wurtemberg* et l'archiduc Sigismond, se forma contre Charles le Téméraire. Les confédérés chassèrent les Bourguignons de l'Alsace, et s'étant emparé de Hagembach, le firent décapiter à Brisach (1474).

Charles le Téméraire, pour se venger du duc de Wurtemberg, fit arrêter Henri II comte de Montbéliard qui se trouvait alors dans les environs de Thionville, et quelques jours après, le fit conduire enchaîné devant les murs de Montbéliard, sur la Grotte (aujourd'hui la Citadelle) en annonçant qu'il serait mis à mort si Montbéliard ne lui était pas livré.

Nulle réponse n'ayant été faite, un tapis fut déployé par terre, le prince Henri dut s'agenouiller, le boureau leva son épée, et la sommation fut répétée.

« C'est contre tout droit et toute loyauté, fit crier Marc de Stein, gouverneur de la ville, que Monseigneur est entre vos mains : vous pouvez bien le tuer, mais pas avec lui la maison de Wurtemberg. Mon devoir est envers tous ceux de cette noble maison ; ils vengeront celui que vous voulez mettre à mort. »

Les Bourguignons n'osèrent exécuter leur menace, ils se retirèrent, et le comte Henri fut conduit à Boulogne sur-Mer, où il resta en prison jusqu'à la mort du duc en 1477. Mais les souffrances qu'il avait endurées, le rendirent fou.

N'ayant pu s'emparer de Montbéliard, Charles le Téméraire fit ravager notre pays par ses troupes.

Tout fut détruit par le fer et le feu, les jours des Écorcheurs étaient revenus.

Le comté de Montbéliard fit dès lors partie de la Ligue formée contre le duc de Bourgogne, et les confédérés envoyèrent des troupes dans notre pays.

Montbéliard et Étobon eurent une garnison, et une armée de 10,000 hommes, composée en majeure partie de Suisses, vint assiéger Héricourt, qui appartenait alors à un lieutenant de Charles le Téméraire.

Cinq jours après, une armée bourguignonne de 25,000 hommes arrivait pour secourir Héricourt.

Les Suisses, commandés par le célèbre avoyer Scharnachtal, l'attaquèrent avec une telle furie, que les Bourguignons s'enfuirent en laissant 2,000 hommes sur le champ de bataille, en abandonnant aux confédérés leurs bagages, leurs munitions, leur artillerie et une foule de prisonniers. Héricourt se rendit.

L'année suivante (1475), les Suisses et les confédérés revinrent assiéger Blamont, qui était alors une des plus importantes forteresses du duc de Bourgogne. Ils s'en emparèrent, détruisirent de fond en comble la place et ses fortifications, et la donnèrent à l'évêque de Bâle.

Pendant deux ans, nos malheureuses contrées furent dévastées par le fer et l'incendie.

Pendant cette guerre, la saline de Saulnot, dont l'ancienneté est constatée par des chartes de 1149 et de 1177, fut incendiée et détruite par les Bourguignons.

Mais Charles le Téméraire, dont l'ambition causait toutes ces souffrances, était bien près de sa fin.

Après s'être brisé à Granson et à Morat (1476) contre les Suisses, le grand duc d'Occident alla mourir misérablement devant Nancy (15 janvier 1477).

Charles le Téméraire avait hérité de la fortune de son père, qui était le plus riche prince de son temps.

« Les arts de luxe avaient pris un essor inouï, jamais rien n'avait paru si magnifique que les costumes, les armes, les joyaux, les meubles de ce temps là.

Ce n'était en Bourgogne que brocards d'or et d'argent, satin, velours et pierreries. Les équipages de tournois dépassaient en richesse tout ce qu'avait pu rêver l'imagination des romanciers ; armures ciselées, casques fantastiques aux immenses panaches de plumes d'autruche, somptueuses décorations, et prodigieux entremets dans les festins. » (H. Martin.)

Charles le Téméraire traînait partout avec lui sa magnifique chapelle, remplie de châsses et de statues d'or, d'argent et de cristal ; sa vaisselle d'or et d'argent valant plusieurs millions, et un immense trésor de pierreries, de vases précieux, d'ameublement incomparables, que tous les souverains enviaient aux ducs de Bourgogne.

Tout cela tomba entre les mains des Suisses après la bataille de Granson. Aucune victoire depuis des siècles, n'avait donné un si prodigieux butin aux vainqueurs.

Mais « ces pauvres gens de Suisse, ne se doutaient pas des biens qu'ils avaient en leurs mains. » Ils prenaient l'argent pour de l'étain, l'or pour du cuivre, se partageaient à *l'aune* en les coupant, les draps d'or et de soie, les damas, les velours et les tapis.

Des diamants, des rubis uniques au monde, des pierreries de toutes espèces, regardées comme morceaux de verre, étaient jetées dédaigneusement dans la neige. Le gros diamant du duc, qui orne aujourd'hui la tiare du pape, fut vendu *un florin* à un curé du voisinage. Un autre, moins gros, le Sancy, orna plus tard la couronne de France.

En plus de ces richesses, les Suisses s'emparèrent de l'artillerie, et de tous les bagages de l'armée bourguignonne.

Après la mort de Charles le Téméraire, la Bourgogne fut envahie par Louis XI, et devint province française jusqu'en 1493.

De 1482 à 1496, Eberhard V le Barbu reprit le gouvernement de Montbéliard.

En 1489, on ajouta une haute tour et deux

tourelles à *l'ancien Chastelot de la Croste*, (citadelle) bâti avant 1423.

L'Eglise Saint-Martin, dont l'existence est attestée par des actes du milieu du quatorzième siècle, fut reconstruite en 1490.

Le duc Eberhard était un prince modèle, adoré de ses sujets, et si fort de sa conscience, qu'il pouvait dire : « *Il n'y a pas un seul de mes sujets, sur les genoux duquel je ne puisse m'endormir, et passer une nuit sans la moindre inquiétude.* »

Ce prince remarquable à tous égards, mourut en 1496. Eberhard VI (1496 à 1498), puis Ulric (1498 à 1526), lui succédèrent.

Louis XI pendant tout son règne combattit la grande féodalité française. On accuse ce roi de méfiance et de fourberie, mais il est à noter que jamais souverain ne fut autant trahi que celui-là, et par ceux-là surtout qu'il avait comblé de bienfaits. A la trahison il opposa la ruse et la tromperie. Quoiqu'il en soit, il débarrassa la France des grands seigneurs qui en avaient constamment troublé la paix. Après la mort de Charles le Téméraire, l'historien Commines put écrire « Oncques puis ne trouva le roi de France, homme qui osât lever la tête contre lui, ni contredire à son vouloir. »

Louis XI institua *les Postes*, multiplia les foires et les marchés, encouragea le commerce et l'industrie, et appela en France les premiers imprimeurs en 1469.

De toutes les innovations, de toutes les découvertes faites par l'homme, l'imprimerie fut en Europe celle qui se répandit le plus rapidement, accueillie avec le même enthousiasme par toutes les classes de la société.

De 1400 à 1440, paraît-il, de petits livrets grossièrement imprimés sur papier, avec des planches de bois gravées, furent publiés dans les Pays Bas.

Vers 1440, *Gutemberg*, gentilhomme Mayençais, établi à Strasbourg, essaya de substituer les caractères mobiles aux caractères fixes. N'ayant pas réussi, il partit pour Mayence, où il s'associa avec un riche orfèvre *Furst*, qui s'adjoignit un copiste intelligent et habile *Schœffer*.

En 1454, parut le premier livre imprimé, la Bible.

En vingt ans, 86 ateliers d'imprimerie se fondèrent en Europe Le prix des livres baissa dans une proportion énorme. En 1462 la Bible entière se vendait 30 florins, auparavant, manuscrite, elle en coutait de 400 à 500.

Par conséquent, de nos jours, une Bible coûte *trois à quatre mille fois moins* qu'avant l'invention de l'imprimerie.

En 1485, pendant le règne de Charles VIII, l'imprimerie fut apportée en Comté par Jean Dupré ou Despées, qui vint s'établir à Salins, où il ne resta qu'un an.

Son établissement fut remplacé l'année suivante par celui que Jean Contet vint fonder à Besançon.

La seconde imprimerie fut installée à Dole, par Pierre Metlinger, en 1490

Il devait se passer un siècle avant l'établissement de la troisième en 1588.

Charles VIII ne put conserver la Bourgogne. En 1493, il signa le traité de Senlis qui restituait cette province à la maison d'Autriche.

Philippe le Beau, fils de Maximilien, rétablit l'ordre en Franche-Comté, et mourut en 1506, laissant un enfant de cinq ans, qui devait s'appeler *Charles-Quint*.

Ce fut l'année de sa mort, que ce prince ordonna la destruction de *la saline établie au village de Soulce*, près Saint Hippolyte sur le Doubs.

Cette très ancienne saline, exploitée peut-être depuis les temps celtiques, était l'occasion de guerres sanglantes et de fréquentes querelles, entre les comtes de la Roche, les Suisses et les bourgeois de Saint-Hippolyte, qui s'en disputaient la possession.

En 1474 notamment, et pendant une de ces guerres, cette petite ville fut pillée et dévastée par les Bernois, qui finirent par s'emparer complétement de la saline en 1499.

Le gouvernement de Berne en tira si bon parti, que pour éviter le dommage qu'elle causait à celle de Salins, Philippe le Beau *pour la détruire*, l'acheta pour 4000 florins du Rhin, (19520 francs environ) et prit en outre l'engagement de fournir à bas prix aux Suisses tout le sel de leur consommation.

La source salée existe encore dans une prairie, à côté du village, mais ses eaux se confondent avec celles du Doubs.

L'Amérique fut découverte en 1492.

Les anciens soupçonnaient que le monde connu d'eux était incomplet.

Dans le siècle qui suivit la naissance du Christ, un écrivain latin, Sénèque le Tragique, écrivait : « Des siècles lointains viendront, où l'Océan dévoilera les secrets qu'il tient sous sa garde, on verra s'ouvrir un vaste continent, de nouveaux Typhis découvriront de nouveaux mondes, et Thulé (1) ne sera plus l'extrémité de la terre.

A la fin du quinzième siècle, on supposait que l'Asie devait être suffisamment étendue vers l'Est, *pour faire contre-poids* au continent Européen. *Christophe Colomb* fit le projet *d'atteindre la Chine, puis l'Inde*, le pays de l'or et des épices décrit par Marco Polo, *en traversant la mer du côté du couchant*, au lieu d'y aller par terre du côté du Levant. Colomb présenta son projet au Sénat de Gênes, au roi de Portugal, au roi d'Angleterre, au roi d'Espagne, et fut traité de fou.

Les savants lui faisaient des objections terri-

---

(1) Ile du nord de l'Europe, peut-être l'Islande.

bles : « Vous dites que la terre est ronde ; quand vous serez *descendu* de l'autre côté, comment vous tiendrez-vous la tête en bas ? comment pourrez-vous *remonter*.

Enfin, le roi Ferdinand et la reine Isabelle la Catholique, qui venaient de fonder l'Espagne en chassant les Maures de Grenade, donnèrent trois petits vaisseaux à Colomb, qui fit quatre voyages successifs.

Au premier, parti le 3 août 1492, il arriva le 11 octobre à l'île San-Salvador, une des Lucayes ; il découvrit encore Cuba, Saint-Domingue, et revint en Europe où il fut comblé d'honneurs.

Au second, en 1493, il aborda à plusieurs autres petites îles des Antilles et revint. Cette fois l'enthousiasme était déjà tombé, on espérait une cargaison d'or.

Au troisième, en 1498, il toucha le continent américain, et revint chargé de chaînes, accusé de trahison.

Isabelle répara cet affront. Colomb repartit en 1502, reconnut les côtes de la Colombie, revint en 1504, fut reçu froidement, et mourut de chagrin en 1506, *croyant être allé en Chine, ignorant qu'il avait découvert un nouveau monde*, auquel on ne donna même pas son nom.

Vasco de Gama voulut aussi aller aux Indes *par mer*, mais *en prenant la route du Levant*.

Parti de Lisbonne le 8 juillet 1497, il contourna le cap de Bonne-Espérance que Barthélemy Diaz avait découvert en 1486, et le 20 mai 1498, il laissait tomber l'ancre en rade de Calicut, dans l'Océan indien.

Il avait ouvert l'Inde aux Portugais, qui en profitèrent largement dans la suite.

C'est pendant le quinzième siècle que les corporations de notre pays commencèrent à se constituer.

La première corporation réglementée fut celle des tisserands et felandriers (fileurs) d'Héricourt, dont les produits portaient alors les noms de vercuehires, *velours de gueux et diablement fort.* Les statuts de cette société furent approuvés par l'empereur Maximilien, le 8 novembre 1485 ; puis vinrent ensuite à Montbéliard celles des drapiers, merciers et chapeliers en 1491 ; celle des bouchers en 1499 ; celle des tanneurs en 1500 ; celle des tailleurs en 1503 ; puis enfin celle des cordiers et pêcheurs en 1513.

Les corporations pour éviter la concurrence et la fraude, nommaient chacune des inspecteurs chargés de réprimer les malfaçons et les abus.

Les inspecteurs s'appelèrent *jurés*, et tout le système nouveau prit le nom de *jurandes*.

De plus, l'exercice d'un métier manuel ne fut permis qu'à ceux qui après un apprentissage avaient fait leur *chef-d'œuvre*. Après cette épreuve, l'apprenti passait *maître* s'il pouvait acheter un atelier, *compagnon* s'il était pauvre.

L'organisation de ces corps de métier prit le nom de *maîtrise*.

Dans chaque commune, chaque corporation eut ses règlements particuliers, approuvés par le seigneur ou le souverain.

A l'origine, ces réglements furent nécessaires, car les statuts imposés à certaines corporations de Montbéliard, à la fin du quinzième siècle, montrent :

Que certains merciers vendaient à faux poids, (réglements des merciers 1491 art. 183) ; qu'ils achetaient des objets volés (art. 2), pour les revendre à vil prix (art. 9), et vendaient pour véritables des bijoux et des pierres fausses (art. 10.)

Que les chapeliers livraient pour laine des chapeaux en poil de bœuf (chapeliers art. 2) ; qu'ils débauchaient les apprentis et les compagnons de leurs confrères (art 14 et 15).

Que les Tanneurs trompaient leur clientèle sur la qualité des cuirs (tanneurs art. 4) ; enfin que les bouchers débitaient au public une viande pour une autre, et même de la *murie* (charogne) (bouchers, art 14).

De plus, les mêmes ordonnances, afin d'empêcher les plus riches d'accaparer la clientèle où les matières premières, défendaient aux merciers d'avoir deux bancs, (art. 18); aux chapeliers d'acheter la laine apportée au marché sans en faire part à leurs confrères (art. 11 et 12); aux Tanneurs, tout achat de cuir, sans y faire participer tout collègue qui en ferait la demande (art. 8, 12 et 13).

Mais si les Jurandes et les maîtrises empêchaient certains abus, elles en firent naître de plus grands.

Les corporations fixèrent le nombre des maîtrises dans chaque commune, défendirent à tout étranger ou compagnon non reçu maître par elles, de vendre au public ou de travailler pour lui; elles imposèrent à chaque artisan, l'obligation de ne jamais travailler à autre chose qu'aux articles vendus ou fabriqués par sa corporation; et cela, sous les peines les plus sévères: confiscation, amende ou prison; en un mot, s'emparèrent du droit exclusif de vente ou de fabrication, dans un rayon limité par les convenances du seigneur (art. 28, 31, 32, 33, 34 des merciers, art. 16 des tanneurs.)

D'autre part, et comme les seigneurs fondant la féodalité, les membres des corporations *se réservèrent le droit de transmettre les maîtrises à leurs héritiers.*

Tous les statuts de Jurandes, donnent aux fils de maître la facilité de se faire recevoir, en payant un droit minime, et les statuts des Merciers de Montbéliard, leur ordonnent *d'aider les veuves de confrères, à trouver un mari* parmi les compagnons du métier (art. 16).

Toutes ces prérogatives constituaient une aristocratie nouvelle, d'autant plus dangereuse à l'industrie naissante, que les maîtres discutaient leurs intérêts en assemblée générale dans chaque commune, et tenaient leurs délibérations secrètes, en chassant de la société tout membre coupable d'indiscrétion à ce sujet (art. 10 Tanneurs).

Cette organisation favorisait le premier établissement de certaines industries ; mais en parquant l'ouvrier dans un cercle restreint et rigoureusement délimité, en empêchant toute initiative personnelle, en s'opposant à toute innovation, elle ne pouvait que produire de bons ouvriers et retarder tout progrès.

Cet état de chose dura jusqu'en 1789, et mit la France à la remorque de l'Angleterre et des autres pays.

Au milieu de ce mouvement général, l'industrie du fer n'était pas restée stationnaire.

Les gîtes miniers étaient recherchés, et les forêts exploitées largement, trop largement même en certains endroits, car au milieu du siècle suivant, Gollut écrivait « que les forêts sont amoindries par la cupidité des seigneurs, qui font abattre ces belles verdures, pour fournir à leurs forges à fer ».

De nouvelles forges se construisent près de Luxeuil, dans le Jura Bernois, et sur d'autres points encore.

Celles du Jura sont réglementées par les princes-évêques de Bâle, et les actes d'inféodations ou d'accensement constituent un véritable cahier des charges, délimitant les coupes des forêts, réglementant l'exploitation des mines, l'aménagement des eaux nécessaires aux moteurs, la création de chemins nouveaux indispensables aux usines, le paiement des redevances, etc., etc.

La formule de ces actes, emploie des *termes différents pour désigner les fourneaux à couler la fonte, et les feux de forges à fer.*

Cette distinction nous indiquerait déjà que la production de la fonte de fer était devenue courante, si nous n'avions pas encore d'autres indications à cet égard.

En 1424 le château de Valengin possédait quatre petits canons en *fonte de fer*.

On en retrouve encore d'autres signalés par des actes contemporains de Charles le Téméraire de 1474 à 76.

D'après Landrin, la fabrication des poêles de fonte était connue en Alsace en 1490.

Monteil nous dit qu'à cette époque, dans l'ouest et le centre de la France, la fonte était employée pour *les poêles, les marmites, et les socs de charrues*.

Enfin, M. Quiquerez a retrouvé dans le Jura, des masses en fonte, provenant de fonderies construites avant la fin du quinzième siècle.

Deux procédés étaient alors en usage pour obtenir le fer forgé.

1° Par l'ancienne méthode directe employant le minerai.

2° Par l'affinage de la fonte.

La métallurgie d'Agricola, imprimée au seizième siècle, donne de la première méthode et des fourneaux employés de son temps, une description qui à peu de chose près, pourrait s'appliquer encore aux forges catalanes des Pyrénées.

De la seconde méthode, Agricola ne fait pas mention, mais en revanche, M. Quiquerez cite un marché passé le 13 octobre 1516, entre le prince-évêque de Bâle et un maître-charpentier de Chassey (Hte-Saône), pour l'établissement du matériel nécessaire à la forge de Bourrignon près Lucelle, où *devaient s'affiner les fontes de Charmoille*.

On trouve dans ce document les détails suivants : « Item, les huges ou chenaulx, appartenant au dit marteau, tant ès roues du marteau, chaufferie *qu'affinerie* ».

« Item, fera aussi les berches de l'échaufferie et *affinerie* »

Les serruriers du 15ᵉ siècle, nous ont laissé des serrures, bijoux, chefs-d'œuvre de patience et d'adresse, et de merveilleuses grilles en fer forgé, qui seront toujours des modèles d'élégance, de solidité et de légéreté.

Les horlogers de cette époque, étaient pour la plupart des hommes instruits.

Plusieurs mathématiciens et savants distingués s'occupaient d'horlogerie, et s'appliquaient à découvrir les lois de la mécanique, de nouvelles combinaisons d'organes, et de nouveaux mouvements.

Les horloges d'édifices publics se répandaient partout, et beaucoup de riches bourgeois, possédaient chez eux des horloges d'appartements, coûtant de 15 à 30 livres, (75 à 150 francs environ.)

On portait même, en Italie, suspendues à la ceinture, de petites horloges qui furent l'idée première, et l'origine des montres de poche.

A la fin du quinzième siècle, Ferdinand et Isabelle réorganisèrent l'Inquisition en Espagne. Aux portes de Séville s'éleva un échafaud de pierre, dont chaque coin portait une statue creuse dans laquelle on enfermait les victimes pour les brûler. On entendait les hurlements, on sentait la graisse brulée, on voyait la suie de chair humaine, mais on ne voyait pas les horribles convulsions du patient.

En une seule année (1481), *sur ce seul échafaud*, on brûla 2,000 personnes. *Quatorze tribunaux semblables* fonctionnaient dans le royaume.

L'accusé ne connaissait, ni son dénonciateur, ni les témoins appelés, et *n'était jamais mis en leur présence*. Après leur condamnation, la fortune des victimes était partagée entre le dénonciateur, le tribunal et le roi.

Le 31 mars 1492, *un million* de Juifs établis en Espagne, reçurent l'ordre de vendre leurs biens et de quitter le pays le 31 juillet.

Une maison se donnait pour un âne, une vigne pour un morceau de toile.

Sept ans après, ce fut le tour des Maures.

Tous les traités signés avec ces malheureux furent mis à néant; car le Concile de Constance avait décidé : « *qu'on ne doit tenir aucune promesse au préjudice de la foi catholique.* »

En 10 ans, deux millions de Juifs et de Maures, *représentant la portion la plus instruite et la plus industrieuse du peuple Espagnol*, périrent de misère, ou furent brûlés vifs.

A Rome la papauté avait descendu tous les échelons du crime. Depuis le fougueux et sanglant Sixte IV (1471), sous lequel le Vatican dépassait en abominations le sérail ottoman ; par Innocent VIII, qui fit de Rome une caverne de voleurs, d'assassins et de ravisseurs, jusqu'à Alexandre VI, (Borgia), qui résumait avec une effroyable grandeur les vices et les crimes de ses devanciers.

Ce monstre, dont il est impossible, par respect humain, de raconter les crimes, apparut à cette époque comme le génie de l'inceste et du mal, et mourut après avoir bu par mégarde, du vin empoisonné, destiné à des cardinaux dont il convoitait les dépouilles (1503.)

Luther avait vingt ans, la Réforme et les guerres de Religion étaient proches.

En 1484, Louis XI convoqua des Etats Généraux, *où figurèrent pour la première fois des députés nommés par les paysans*. L'histoire a conservé le discours qu'y prononça Philippe Pot sire de la Roche, grand sénéchal de Bourgogne. Au commencement, dit-il, les rois furent créés *par la volonté du peuple souverain... la royauté est une fonction, non un héritage... le roi n'existe que par le peuple.., le peuple représenté par les Trois Etats réunis, a seul le pouvoir* etc., etc.

Trois siècles plus tard, les mêmes paroles devaient faire tomber la tête de Louis XVI.

En terminant le quinzième siècle, nous tenons à citer un passage du livre Le Prince, écrit à cette époque par *Machiavel*.

Dans cet ouvrage, le célèbre Florentin enseigne aux princes les moyens de réussir. Ce livre est le catéchisme politique des tyrans à toutes les époques.

« Il n'est pas nécessaire qu'un prince ait toutes les qualités que j'ai marquées, mais seulement qu'il paraisse les avoir. J'oserais même avancer *qu'il lui serait dangereux de les avoir* et de les mettre en pratique, au lieu qu'il lui est utile de paraître les avoir. Tu dois paraître clément, fidèle, courtois et religieux, mais avant cela, tu dois être si bien ton maître, qu'au besoin tu saches et tu puisses faire tout le contraire... faire sans scrupule le mal quand il le faut.

« Chacun voit ce que tu parais être, mais presque personne ne connaît ce que tu es, et le petit nombre n'ose pas contredire la multitude.. Dans toutes les actions des hommes, et surtout des princes, *contre lesquelles il n'y a pas de juges à réclamer*, on ne regarde qu'à l'issue qu'elles ont. Un prince n'a qu'à maintenir son État.

« Tous les moyens dont il se sera servi seront toujours trouvés honnêtes, et chacun les louera, *car le vulgaire est toujours pris par l'apparence, par le succès, et dans ce monde, il n'y a que le vulgaire.* »

Il nous reste pour terminer l'exposé du quinzième siècle, à donner à nos lecteurs le prix des journées d'ouvriers et des articles de grande consommation.

Nous répèterons encore ce que nous avons dit à la fin du siècle précédent, c'est à dire que les chiffres ci-dessous, empruntés à A. Tuetey, Monteil, Dom Grappin, Duvernoy, ne peuvent que servir de terme de comparaison, entre le gain des artisans. et le prix des objets de première nécessité.

Salaires des Ouvriers.

			FR.	C.
Gages d'un cuisinier par an	100 sols		24	50
" valet "	50 "		12	25
Gages d'une servante "	30 "		7	35
Une journée de femme	5 deniers		0	10
" soldat	8 "		0	16
" jeune homme ou de vieillard	3 blancs 3/4		0	23
" manœuvre aidant des ouvriers	5 "		0	35
" pour faire du mortier ou tirer la terre	6 "		0	42
Une journée de manœuvre habile			0	47
" peintre ou d'ouvrier ordinaire..................			0	54
" d'un maitre-peintre (10 blancs) plus pour son vin, 3 gros en 13 jours...			0	76
" d'ouvrier étranger demandé pour quelques jours, 9 blancs................			0	63
" exprès à pied............			0	63
" de cheval avec charriot et conducteur selon le cas de 56 centimes à........			0	98
Pour peindre un Saint-Pierre et les armes du prince. 20 gros blancs..............			2	80
Pour façonner et rentrer à domicile 3 charretées de bois, 10 gros blancs.....			1	40

C'est en 1507 que la *Tranchée* de Montbéliard fut creusée dans le roc pour 200 francs, (652 fr. monnaie actuelle) plus 96 quartes de froment, (La quarte pesant 42 livres et la livre de froment coûtant alors environ 1 denier soit 2 centimes) valant 81 fr. environ, soit en tout 733 fr., la ville fournissant les outils.

D'après l'estimation que nous pouvons en faire, le mètre cube de roche enlevée aurait été payé de 8 à 10 centimes seulement.

QUINZIÈME SIÈCLE

Les chiffres ci-dessus nous montrent que le prix du travail manuel avait peu varié depuis le quatorzième siècle, et qu'il était resté environ 6 fois moindre que de nos jours.

Par conséquent, dans l'énumération qui va suivre, tous les articles coutant *moins du sixième* du prix actuel, seront meilleur marché, et ceux coutant *plus du sixième*, seront *plus chers* qu'aujourd'hui.

Articles meilleur marché.

	FR.	C.
Une pinte vin nouveau ordinaire à Auxonne le litre.	0	01
Une tine vin ordinaire à Montbéliard, 12 gros blancs (1 fr. 68) »	0	03
Une channe vin vieux à l'auberge 4 engroignes 15/100 (0 fr. 09 1/3) »	0	04
Une pinte vin vieux d'Auxonne 4 engroignes (0 fr. 09) »	0	09
Une channe vin de Beaune à Montbéliard, 2 gros blancs (0 fr. 27) »	0	13
Une carpe d'un pied de long, 1 gros blanc............	0	14
Une poule, 8 à 10 deniers	0	20
Un agneau 2 1/2 gros vieux...........	1	02
Un agneau plus gras 12 gros blancs	1	62
Un porc de 2 ans, à Auxonne, 1 florin du Rhin	4	74
Un porc gras à Audechaux, 3 livres, 16 sols. 4 deniers...............	13	80
Un veau à Auxonne, 1 franc de Comté...	3	50
Un bœuf en 1515, d'après M. Duvernoy, 6 francs de Comté................	19	56
Une oie 2 à 3 sols..................	0	49
Un mouton, 10 sols	2	20
Un canard, 8 deniers................	0	16
Un chapon, 15 deniers...............	0	30
100 kilos de blé à 1 denier la livre.......	4	29
100 » de seigle à 1/2 denier la livre...	2	14
100 » d'avoine à 1/3 » ...	1	43
Un boisseau de navets	0	08
Une ruche d'abeilles	0	39

D'autres étaient environ au même prix qu'aujourd'hui.

	FR.	C.
Un souper d'ouvrier à l'auberge, 1 gros blanc....................................	0	14
Un dîner d'ouvrier à l'auberge, 2 gros blanc....................................	0	28
Une journée entière, repas et logement..	0	54
Un dîner de cordelier. 1 gros 2 niquets..	0	32
Un dîner composé de 4 plats, 2 espèces de vins et du fruit, 2 gros 1 blanc.....	0	61
Pour tuer et saler un cochon, 36 deniers	0	72
Un cent de noix, 2 deniers................	0	04
Un litre de graine de moutarde, 4 deniers	0	08
Une douzaine d'œufs de poule	0	09
Une livre de beurre, 8 deniers...........	0	16
» de lard, 10 deniers............	0	20

De même qu'au quatorzième siècle, les objets manufacturés et ceux d'exportation coutaient plus cher qu'aujourd'hui.

	FR.	C.
Un mètre de toile, de 0 fr. 48 à..........	0	60
» grosse pour vêtements	1	25
Un mètre de drap gris....................	2	91
Une livre de laine crue, un gros vieux...	0	40
Une pinte d'huile de noix, 3 gros (0 fr. 81) le litre	0	75
Une livre de poivre. 4 sols...............	1	00
Une livre de cannelle. 8 sols.............	2	00
Un coupot fleur de farine................	0	81
Un pigeon, 15 deniers...................	0	30
Une perdrix, 2 sols 6 deniers............	0	61
Une livre de chandelle, 4 blancs........	0	28
» cire, 2 sols 6 deniers.......	0	61
» suif, 12 deniers	0	25
» poudre à canon, 3 gros.....	0	83
Un sac de charbon, 2 sols	0	49
Une livre de fil de fer	0	46
Un rouleau de fil d'archal 16 gros blancs.	1	40
Une livre de plomb. 1 sol...............	0	24
» d'étain 20 deniers	0	40
» métal de cloche, 3 sols 8 deniers	0	89

Les souliers étaient plus en usage qu'au quatorzième siècle.

		FR.	C.
Une paire de souliers soignés 6 gros		1	63
»	ordinaire Pour hommes, 10 blancs	0	70
»	ordinaire pour fille 6 blancs	0	42

CHAPITRE XII
Seizième Siècle.

Si pour les littérateurs et les artistes, le seizième siècle est le siècle de la Renaissance, *pour le peuple*, ce fut surtout le siècle de la Réforme religieuse.

Avant de commencer l'histoire de la Réformation, nous croyons utile de dire quelques mots du *dogme fondamental* du Christianisme : le dogme du *péché originel*, qui a donné lieu à tant de controverses entortillées, à tant de discussions stériles, à tant d'interprétations aussi bizarres qu'absurdes.

Une des plus anciennes légendes du monde, est la légende hindoue d'*Hadama et Eva* (Adam et Eve.) Cette légende fut apportée à l'antique Egypte par son premier législateur, Manès (Manou), à une époque tellement reculée, qu'elle se perd dans la nuit des premiers âges. C'est en Egypte, que cette légende fut copiée beaucoup plus tard et reproduite dans la Bible, par l'écrivain de la Genèse.

Cette légende raconte qu'après qu'Adam et Eve eurent désobéi à Dieu, en commettant *le péché originel*, en dérobant et en mangeant le fruit défendu, le Créateur irrité, non seulement les chassa du Paradis terrestre, mais encore, condamna leurs descendants, c'est-à-dire l'humanité toute entière, au travail pénible, et à la souffrance éternelle.

Mais un jour vint, où le *Sauveur, Christna,* disent les Brahmes, *Christ,* dirent les apôtres trois ou quatre mille ans plus tard, apparut, se proclamant fils de Dieu, envoyé par son père, *pour racheter l'homme de la faute originelle.*

Voilà la base du Christianisme, le point de départ d'une religion, qui, dans la pensée des premiers chrétiens, devait renouveler la face du monde, ramener le règne de Dieu sur la terre comme au ciel. Oubli des vieilles haines, partage fraternel des biens d'ici bas, plus d'égoïsme, plus d'orgueil, plus de guerres, plus d'esclavage, paix, bonheur universel.

Pour ce beau rêve, des milliers de martyrs donnèrent leur sang.

Un jour le Christianisme fut vainqueur. Le jour attendu était arrivé, l'aurore se levait enfin du règne de la justice, de la liberté, de l'égalité, et de la fraternité.

Amère déception, les maux ne cessèrent point, ils s'aggravèrent plutôt.

Dans le monde chrétien, nous avons vu hélas ! plus de misères, plus de violences, plus de désordres et plus de corruption, que dans l'ancien monde païen lui-même.

Depuis la faute d'Adam, ont dit les prêtres catholiques, *l'enfant naît coupable,* le baptême chrétien seul peut le sauver de l'enfer. Devenu homme, *s'il n'adore pas le Christ comme un divin sauveur,* quelles que soient ses actions, il est condamné aux flammes éternelles.

Si l'esprit se refuse à croire que les enfants naissent coupables, si le bon sens indique suffisamment, que l'homme n'est coupable qu'après avoir commis de mauvaises actions, et que Dieu ne peut rendre l'humanité entière, éternellement responsable de la faute du premier homme, disparu depuis des millions d'années, si l'on sourit en songeant à la pomme, le reste ne tient plus debout *Le Sauveur n'ayant plus rien à sauver, devient inutile,* et derrière l'échafaudage catholique qui s'écroule, entraînant avec lui, le Christ, la Vierge, les Saints et le Pape, apparaît dans sa sublime majesté, le Dieu unique et bon, *que des milliers d'années avant le Christ,* l'hindou Valmiki célébrait ainsi dans les Védas.

**

« Es-tu l'éclair qui sillonne l'espace, le tonnerre qui gronde dans la nue, le Gange aux flots sacrés ou le mystérieux Océan ? Es-tu la grande voix qui parle aux orages sur les sommets de l'Himavat (Himalaya.)

**

« Es-tu ce vent surnaturel (nir galha) qui soulève les sables du pays de Madyadesa, comme les flots en courroux ? Es-tu la brise des nuits qui gémit sur les eaux des lacs, qui murmure dans le feuillage des grands bois et courbe sur son passage, l'herbe divine du cousa ?

**

« Es-tu le swarga (ciel), que les dévas (anges) habitent, que les sages regardent comme le terme de l'exil ? Es-tu l'éther immense où s'agitent des milliers d'étoiles ? Es-tu la terre, es-tu les eaux, es-tu le feu qui dévore, es-tu le soleil bienfaisant ?

**

« Es-tu la vie, source de toutes les vies, l'âme de toutes les âmes, le principe de tous les principes? Es-tu l'amour qui unit tous les êtres, la force qui conserve, détruit ou renouvelle? Es-tu la mort, es-tu le néant ?

**

« Je ne te connais pas, mais je sais que tout n'est que par toi et rien en dehors de toi, *que tu existes par ta propre puissance,* que l'infini, l'immensité, l'espace, ne sont rien pour toi. Je ne te connais pas, ô Narayana, mais je sais que *tu es et as toujours été*, et cela me suffit pour attendre la fin qui sera ma naissance en toi... » (Jacolliot.)

* * *

Il est une chose peu connue.

C'est que *jusqu'au seizième siècle, Dieu le Créateur n'eut en Europe, ni un temple, ni même un autel.*

« Tout était Dieu, excepté Dieu même » écrivait plus tard Bossuet.

Jusqu'au quatorzième siècle, dans les cathédrales et les églises catholiques, *il n'existait aucune image de Dieu, alors que celles de Jésus et de Marie étaient prodiguées partout.* (Dideron, histoire de Dieu approuvée par l'Archevêque de Paris 1843.)

Ce fait qui paraît étrange est pourtant naturel.

Le catholicisme est basé sur le culte de Jésus et de Marie. Ce sont ces deux figures qui en font une religion distincte.

C'est son seul bagage, son invention, sa raison d'être. Il devait donc en parler constamment, et reléguer le plus possible, à l'arrière-plan, le Dieu Créateur qui, de par la Bible et de par le Coran, est en même temps le Dieu d'Abraham et d'Ismaël, c'est-à-dire, *le même Dieu que celui des Juifs et des Mahométans.*

(Mahomet dans le Coran, reconnaît Abraham, Moïse et le Christ comme les prophètes de Dieu.)

Si le catholicisme avait mis Dieu au premier rang, si le culte de Jésus n'avait plus été que secondaire, et celui de Marie un accessoire, qu'aurait-il pu répondre aux Juifs et aux Musulmans persécutés qui lui disaient :

Nous adorons le même Dieu que toi.

La croyance en un Dieu Créateur, unique et bon, est paraît-il, trop simple ou trop haute pour l'intelligence des peuples. Depuis l'origine des religions le prêtre s'est toujours complu à *rabaisser Dieu*, en lui attribuant les passions et les défauts de l'homme, en lui adjoignant une foule de divinités secondaires, créant ainsi des foules de religions diverses, qui ont fait couler des torrents de sang, et dont les prêtres *seuls* ont profité jusqu'ici.

« Si Dieu a créé l'homme à son image, écrivait Voltaire, l'homme le lui a bien rendu. »

Quand l'imprimerie eut répandu la Bible, ce livre fut lu avec passion, *chacun croyant y trouver une ligne de conduite claire, simple, unique.*

Tout le monde fut déçu, car la Bible fourmille de passages obscurs et contradictoires, qui ont amené et amèneront toujours des discussions éternelles.

Ce sont ces passages de sens différents, qui ont donné naissance à une foule de sectes religieuses, différentes, dont le nombre s'accroit encore tous les jours.

Bibel, Babel, (confusion des langues), disait un savant allemand du seizième siècle.

En 1517, le pape Léon X faisait vendre des indulgences *sur les places publiques et dans les cabarets* de l'Allemagne. Tous les péchés, tous les crimes passés *ou même à venir*, étaient absous, moyennant finances, d'après un tarif établi *par le livre de la chancellerie des Papes*, écrit de 1316 à 1354 sous Jean XII.

S'il se présentait un crime non prévu dans le catalogue, le prix de l'absolution se débattait à l'amiable.

Pour une somme minime, on tirait une âme du purgatoire. « Le pape est bien méchant, disait un pauvre campagnard, de laisser crier dans le feu, toutes ces pauvres âmes qu'il pourrait délivrer d'un seul coup. »

Luther s'éleva d'abord contre ces scandales, puis peu à peu, se voyant soutenu par le peuple, la noblesse et les princes, il s'enhardit, attaqua le pape, puis le catholicisme, et finit par fonder une religion nouvelle, qui se répandit rapidement dans le nord de l'Europe.

Il ne faudrait pas supposer pourtant que les nobles et les princes qui soutenaient Luther, risquèrent leurs couronnes, leurs biens, leur vie, par zèle religieux.

Ils attendaient une occasion favorable pour s'emparer des biens de l'Eglise, qui possédait alors le tiers de l'Allemagne.

Cette occasion, Luther la leur fournissait, et dès 1528, le grand maître de l'ordre teutonique de Prusse, l'électeur de Saxe, le landgrave de Hesse Cassel, les ducs de Mecklembourg, de Poméranie, de Zell, toute la basse Allemagne, et un grand nombre de villes impériales avaient embrassé la Réforme, *et s'étaient emparé des biens de l'Eglise situés sur leurs territoires.*

Les Pays-Bas, la Suède, le Danemarck firent de même, et en 1536, Henri VIII confisquait les biens des couvents, après s'être fait nommer, *protecteur et chef suprême de l'Eglise d'Angleterre.*

Luther ne fut pas longtemps à s'apercevoir que les princes s'étaient emparés de sa Réforme pour en tirer profit.

En 1541, convoqué pour faire la paix entre l'Eglise et les Protestants au colloque de Ratisbonne, il écrivait : « Les princes (protestants), rédigent les articles à leur façon, *ils regardent toute cette affaire, comme une comédie qui se joue entre eux*, tandis que c'est une tragédie entre Dieu et Satan, où Satan triomphe, où Dieu est immolé. (Lettre du 5 avril 1541.) »

Les princes qui s'étaient emparé des biens de l'Eglise, ne pouvaient vouloir d'une paix qui les aurait obligé à restituer ce qu'ils avaient pris.

En 1536, Calvin vint à Genève, où jusqu'à sa mort, il exerça un pouvoir absolu.

Ce fanatique, défendit toutes fêtes et divertissements.

Un poète fut décapité pour ses vers, le bon et honnête Michel Servet qui ne pensait pas comme Calvin *sur le mystère de la Trinité*, fut brûlé.

« L'Eglise te rendras grâce dans la postérité, écrivait Mélanchton à Calvin, vos magistrats ont agi avec justice en mettant à mort ce blasphémateur. » (Mélanchton, tom. 8, p. 362.)

Genève fut pendant deux siècles, la citadelle de la Réforme et de l'intolérance protestante.

A Paris, le plus fervent disciple de Calvin, Théodore de Bèze, accusait le Parlement d'incrédulité, *parce qu'il ne brûlait pas assez de sorcières.* Le même écrivait : (Epist. théologica). *La liberté de conscience est un dogme diabolique.*

L'Allemagne resta luthérienne. La France devint Calviniste. L'Angleterre, ne voulant dépendre de personne, établit définitivement chez elle en 1562, la religion anglicane, protestantisme bizarre, ayant ses évêques et ses archevêques, nommés par le souverain de l'Angleterre.

Le clergé anglais, aujourd'hui le plus riche du monde, est le plus ferme soutien de la couronne britannique, car depuis sa création, il a toujours entretenu dans le peuple, la haine du papisme, et le respect du souverain dont il dépend.

Ce fut le comte de Montbéliard, duc de Wurtemberg, Ulric, qui introduisit le protestantisme dans notre pays, en y faisant venir Guillaume Farel en 1524. Pendant neuf mois, Farel y prêcha la Réforme; mais avec une telle violence, qu'Ecolampade, qui l'avait recommandé au prince Ulric, dût lui écrire le 19 août.

« Je ne peux que blâmer les torrents d'injures que tu répands sur les prêtres... Tu as été envoyé pour annoncer la bonne parole, et non pour maudire... conduis-toi en évangéliste, et non en tyran. »

En mars 1525, Farel quitta Montbéliard, et pendant 10 ans personne n'y prêcha plus l'Evangile.

En 1535, Ulric y envoya Pierre Toussaint qui reprit l'œuvre de Farel.

En 1538, le catholicisme fut aboli dans la ville ; en 1540, il le fut dans tout le comté, ainsi qu'à Blamont et à Etobon.

Les biens du clergé furent confisqués comme ils l'avaient été partout où les princes établissaient la religion protestante.

Les prêtres catholiques furent renvoyés, et le pays eut 13 pasteurs faisant en même temps office de chantres et de maîtres d'école. — L'école de Montbéliard était la seule du pays, depuis lors, il y eut autant d'écoles que de pasteurs.

Les prêtres catholiques de notre pays étaient alors, ainsi que partout, ivrognes, paillards, ignorants et parfois même voleurs.

Le pape et le haut clergé se réservaient l'inceste, le rapt et l'assassinat.

La liste des reliques vénérées, exposées dans l'église Saint-Mainbœuf, donne la mesure de l'ignorance grossière et de la crédulité de nos ancêtres à cette époque.

La plupart de ces reliques avaient été rapportées des croisades, par les comtes chevaliers de Montbéliard.

1° Une partie du corps de Saint-Mainbœuf, dans une châsse en argent. — 2° Une petite fiole contenant *du lait* de la Sainte-Vierge. — 3° Quelques-uns de ses cheveux et de ceux de Marie-Madeleine. — 4° Une pierre sur laquelle Jésus s'était assis. — 5° Du bois de la vraie croix. — 6° Un fragment de la pierre du Sépulcre. — 7° Un fragment de celle sur laquelle Jean-Baptiste fut décapité. — 8° Un caillou du martyr de saint Etienne. — 9° La crèche qui avait servi de berceau à Jésus-Christ. — 10° *De la terre du champ dont Adam fut formé.* — 11° Un reste de pain du dernier souper du Sauveur avec ses disciples. (Duvernoy.)

Pour donner une idée de la moralité du clergé catholique d'alors, nous ne citerons que l'ordre écrit du comte Christophe, de renvoyer le curé d'Exincourt, qui avait rendu mère sa servante, et *séduit la fille de l'abbé de Belchamp, Jean Vaucler,* lequel, pour avoir commis le péché de la chair, avait dû faire maigre pendant une année.

En 1548, Charles-Quint, vainqueur des protestants, voulut rétablir le catholicisme en Allemagne.

En attendant la réunion d'un concile, il présenta un règlement religieux provisoire à la diète d'Augsbourg, et l'imposa aux princes Allemands sous le nom d'*Intérim*.

Les pasteurs durent quitter le pays de Montbéliard, où le catholicisme fut rétabli pendant quatre ans.

En 1550 le duc Ulric mourut, et son fils Christophe lui succéda (1550 à 1553.)

En 1552, Charles Quint fut vaincu à son tour par les protestants, et Christophe rétablit le protestantisme dans le comté de Montbéliard.

L'année suivante, Christophe céda le comté de Montbéliard à son oncle Georges. Celui-ci mourut trois ans après, et son fils Frédéric lui succéda (1558 à 1608.)

Pendant les soixantes dernières années du seizième siècle, notre pays fut tiraillé par des querelles sans fin, entre Luthériens et calvinistes, à propos de différences insignifiantes dans les formes du culte, ou d'interprétations plus ou moins embrouillées de certains versets de la Bible.

Les pasteurs divisés en deux partis s'injuriaient mutuellement en chaire.

Le prince soutenait les Luthériens, Calvin excitait ses partisans *à la révolte armée*. A propos de la *transubstantation* par exemple, Calvin le 7 octobre 1543, écrivait à Toussaint : « si votre prince continue à l'imposer, vous devez résister jusqu'à effusion de sang. »

On comprendra l'absurdité de ces querelles, quand on saura que la doctrine de la transubstantation, consiste à admettre que le pain et le vin de la communion sont *changés réellement*, en *véritable* chair, et en *véritable* sang du Christ.

Les autres points disputés, n'étaient pas plus sérieux que celui-là.

Spectacle ridicule, d'hommes vaniteux, déclarant gravement qu'eux seuls possèdent la vérité. Dieu veut ceci, disent-ils, Dieu défend cela, Dieu condamne... Dieu permet, etc.

Sur quoi appuient-ils leurs dires ? Sur les paroles ou les écrits d'autres hommes.

Sur le néant.

Pour ces hommes intolérants, un juron insignifiant était un blasphème, toute distraction un débordement, tout amusement un scandale.

D'après ces esprits étroits, l'homme doit partager sa vie entre le travail et la prière, n'avoir d'autre préoccupation que le salut de son âme, d'autres distractions que la lecture de la Bible ou le chant des cantiques.

Ils défendirent sévèrement les *danses, les rondeaux, les jeux de quilles et les chansons*. Ils supprimèrent les *fêtes de village*.

Ils firent fermer les boutiques pendant les prêches du dimanche et du *mercredi*, auxquels chacun devait assister *sous peine d'amende*. Ils déterminèrent le *nombre de plats* que l'on pouvait présenter dans les repas de noce ou de fête, ainsi que le nombre des invités. Enfin ils punirent rigoureusement, les femmes qui s'avisaient de vouloir enjoliver leur toilette ou leur coiffure.

Il y avait alors à Montbéliard, un docteur en médecine, deux apothicaires et sept barbiers ; le règlement des barbiers portait : « Ceux qui le dimanche feront barbe ou cheveux seront amendables d'un quartal de vin, si ce n'était en grande nécessité.

Il est juste d'ajouter, qu'à l'inverse des prêtres catholiques les pasteurs, prêchaient d'exemples, et que leurs mœurs étaient irréprochables.

De plus, le pasteur n'est pas comme le prêtre catholique, un *employé intéressé aux bénéfices commerciaux* d'une religion, *il ne demande pas d'argent*.

Pour ces motifs, les pasteurs purent être craints, détestés même par certains, dans notre pays, et à certaines époques, mais ils surent toujours mériter l'estime générale, par leur conduite exemplaire et la sincérité de leurs convictions.

Aussi, tout en blâmant leur intolérance, nous faisons la part du temps et des choses, et nous devons à la vérité, de reconnaître, qu'ils ont toujours agi d'après leurs croyances, et *qu'aucun intérêt personnel* ne guida leurs actions.

L'introduction du protestantisme, rendit encore plus complète et plus définitive, *la séparation* entre la Franche-Comté catholique et bientôt française, et le pays protestant de Montbéliard, qui continuait à relever de l'empire d'Allemagne.

L'architecture gothique, création du Moyen-Age, disparut avec lui, et l'on ne construisit plus de sveltes cathédrales aux colonnettes élancées, aux multiples arceaux, aux voûtes d'arête entrecroisées. Gigantesques végétations de pierre, dont les flèches aigües traversant les nuages, semblent vouloir porter jusqu'au ciel, les prières et les plaintes des peuples souffrants.

Des monuments d'un style nouveau remplacèrent ceux que les anciens maîtres ès-pierres vives avaient édifiés, sans nul souci des lois de l'équilibre, les soutenant à force d'étais, de contreforts, d'armatures et de crampons, mais où l'originalité, l'imagination, la fantaisie, ruissellent de toutes parts, où toutes les croyances du peuple ont laissé leur empreinte, où l'on sent revivre et palpiter le génie d'une époque.

Rêves de pierre de nos aïeux, réalisés au milieu des souffrances et des larmes, prodigieux édifices qui n'ont été copiés sur rien, et qui ne seront jamais copiés. Merveilleuses pages de l'histoire du peuple, qui pour les construire, donna son génie, son cœur, sa foi naïve et son argent.

Agriculture et Travaux d'utilité publique.

Pendant le seizième siècle, notre pays fut gouverné par 4 princes : Ulric (1498 à 1550), qui introduisit la Réforme; Christophe (1550 à 1553); Georges (1553 à 1558), qui fit reconstruire à la rue Derrière, le Gymnase latin de la ville et fonda une bibliothèque au Château.

Enfin Frédéric (1558 a 1608).

Ce dernier, qui régna cinquante ans sur le Comté de Montbéliard, était d'un caractère violent et despotique, mais il était intelligent et instruit, et le premier de tous les comtes de Montbéliard, il s'occupa *sérieusement* de l'agriculture, de l'amélioration des animaux domestiques et des défrichements.

A son avénement, les terres du pays de Montbéliard appartenaient : au seigneur, aux communes, et aux particuliers. Le prince administrait une partie de ses domaines, le reste était loué à bail de 9, 18 à 27 ans, ou donné moyennant une rente perpétuelle.

Les biens communaux, comme ceux des particuliers étaient cultivés par leurs propriétaires, ou loués à bail de 3, 6, ou 9 ans, pour un revenu moyen de 5 pour cent.

Mais par la grande quantité de terrains encore incultes, par les mauvais assolements, la disproportion entre les prés, les terrains fourragers et les champs cultivés, la culture rapportait à peine pour la consommation du pays.

Le 23 juillet 1523, le duc Ulric rendit à la commune d'Audincourt toute l'étendue du territoire de l'ancien village de Dâlotte, situé entre Audincourt, Exincourt, Seloncourt, Vandoncourt et Dasle, consistant en champs, prés, jardins, forêts et pâturages. Le prix d'achat fut réglé à la somme de 540 francs, plus 2 livres 18 sous de rente annuelle et perpétuelle, et quatre quartes de froment.

En 1524, le bailli de Montbéliard donna aux frères Jean, Henri et Nicolas Mégnin, et à Jean Monnier d'Hérimoncourt, les deux granges de Thulay, avec les terres et bois qui en dépendaient, moyennant le cens annuel et perpétuel de *10 bichots*, par moitié de froment et d'avoine. *Ainsi commença le village de Thulay.*

Sous le règne de Frédéric, les défrichements se firent sur une vaste échelle. En 1558, 1000 journaux de la forêt du Chénois furent donnés à des habitants de Montbéliard, d'Arbouans, de Courcelles et d'Exincourt, pour être défrichés et cultivés par eux, moyennant un cens annuel et perpétuel de 1 sol estevenant (0 fr. 12 par journal.)

Les défrichements les plus considérables, donnèrent naissance aux villages de Frédéric-Fontaine (1588) et d'Essouaivre (1577).

Frédéric fit planter des vignes à la Chaux (1577 à 1578), au Thiergarten (1590), sur les côtes d'Exincourt (1582), d'Echelotte (1576), de Bélieu (1585), de Fremuge près de Bondeval (1583); au Mont-Vaudois près d'Héricourt (1588), à Côte

Mancin près d'Audincourt (1577), à Hérimoncourt au lieu dit les Vignes (1580], à Seloncourt, aux lieux dits Voiranon ou Vraimont et au Pré en Friche, (avant 1599) ; enfin, à Etupes (1578). *Il convertit en prairies la plaine de Sochaux, qui était couverte en grande partie de bois (1589.)*

Il existait déjà des vignes dans notre pays au quinzième siècle : celles de la Citadelle, antérieures à 1415, celles de Valentigney, Bavans, Champvarmol et Saint-Symphorien.

D'autres furent plantées après le seizième siècle : Ecurcey et Bethoncourt (1621), Champvadon (1623), Autechaux et Vandoncourt (1630), Glay (1662), Présentevillers (1690), Sainte-Suzanne (1715), Beutal (1729), Dung (1730), Allanjoie et Voujaucourt (1734), Allondans (1741.)

La plupart de ces vignes ne fournissant qu'une petite quantité de vin très médiocre, disparurent aussitôt que les voies de communications permirent aux habitants d'aller s'approvisionner en Alsace, en Bourgogne, ou dans les côtes déjà renommées du Jura, dont les vins disait Gollut « Ne refuient d'être charriés et transvasés, mais ils ne veulent être branlés sur les eaux marines, car lors, ils s'endorment en tels berceaux, et ne retiennent leurs veillantes vigueurs. »

Aidé par son médecin, le savant Jean Bauhin, disciple du naturaliste Conrad Gessner, le prince Frédéric fonda, à l'endroit où sont actuellement les gares du chemin de fer, à Montbéliard, un Jardin botanique (Grand Jardin), qui fut le troisième d'Europe par rang d'ancienneté. Dès 1578, on y cultiva les *premières pommes de terre* connues en Comté.

Cette plante apportée en Galice dès 1530, décrite pour la première fois en 1541 par un compagnon de Pizarre, Pierre Ciéca de Léon, fut introduite en 1586, par Walter Raleigh en Angleterre, *où elle devint de suite* l'objet d'une culture considérable.

Par une fatalité bizarre, *la pomme-de-terre ne fut cultivée dans notre pays* que bien longtemps après, et *vers l'année 1700.*

Le docteur Jean Bauhin ne fut sans doute pas étranger à la confection d'un squelette humain dont il est parlé en ces termes dans un document de l'époque.

« Le 20 octobre 1562, fut défait (exécuté) Jean Cuchard de Blussans, *et fut cuyt en la maison de ville, et ses os réduits en nantomie.* »

Ce squelette était probablement conservé à l'hôtel-de-ville, car un autre document dit en 1563 : « *Pour avoir peint la lade de bois, ou que l'on a mis l'anatomie.* »

Pour l'amélioration du bétail, le comte Frédéric créa de 1583 à 1594 la bergerie de Marchelavillers, sur le territoire d'Abbévillers ; celle de Blamont ; celle de Voujaucourt au pied de la colline de Chataillon ; le haras de Belchamp, établi dans l'église de cette abbaye et supprimé en 1630 ; la vacherie de Montbéliard, appelée la *Souaberie*, à cause des Souabes qui la dirigèrent primitivement ; (Les bâtiments furent convertis en gymnase en 1731) ; celle de la Grange-la-Dame, sur l'emplacement du village ruiné de Charmontey, que Frédéric avait acquis de la famille Virot de Montbéliard.

Le *maïs* ou blé de Turquie, fut importé de l'Amérique du Sud en Comté, dans la première moitié du seizième siècle.

C'est à cette époque, que nos aïeux commencèrent à manger des Gaudes.

Les forêts appartenaient au prince et aux communes. Celles du prince étaient exploitées, car les bois d'Etobon et de Clairegoutte *furent flottés sur la Luzine*, de 1518 à 1648, époque, où cette exploitation fut arrêtée par le déboisement et la diminution de ce cours d'eau.

Les habitants des villes et des villages, tiraient alors sans compter, de leurs forêts communales, les bois nécessaires à leurs constructions, à leurs instruments agricoles et à leur chauffage.

Dans toute la France, où une quantité de forges s'étaient fondées, le déboisement marchait avec une telle rapidité, que François Ier dût prendre des mesures pour l'arrêter.

Le prince Frédéric publia le 1er Août 1595, une ordonnance réglementant les coupes de bois et la chasse.

A partir de ce moment, les communes et les particuliers ne purent abattre que les arbres désignés par le forestier du prince, qui délimitait en outre chaque année, les coupes d'affouages.

Les réglements régissant la chasse, rappellent les mauvais jours de la féodalité.

« Le tireur de venaison à l'arquebuse, sera la première fois mis en prison pendant un mois au pain et à l'eau à ses frais, il paiera 40 livres, (124 fr.) d'amende, son arquebuse sera confisquée, *puis il sera mis à la question* (torture), pour nommer ses complices. *La deuxième fois, on lui mettra au cou un collier de fer en forme de corne de cerf, et s'il l'ôte, sans aucune grâce, il perdra la tête.*

Tout maréchal ou serrurier qui ôterait ce collier, sera puni de 50 livres (155 fr.) d'amende.

Défendu de gâter les nids d'oiseaux de proie, dont les petits doivent être portés au prince.

Les maires de village sont tenus de conduire aux chasses princières, une certaine quantité de paysans, pour servir de rabatteurs.

Chaque village nourrira trois gros chiens de chasse pour le prince.

Les habitants du village de Bussurel, (anciennement Buxirey, à cause de l'abondance du buis qui croissait sur son territoire), dans la seigneurie d'Héricourt, devaient le jour de Noël chacun cinq sous quatre deniers, pour le *gîte aux chiens*. (Garde des chiens de chasse du seigneur.) Le receveur du domaine pouvait saisir et faire enlever les portes des maisons de ceux qui étaient en retard d'acquitter cette prestation, et s'ils les replaçaient sans avoir payé, ils étaient condamnés à une amende de 60 sous.

Le gros gibier, très abondant alors, était un véritable fléau pour les cultivateurs. En 1590, notamment, la contrée fut désolée par des loups enragés.

Le pays était encore tellement sauvage, que jusqu'à la fin du dix-septième siècle, les princes tuèrent des ours dans les forêts du Mont-Bart, de Blamont, d'Autechaux, d'Ecurcey et de Mandeure.

En 1581, le prince Frédéric, à qui les bourgeois d'Olmütz, avaient l'année précédente donné *un fusil de chasse*, faillit être dévoré par une ourse dans la forêt du Mont-Bart, et ne dût la vie qu'au courage de son chien.

L'architecte Henri Schickard fut employé par le comte Frédéric, à la plupart des constructions de cette époque.

Il construisit les murs du nouveau Parc (1581); (le premier parc était au Thiergarten); la fontaine de la place des Halles et celle de la Place Saint-Martin (1592); l'église Saint-Martin (1607); l'aile orientale des Halles (1582). *Il construisit la Tour-Neuve du château, celle du Sud, dite aussi Tour Rouge, et répara l'autre tour, celle du Nord, ou Tour Bossue, qui avait été construite en 1424, par la comtesse Henriette*, il rereconstruisit le pont de Voujaucourt (1591); fit bâtir celui de Sochaux (1607); plusieurs églises de village, et le bâtiment du Collège, à l'emplacement de l'église catholique actuelle.

Le Pont du ruisseau de Gland, près d'Audincourt, avait été construit en 1548, et le pont de bois de la Rouchotte, (ancien pont de la Rigole) en 1559.

En 1573, la route d'Exincourt à Fesches-l'Eglise fut achevée, ainsi que celle d'Audincourt à Voujaucourt, à travers la plaine inculte appelée la Champagne.

Cette dernière route disparut deux siècles plus tard.

A cette époque, les routes étaient mauvaises, mal entretenues, et les moyens de transport tellement primitifs, qu'en 1600, le duc Frédéric revenant d'Italie, *fit le trajet de Bâle à Montbéliard, sur un charriot de laboureur, assis sur des bottes de paille*.

Ce fut l'architecte Schickard qui fit le plan du Faubourg ou Neuve-Ville, dont la construction (1604) était devenue nécessaire, par suite de l'accroissement de la population.

Cet accroissement était dû en grande partie à l'arrivée de nombreux protestants, venant des pays voisins se réfugier à Montbéliard, pour s'y mettre à l'abri des persécutions religieuses.

Ce fut pendant le seizième siècle que furent apportés en France : le dindon, la pintade, le canard de Barbarie, l'artichaut, le marronnier d'Inde, le robinier (acacia) et la betterave, dont Olivier de Serres disait : qu'elle donne un jus « semblable à syrop ou sucre. » Ce ne fut que deux siècles plus tard que l'on tira profit de cette observation.

Industrie.

Le premier imprimeur de Montbéliard fut Jacques Foillet de Tarare, qui s'y établit en 1586, et y mourut en 1619, après avoir publié un grand nombre d'ouvrages.

La première papeterie de *notre pays* fut établie en 1575 à Courcelles, par Eusèbe Episcopius, imprimeur à Bâle. Elle ne subsista pas longtemps, et fut remplacée par une autre, construite par Jacques Foillet. Cette dernière ayant été détruite par les Guise en 1588, le prince Frédéric en établit une troisième *aux Graviers*, mais elle disparut en 1610.

Pendant les premières années du seizième siècle, l'imprimerie avait marché à pas de géant.

En France, les caractères romains avaient remplacé les caractères gothiques. Les ouvriers imprimeurs gagnaient 12 sous par jour à Paris, *travaillaient avec un chapeau de papier sur lequel étaient imprimés des versets de la Bible, et l'épée au côté.*

Malgré les frais énormes de composition et d'impression, qui d'après Monteil étaient de 40.000 livres (124.000 fr) pour une Bible en 4 langues, les livres coûtaient relativement bon marché.

		Représentant aujourd'hui	
Les Vies de Plutarque, 7 volumes, de	30 à 40 sous		de 14 fr. 25 à 18 fr. 60
Un dictionnaire.	25 sous		11 fr. 92
Tacite.........	8 »		3 fr. 72
Essais de Montaigne......	6 »		2 fr. 79
Virgile.........	3 »		1 fr. 38

Le prince Frédéric cherchait la *pierre philosophale*, c'est-à-dire le moyen de faire de l'or. Il avait un laboratoire de chimie à côté de sa chambre à coucher.

Cette folie lui coûta beaucoup d'argent.

Il fit rechercher sans résultat du minerai d'argent sur le territoire de Dampjoux, et fit exécuter de nombreuses fouilles, pour trouver du minerai de fer dans le pays de Montbéliard.

Les recherches de mines se faisaient alors au moyen de la *baguette magique*.

La métallurgie d'Agricola, explique longuement, que la baguette doit être en coudrier pour le minerai d'argent, en frêne pour le cuivre, en sapin pour le plomb et surtout le zinc, en fer pour l'or.

Agricola entre dans les détails les plus minutieux sur les diverses façons de tenir ces baguettes, qui ne valent pas dit-il celles des Egyptiens, *qui se sont changées en serpent* à la mort de leurs propriétaires.

Dans ce livre curieux, (la bibliothèque de Montbéliard en possède deux exemplaires), à côté de ces naïvetés, se trouvent *les germes* de presque tous les appareils mécaniques employés de nos jours encore dans les mines.

Tous ces engins, soigneusement décrits dans le texte, sont en outre représentés par des gravures assez détaillées, pour en faire comprendre la construction d'un coup d'œil.

La ventilation des mines se faisait alors avec des ventilateurs et des soufflets.

Les *ventilateurs* en bois, dont les ailes étaient parfois *garnies de plumes*, étaient mis en mouvement par des hommes (page 169), par une roue hydraulique (page 171), ou par un *moulin à vent* (page 170).

Les *soufflets*, exactement semblables à ceux des maréchaux de nos jours, (page 305) étaient mis en mouvement de la même façon.

L'épuisement des eaux se faisait au moyen de pompes superposées, *de roues à pots*, ou d'une espèce de *chapelet*, travaillant dans un corps de pompe *vertical*.

Agricola décrit minutieusement ces machines, ainsi que toutes leurs applications et toutes leurs combinaisons, avec les moteurs connus de son temps.

Tous ces engins curieux, informes et enfantines ébauches de la construction mécanique, devant lesquels les moindres charrons de nos villages passeraient aujourd'hui en souriant, *étaient complétement construits en fer forgé et en bois.*

Nous avons gardé le souvenir de quelques

uns de ces appareils, qui fonctionnaient encore pendant notre enfance.

Nous nous souvenons de l'effroi que nous éprouvions, en voyant ces vénérables engins, se mouvoir péniblement au milieu d'un affreux vacarme, dans les coins obscurs de nos anciennes forges.

Nous entendons encore leurs grincements bizarres, leurs gémissements lugubres, le bruit des ferrailles secouées, des heurts, des hoquets, des soubresauts, de leurs grossiers organes.

A l'aspect formidable et fantastique de ces énormes pièces de bois s'entrechoquant dans l'ombre, les plaintes étranges qui s'élevaient de ce noir fouillis, nous semblaient celles d'un monsrtueux animal enchaîné, s'agitant furieusement dans ses fers, et travaillant pour l'homme à regret.

L'outillage des mineurs du seizième siècle ne pouvait les préserver des éboulements, des exhalaisons méphitiques et des explosions de gaz, qu'Agricola appelle *des tempêtes*, et qui, d'après Gollut, firent abandonner les mines d'argent de Mélisée (quartier de l'Ognon).
« plus dommageables que profitables, pour cause de la mort de plusieurs, qui y demeurent suffoqués, ou par les ruines, ou par les vapeurs et brouillards. »

On ne trouve nulle trace de pièces mécaniques en fonte de fer (voyez Agricola page 164, 165), dans les machines de l'époque, qui provoquaient néanmoins l'admiration de Gollut, et lui faisaient consacrer plusieurs pages enthousiastes à la description des appareils de la Grande Saulnerie (saline) de Salins.

Les chaudières à cuire la saumure de cette saline, avaient dit-il 8 pieds (2 m. 642) de diamètre, elles étaient faites de *480 platines de fer forgé*, ayant 1 pied 1|2 (0 m. 495) de longueur, sur 3|4 de pied (0 m. 247 de largeur, et *l'épaisseur d'un grain d'orge* (sic.)

Aujourd'hui, ces chaudières seraient construites en 3 ou 4 pièces seulement.

Les joints de ces 480 pièces reliées ensemble par des clous, étaient si mal faits, que *le tiers de l'eau salée coulait dans le feu* à chaque opération, formant de gros morceaux pierreux, que les sauniers employaient philosophiquement à la reconstruction de leurs fourneaux, qu'ils démolissaient *chaque mois, afin de réparer la chaudière sur toutes les coutures*.

Et bon Gollut de s'extasier. Pensez donc, peu de temps auparavant, ces chaudières étaient encore composées de *800 morceaux* au lieu de *450, la moitié de l'eau salée coulait dans le feu, et de plus*, il fallait *de grosses réparations tous les quinze jours*.

Ces chaudières étaient suspendues à de fortes poutres, chacune par *90 barres de fer* d'un pouce carré, *venant s'accrocher à des anneaux placés à l'intérieur de la chaudière*.

La grille du foyer ayant la même surface que le fond de ces appareils, il était bien recommandé aux ouvriers, dit Gollut « *de ne faire du feu qu'au milieu.*

Si la naïveté du bon Gollut nous fait sourire, il serait injuste de ne pas reconnaître que nos pères ne pouvaient mieux faire, et qu'ils étaient obligés de rechercher les combinaisons les plus simples, les plus faciles à exécuter avec les matériaux qu'ils avaient sous la main, et l'outillage rudimentaire dont ils disposaient.

La première forge avec haut fourneau, construite dans le pays de Montbéliard, fut établie en 1586 sur la Luzine, entre Chagey et Chenebier, par les frères Morlot de Fontenoy en Vosges.

D'autres établissements métallurgiques s'étaient fondés.

En Comté ; la forge de Champagnole, datant de 1492 rebâtie en 1515 par Gabriel Arbel, devenaît tellement importante, qu'elle dût encore être reconstruite en 1579.

Dans le Jura Bernois, la forge de Bassecourt fut établie en 1500, celle de Bourrignon et le fourneau de Charmoille dâtent de 1516.

Les usines du Jura Bernois étaient construites avec la plus stricte économie. La maçonnerie n'y était employée que pour les feux de forges, ou les fourneaux ; le bâtiment recouvert de *bardeaux*, était complétement en bois, comme du reste, toutes les installations de vannes, huches, roues hydrauliques et marteaux.

D'après M. Quiquerez, toute la construction de la fonderie de Charmoille, en y ajoutant même le coût de ses premiers approvisionnements, consistant en 119 bannes (voitures) de charbon, et 88 voitures de minerai, ne coûta que 803 fr. 75.

Mais alors, le charbon de bois se payait de 1 fr. 06 à 1 fr. 68 la banne, et l'hectolitre de minerai moins de 2 francs.

Les soufflets de forge étaient regardés comme des machines si rares et si précieuses, qu'un acte du 3 juillet 1529 nous apprend : qu'un charbonnier fribourgeois, Jehan Jacques, *dut donner en gage et hypothèque,. sa maison avec un chésal et un pré, pour garantir du prêt d'un soufflet*, appartenant à l'une des usines du prince-évêque de Bâle.

Ce soufflet devait lui servir de modèle, pour en construire un semblable, destiné au fourneau de Charmoille.

La science des ouvriers n'allait pas encore jusqu'à pouvoir exécuter ce travail sur un plan.

Jusqu'au dix-huitième siècle, les ouvriers du fer, mineurs, forgerons, charbonniers ou bucherons, conservèrent les allures indépendantes de leurs sauvages ancêtres.

Tous les actes d'accensement de forges ou de fourneaux de cette époque, rendent leurs propriétaires ou fermiers responsables: *des ma-*

raudages de leurs ouvriers dans les jardins ou les champs cultivés, de leurs braconnages et pêches en temps et lieux défendus.

En Comté, comme dans le pays de Montbéliard, la mauvaise réputation des ouvriers de forge empêcha pendant longtemps, nombre de propriétaires, d'exploiter les usines et les forêts de leurs domaines.

Le fer de Comté passait déjà pour le meilleur de France, et la vente devait en être facile, alors que Saint-Etienne et le Forez exportaient jusqu'en Ethiopie, les articles fabriqués par 60,000 ouvriers taillandiers, serruriers et armuriers.

La fabrication du fer fit quelques progrès pendant le seizième siècle.

La production des hauts fourneaux fût augmentée *par l'emploi des fondants ou castines,* et certains minerais commencèrent à rendre de 40 à 45 pour cent de leur poids en fer.

Quelques *fabriques spéciales d'acier* commençaient à se monter en France, où l'Allemagne envoyait alors pour 800,000 francs de faux, chaque année.

L'emploi de la tourbe et de la houille en Picardie et en Artois, et l'invention *des fours à voûte surbaissée,* allait bientôt donner naissance à la fabrication du fer à la houille (fer pudlé.)

La première houillère exploitée dans le pays de Montbéliard, fut découverte en 1589 dans la montagne d'Ossemont, et sur le territoire de ce village.

La houille qui en sortit était de qualité médiocre, et ne fut employée qu'à la saline de Saunot, pour diminuer la consommation du bois.

En 1564, une carrière de plâtre fut ouverte à Généchié près d'Echenans, et n'a cessé d'être exploitée depuis.

En 1601, le docteur Jean Bauhin, fit au duc Frédéric un rapport sur les eaux de la fontaine de Lougres, appelée *Saine Fontaine* ou *Plonge-*

nière, auxquelles il attribuait des vertus médicinales.

Ces eaux eurent une grande vogue, pendant les dix-septième et dix-huitième siècles.

Le landgrave de Hesse et ses filles, vinrent exprès à Montbéliard en 1602, pour prendre ces eaux.

En 1588, le prince Frédéric établit à Montbéliard un atelier pour « battre et forgier monnaie. »

Déjà le comte Thierry II, en 1150, avait un maître de la monnaie, de plus, le comte Etienne au quatorzième siècle, avait fait frapper des monnaies d'argent à Montbéliard.

Cette locution « battre et forger monnaie » dépeint le véritable travail au moyen duquel on frappait leur empreinte.

En effet, les pièces *coulées en forme de lentille*, étaient rougies au feu, et placées entre deux coins ou matrices de bronze très dur, gravées au touret et enchassées dans une enveloppe de fer, *sur laquelle les ouvriers frappaient à grands coups de marteaux*, pour les achever.

Le *balancier* fut inventé en France, par un mécanicien nommé Abel, et sous le règne de Henri II (1547 à 1559.)

Nicolas Briet, alors tailleur général des monnaies, proposa au gouvernement, de monter une fabrication nouvelle, *à l'aide du balancier et du laminoir*.

Les ateliers de Saint-Etienne employaient déjà ce dernier instrument, *pour laminer les canons d'arquebuse*.

Son offre ayant été rejetée, Briet porta son système en Angleterre, *où il fut adopté immédiatement*, et resta en usage depuis.

Ce n'est que vers 1640, et sous Richelieu, que l'usage des coins d'acier et des machines, fut adopté en France.

Plusieurs petites usines fonctionnaient alors dans la vallée du Dessoubre.

En 1593, une description du château Neuf de

Vennes, parle du moulin, du foulon, des battes et contre-battes, établis sur le Dessoubre.

Ces appareils étaient employés par les tisseurs (felandriers) de laine, de chanvre et de coton, établis à Saint-Hippolyte, où ils fabriquaient diverses étoffes, mais principalement des *futaines*.

Saint-Hippolyte possédait aussi des *tanneries*, car en 1586, la comtesse Claudine de Rye demanda inutilement la destruction de ces établissements, qui, d'après elle, *devaient amener la peste dans le pays*.

Gollut prétend que pendant le seizième siècle, *on recueillait des paillettes d'or, dans le Doubs et dans la Loue*.

Il affirme avoir vu chez les seigneurs de Longwy, une chaîne d'or valant 160 écus, provenant de la fonte de ces paillettes.

Le premier carrosse employé à Montbéliard, appartenait au vice-chancelier Hector Carray.

La solide charpente de ce massif véhicule, construit à la fin du seizième siècle, était recouverte de cuir fixé avec des clous à grosses têtes jaunes. *L'impériale*, débordant comme un toit, *était garnie d'un chéneau en métal*, pour l'écoulement des eaux de pluie.

Pendant le seizième siècle, les horlogers de Paris et de Blois fabriquaient *des montres de la grosseur du poing*, avec boîtes d'or, d'argent et de cristal, et les horloges avec personnages automates, se répandirent dans les cathédrales et dans les châteaux.

En 1627, le serrurier Jousse, avait fait une *machine à tailler les limes*, qui fonctionna vers la fin du siècle.

Enfin, pour terminer, nous ajouterons que pendant le seizième siècle, les *fourchettes* commencèrent à être employées par nos aïeux, qui jusque là paraît-il, mangeaient de bon appétit, avec leurs doigts tout simplement.

Événements politiques.

A partir de la fin du quinzième siècle, les rois de France, maîtres de la féodalité, et disposant de toutes les ressources nationales, s'en servirent pour satisfaire leur ambition personnelle.

Ils voulurent comme Charlemagne, aller conquérir une seconde couronne au-delà des Alpes, et les guerres d'Italie, qui firent tant de mal à la France, furent commencées par Charles VIII et continuées par Louis XII.

A la mort de ce dernier, malgré vingt ans de de combats il ne restait dit l'historien Commines « mémoire des Français en Italie, que par les tombeaux qu'ils y avaient laissés. »

François Ier qui se vantait d'avoir mis les rois *hors page*, et qui le premier termina ses ordonnances par la formule : *Car tel est mon bon plaisir*, repassa les Alpes en 1515 et s'empara du Milanais.

Cette conquête fut le prélude de quarante années de guerres terribles contre Charles-Quint.

François Ier fut un mauvais roi. Il vécut dans les plaisirs et les fit *toujours* passer avant les affaires de la France. Sa mère, Louise de Savoie, courtisane effrontée, put impunément voler à pleines mains dans le trésor royal pour enrichir ses amants. En une seule fois, elle prit 400,000 écus destinés à la solde d'une armée en campagne. Elle excita le roi contre le connétable de Bourbon, *qui n'avait pas voulu d'elle*, et par ses vexations continuelles, en fit un traître et le plus terrible ennemi de la France.

Ce fut sous le règne de François Ier que commencèrent les persécutions contre les protestants, et qu'eut lieu l'atroce massacre des Vaudois de Provence.

Ces honnêtes, laborieux et tranquilles campagnards, payant fidèlement leurs impôts et redevances, avaient admirablement fertilisé un pays auparavant inculte et désert, entre Apt et Vaucluse. Travailler c'est prier, disaient ces braves gens, qui professaient le pur Christianisme des premiers chrétiens.

En 1545, sur un ordre signé du roi, des troupes conduites *par le vice légat du pape*, et le président d'*Oppède*, envahirent le pays occupé par les Vaudois.

Les jours horribles de Béziers, de Carcassonne, et de la croisade des Albigeois étaient revenus.

Trois villes vaudoises : Mérindol, Cabrière et la Coste, vingt-deux villages, furent détruits, les maisons rasées, les caves comblées, les cavernes bouchées, les forêts coupées, les arbres fruitiers arrachés.

3,000 Vaudois furent massacrés, 255 exécutés, 700 envoyés ramer aux galères.

Un grand nombre de ces malheureux, se précipitèrent du haut des maisons, se poignardèrent ou se pendirent, pour échapper aux atroces tortures des bourreaux, qui prolongeaient avec un art infernal, l'agonie de leurs victimes.

On vit une mère se poignarder et repasser le couteau sanglant à sa fille.

Vingt-cinq mères de famille, s'étaient réfugiées dans une grotte avec leurs enfants, le vice légat les fit étouffer dans la fumée.

D'Oppède remplit une grange de femmes et fit mettre le feu aux quatre coins.

Des milliers de pauvres gens moururent de faim dans les montagnes où ils s'étaient enfuis.

Quelques-uns seulement, les plus robustes, purent gagner la Suisse, abandonnant sans retour une patrie jadis si heureuse, changée par les égorgeurs en un désert jonché de cadavres.

Au retour, le long des chemins, les *soldats vendaient* à bon compte aux passants, les enfants, petits garçons ou petites filles dont ils ne voulaient plus.

« *Jamais victimes plus pures et bourreaux plus infâmes* n'avaient apparu dans l'histoire. » (H. Martin.)

François Ier mourut rongé par une maladie honteuse.

Pendant ses derniers moments, *Diane de Poitiers*, qui, *après avoir été sa maîtresse était devenue celle de son fils*, épiait joyeusement les progrès de son agonie, pour aller annoncer sa mort à Henri II qui l'attendait avec impatience.

« Il s'en va le galant, il s'en va » disait gaiement le duc de Guise. Ce fut son oraison funèbre; il n'en méritait pas d'autre (1547.)

Sous le règne de Henri II, Diane de Poitiers et les Guises, furent les maîtres de la France. Maîtresses et favoris en absorbèrent les revenus, se partagèrent les titres et les bénéfices, et s'amassèrent de monstrueuses richesse en dépouillant les particuliers.

En 1559, Henri II mourut laissant 42 millions de francs de dettes.

Pendant son règne, la vile et lâche reine Catherine de Médicis, fut l'humble servante et l'espionne de la maîtresse de son mari.

Car elle était laide et malsaine, cette Italienne.

Son père et sa mère étaient tellement gâtés par les maladies honteuses, qu'ils étaient morts tous deux, rongés d'ulcères, après un an de mariage.

« Catherine fut médecinée pendant 12 ans, sans avoir d'enfants ; enfin en 1544, naquit le fléau désiré, un roi pourri, le petit François II, qui meurt d'un flux d'oreille et nous laisse la guerre civile.

« Puis un fou naquit, Charles IX, le furieux de la Saint-Barthélemy. Puis un énervé, Henri III et l'avilissement de la France.

Purgée ainsi, féconde d'enfants malades et d'enfants morts, elle-même vieillit, grasse, gaie, rieuse, dans nos effroyables malheurs. » (Michelet.)

En Espagne, après quarante années de guerres, de persécution et d'efforts inutiles, Charles-Quint, ce terrible ennemi de la France et du protestantisme, avait renoncé à la lutte et partagé son immense empire, donnant l'Autriche à son frère, l'Espagne et ses immenses possessions, au sinistre Philippe II son fils.

L'Espagne avait de l'or.

Fernand Cortez avait conquis le Mexique, Pizarre avait soumis le Pérou. Les conquérants faisaient un butin tellement inouï que *dans une seule occasion*, chaque fantassin de Pizarre eut 20,000 francs pour sa part et chaque cavalier 40,000 fr.

Un seul prince Péruvien, avait pour sa rançon, *rempli d'or* une chambre de 21 pieds de hauteur.

Le pape Alexandre VI, avait par une bulle, donné au roi d'Espagne, la propriété absolue de toutes les régions découvertes en Amérique par les Espagnols, *avec l'autorisation d'en réduire les populations en esclavage*. Les Espagnols en usèrent avec une telle férocité, que dans l'île de Saint-Domingue *seule*, de *un million* d'Indiens qui s'y trouvaient en 1492, il n'en restait plus que *quatorze mille*, dix-neuf ans après.

Tous les ans, trente-sept gros vaisseaux, revenaient en Espagne, chargés à couler, d'or et d'argent. *Une seule mine*, celle de Potosi dans le Pérou, fournissait chaque année 800,000 kilog. d'argent.

En trois cents ans, les mines de l'Amérique Espagnole, exportèrent en Europe *pour vingt-cinq milliards d'argent, et pour neuf milliards d'or*.

Mais l'Espagne voulait que l'Amérique ne

fut autre chose qu'un atelier, fabriquant de l'or et de l'argent.

Elle défendit aux colons d'y cultiver les produits de l'Europe : lin, chanvre, vignes, oliviers etc.

Elle leur interdit d'y construire des manufactures, des vaisseaux, et les obligea d'*acheter en Espagne*, tous les produits dont ils avaient besoin.

Les étrangers ne pouvaient s'établir dans ses colonies, et les emplois publics ne pouvaient être occupés que par des Espagnols, *nés en Espagne*.

Ces défenses insensées, et l'établissement de l'Inquisition et des Jésuites, dans toute l'Amérique espagnole, furent la mort de ces colonies.

Privées de commerce et d'industrie, n'ayant aucun moyen de se développer, elles dormirent pendant trois cents ans, et leurs populations abruties, ignorantes et fanatiques, s'engourdirent dans la paresse.

Elles ne se sont révoltées qu'en 1810, à la suite de vexations intolérables, et les Espagnols ont été chassés de l'Amérique du Sud, mais chacun sait, que les progrès accomplis depuis dans ces pays, sont dûs principalement aux émigrants européens.

L'Espagne eut encore d'autres sources de richesses.

Pendant la première moitié du seizième siècle, de Lisbonne au cap de Bonne-Espérance, de ce cap à l'Hindoustan, de l'Hindoustan à Malacca, et de l'Indo-Chine au Japon ; sur un littoral de quatre mille lieues, les Portugais s'étaient emparés de tout le commerce et de tous les points importants.

Ils avaient de plus conquis le Brésil.

Le commerce de Venise était ruiné : *Toutes les marchandises de l'Afrique et de l'Asie*, arrivaient à Lisbonne, qui en avait le monopole, et les Hollandais venaient les acheter là, pour les colporter dans le reste de l'Europe.

En 1581, Philippe II s'empara du Portugal, et l'immense empire colonial de ce pays, vint s'ajouter à celui de l'Espagne.

A la fin du seizième siècle, l'Espagne avait par conséquent le monstrueux monopole des mines de l'Amérique, et celui des marchandises de l'Afrique et de l'Orient.

« Quand l'Espagne se remue, disait-on alors, le monde tremble. »

Ces immenses richesses, l'Inquisition et le despotisme de Philippe II, *ruinèrent si complétement l'Espagne*, qu'elle n'a pu encore se relever.

Le mépris du travail devint le vice national des Espagnols. La plupart allèrent chercher fortune aux colonies, les uns coururent les aventures de la vie de soldat, les autres préférant la paisible oisiveté des couvents se firent moines.

Les monastères s'étaient tellement multipliés, que *plus d'un million* d'Espagnols étaient moines ou ecclésiastiques.

Le travail national fut comme suspendu.

En 1550, Séville comptait encore 130.000 ouvriers, et 16,000 métiers, travaillant la laine et la soie.

Soixante-dix ans après, il n'y avait plus que 400 métiers.

Le commerce et l'agriculture, si cruellement atteints déjà, *par l'expulsion de plusieurs millions* de travailleurs juifs et maures, furent complétement délaissés.

L'Espagne dépeuplée, ne produisant plus rien, dût tout acheter aux autres nations, et *ces monceaux d'or qui lui arrivaient de toutes parts, traversaient le pays sans s'y arrêter*, pour aller enrichir les nations laborieuses.

De 1515 à 1568 dit Bodin, il y eut plus d'or en France, qu'on n'eût pu en recueillir auparavant en 200 ans.

Philippe II, *maître absolu* d'un immense empire sur lequel « *le soleil ne se couchait jamais,* » maître des Indes et des plus riches dépôts métalliques du monde entier, adoré des Espagnols, qui d'après Contarini : « auraient craint d'offenser Dieu lui-même en transgressant ses ordres vénérés, » ayant les meilleurs soldats et les plus habiles généraux de l'époque, 100 vaisseaux de ligne, 1,000 navires au long cours, aidé par sa digne épouse, Marie la Sanglante (Marie Tudor), reine d'Angleterre, ayant pour alliés fidèles, le Pape, les Jésuites et l'Inquisition, cet homme si prodigieusement puissant n'eut qu'une pensée dans sa vie, *écraser le protestantisme.*

Il y consacra toute son existence, toutes ses ressources, ne recula devant aucun crime, devant aucune atrocité, il fit couler des torrents de sang, tortura, brûla, massacra des peuples entiers.

En 1586, l'Inquisition d'Espagne condamna *en masse* comme hérétiques, *tous les peuples, ordres et États* des Pays-Bas, où Charles-Quint avait déjà fait périr 50,000 victimes.

Le duc d'Albe exécuta la sentence : 18,000 protestants furent exécutés, 30,000 dépouillés de leurs biens, 100,000 quittèrent le pays.

Tout cela fut inutile. A deux reprises, Philippe II sans argent, dût suspendre ses payements (1575 et 1595) ; puis après avoir assisté à l'avortement de tous ses projets, à la ruine de toutes ses espérances, *le Démon du midi* mourut rongé par les poux (maladie pédiculaire), laissant UN MILLIARD de dettes (1598).

A sa mort, l'Espagne n'était plus qu'un cadavre vivant, l'Inquisition qui continuât d'y fonctionner y laissât de telles traces, qu'en 1861, *on y condamnait encore* d'honnêtes gens *aux galères, pour avoir lu une Bible protestante.*

La ruine de l'Espagne de Philippe II, est un des plus grands enseignements de l'histoire.

La Franche-Comté jouissait de la paix depuis 64 ans, à la mort de Charles Quint.

Les guerres de Philippe II y provoquèrent cinq pestes, huit invasions et une famine, de 1557 à 1587.

A ces calamités, Philippe II ajouta l'Inquisition.

Dans la seule juridiction de l'Abbaye de Saint-Claude, l'inquisiteur Henri Boguet fit mourir 15,000 personnes, parmi lesquelles beaucoup d'enfants.

Le Protestantisme, attaqué avec fureur sur tous les points de l'Europe, aurait dû succomber.

Luther et Calvin prêchaient la soumission, l'obéissance aux bourreaux.

Pendant quarante ans, les huguenots (du mot allemand *eidgenossen*, confédérés) *de France, se laissèrent massacrer sans songer à se défendre.*

Plus on en faisait périr, plus le nombre en augmentait. Il en était partout ainsi.

Partout, les bourreaux affolés de rage en voyant leur impuissance, imaginaient des supplices nouveaux, rien n'y faisait.

En Angleterre, sous le règne de Marie la Sanglante, femme de Philippe II (1555), l'évêque protestant Hooper, fut extrêmement torturé, puis après, brûlé en trois fois ; il y eut d'abord trop peu de bois ; on en rapporta ; mais trop vert, et comme le vent la détournait, la fumée ne l'étouffait pas. On l'entendait, demi-brûlé crier : « du bois, bonnes gens ! du bois ? Augmentez le feu ! » Le gras des jambes était grillé, la face était toute noire, et la langue enflée sortait. La graisse et le sang découlaient, la peau du ventre étant détruite, les entrailles s'échappèrent. Cependant il vivait encore, et se frappait la poitrine. (Michelet.)

En Belgique, les femmes étaient enterrées vivantes.

En France et dans les Pays-Bas, *des centaines d'enfants furent brûlés vifs.*

Heureusement pour la Réforme et pour le monde, que les princes du Nord de l'Europe qui s'étaient emparé des biens du clergé, défendirent leur butin avec acharnement jusqu'en 1562.

Cette année là, en apprenant le massacre de Vassy, commandé par le duc de Guise, les protestants de France coururent aux armes, et commencèrent les guerres de religion, qui ensanglantèrent le pays pendant trente-deux ans, et finirent par l'abjuration et le couronnement d'Henri IV en 1593.

En 1598, ce roi signa l'Edit de Nantes, *qui assurait aux Protestants la liberté de conscience partout, la liberté du culte dans un grand nombre de villes.*

En 1541, Ignace de Loyola fonda l'ordre célèbre des Jésuites. Cet ordre doit sa durée et son importance à son admirable organisation.

Les causes principales de sa puissance, sont les suivantes : 1° Une seule direction, celle du général élu à vie ; 2° Le recrutement dans la mesure du possible d'hommes intelligents, tenaces, souples instruits et sans aucun scrupules de conscience ; 3° l'*obéissance aveugle* aux ordres des chefs, *quels que soient ces ordres ;* 4° L'emploi *de tous les moyens* pour accroître la puissance de la Société.

On a dit de l'ordre des Jésuites, que c'est une épée dont la poignée est à Rome, et la pointe *partout.*

En 1588, pendant les guerres de religion, l'armée catholique des Guises, sans déclaration de guerre, sans que rien motivât leur infâme et lâche agression, *dans le seul but de piller et dévaster un pays protestant* paisible et sans défense, envahit le comté de Montbéliard, et le saccagea horriblement.

Aucun âge, aucun sexe ne furent épargnés ;

des enfants et des vieillards infirmes, subirent d'horribles tortures, les arches du pont de Voujaucourt, contre lesquelles ces brigands brisaient la tête des enfants du village, étaient rouges de sang, éclaboussées de cervelles.

L'occupation dura quinze jours seulement.

Pendant ce temps : *quatre temples :* ceux de Dampierre-les-Bois, Etupes, Glay et Roches-les-Blamont ; *quinze presbytères :* ceux d'Abbévillers, Allanjoie, Bavans, Clairegoutte, Dampierre-les-Bois, Désandans, Etobon, Exincourt, Montécheroux, Roches, Saint-Julien, Seloncourt, Valentigney, Vandoncourt et Villars-les-Blamont ; *dix usines :* la papeterie construite depuis peu par Foillet à Courcelles-les-Montbéliard, les moulins de Bart, Belverne, Hérimoncourt, Glay, Beaucourt, Seloncourt, *et le moulin à vent de Clémont ; huit fermes du prince :* Les fermes d'Essouaivre, Marchelavillers, Sochaux, la bergerie de Chataillon, etc., *et 709 maisons furent incendiées, 149 villages pillés.* Les villages les plus éprouvés furent : Mandeure, Montécheroux, Etupes, Saint-Maurice sur le Doubs, Bavans, Exincourt, Roches, Courcelles, Dampierre-sur-le-Doubs, Fesches, Bethoncourt, Ecurcey, Hérimoncourt, Présentevillers, Dasle, Seloncourt, Villars-les-Blamont. *Le village de Charmontey,* entre Montbéliard et Vieux Charmont, *fut entièrement détruit et ne se releva point* de ses ruines ; son emplacement est actuellement occupé par la ferme de la Grange la Dame ; *8352 têtes de gros bétail, 205,042 quartes de froment avoine et seigle, 5154 voitures de paille et foin disparurent. Les vignes de la Chaux furent arrachées.*

Des soldats ayant emmené des jeunes filles avec eux, *les vendirent sur le marché de Nancy.*

Montbéliard et Blamont, grâce à leurs fortifications, et à l'attitude énergique de leurs garnisons, ne furent pas inquiétés.

La perte totale du pays fut estimée à 3,300,000 francs (10 millions d'aujourd'hui).

Le prince Frédéric défendit ses sujets toutes les fois qu'il le put, contre les vexations des Etats voisins.

En 1594, *Claude Cuvier*, tanneur à Villars-sous-Dampjoux, fut arrêté par le fiscal de Baume-les-Dames et mis en prison à Dôle, où on allait lui faire son procès, comme protestant, si le prince Frédéric, dont il était le sujet, ne l'avait énergiquement réclamé. Cuvier rendu à la liberté, alla s'établir à Montécheroux. Ce fut un des ancêtres du grand Cuvier.

Le boulanger *Hugues Bois de Chêne*, naquit en 1585 à Montbéliard. Il composa des épitres et des élégies, dont la plupart sont restées inédites ainsi que sa *Chronique du pays de Montbéliard*, qu'il voulut faire imprimer « comme l'on met plusieurs œufs sous la poule pour couver, et en esclore plusieurs poulets ; » mais le typographe lui en ôta le moyen « par cinquante écus demandés, « de manière qu'il préféra « faire esclore son livre, sur la cendre bruslé du phénix, à cette fin qu'il fut unique »

Il ne reste de ce travail, qu'une espèce de table des matières terminée en 1665.

Les pasteurs protestants, comme les prêtres catholiques, faisaient bruler les sorciers.

Non-seulement on traitait comme tels, les charlatans qui se faisaient payer pour jeter des sorts, pour prédire l'avenir, ou qui vendaient de prétendus secrets magiques ; mais il arriva bien souvent, que l'on condamna comme sorciers, des inventeurs, des chercheurs intelligents et des libres-penseurs, qui n'avaient commis d'autre crime, que celui d'être plus intelligents que leurs juges.

C'est à cette catégorie, qu'appartenait sans doute un Japy de Beaucourt, qu'un rapport ecclésiastique de 1562, signale comme soupçonné de sorcellerie.

Nous terminons le seizième siècle, en donnant à titre de renseignement général, quelques prix relatifs à la main d'œuvre, aux vivres et aux objets de consommation usuelle.

Nous avons compté la livre tournois à 3 fr. 10 seulement, le sou à 0 fr. 155, le denier à 0 fr. 13, car l'or et l'argent avaient baissé de valeur en Europe, depuis que l'Amérique en envoyait d'énormes quantités.

Tout avait augmenté de prix, les salaires des *ouvriers* étaient plus que doublés, mais comme ils payaient tout plus cher, leur situation était à peu près la même qu'au quinzième siècle.

En revanche, les *paysans* vendaient plus cher leurs produits, et commençaient à être moins malheureux.

Salaires d'ouvriers.

A L'ANNÉE.

Premier valet de charrue.....	45 livres	139 fr.	50
Maître berger...............	36 »	111	50
Valet ordinaire de charrue....	25 »	77	50
Vigneron par arpent cultivé..	20 »	62	00
Ménagère....................	12 »	37	25
Servante....................	10 »	31	00

A LA JOURNÉE OU A LA TACHE

Maçon................ par jour	10 sous	1 fr.	55
Limousin.............. »	7 »	1	08
Manœuvre pour maçon.. »	5 »	0	77
Moissonneur, 3 boisseaux de froment par arpent.............			
Moissonneur d'avoine, par arpent.	8 »	1	24
Faucheur de pré...............	15 »	2	32
Journalier agricole, par jour d'été..	8 »	1	24
» » d'hiver	6 »	0	93
Batteur en grange.............	1	24 du blé battu.		

Prix des objets de consommation.

1 livre d'or....... 444 livres............	1376 fr.	40
1 » d'argent.. 37 » 10 sous ...	116	15
1 » de fer.............. 6 deniers.	0	08
1 » de plomb.......... 1 sou.....	0	15
1 » de cuivre.......... 3 »	0	46
1 » d'étain .... 4 »	0	62
1 » de chandelle de suif 3 »	0	46
1 » de beurre.......... 5 »	0	77
1 » de fromage......... 2 »	0	31
1 » de cire............ 12 »	1	86
1 aune de velours à 3 poils........ 11 livres le m.	28	60
1 aune de taffetas à 6 fils....... 2 » 15 sous »	7	15
1 aune damas ... 6 » »	15	65
1 mètre de satin. 6 » »	15	65
Façon d'un habit de maître 3 livres......	9	30
» valet 1 »	3	10
Souliers en veau maroquin 13 sous 4 den.	2	25
» en vache.............. 1 livre........	3	10
» bottines........... 3 »	9	30
Grandes bottes .... 7 »	21	70
12 œufs de poule........... 2 sous	0	31
1 cheval de trait......... 150 »	465	00
1 bœuf................... 50 »	155	00
1 vache................. 20 »	62	00
1 porc.................. 15 »	46	50
1 mouton................ 4 »	12	40
1 dindon................... 20 sous	3	10
1 chapon................... 7 »	1	08
1 poule.................... 5 »	0	77
1 botte de foin............. 1 »	0	15
1 voie de bois............ 4 »	12	40
100 fagots............... 5 »	15	50
1000 briques .... 12 »	37	40

Le 11 août 1550, le duc Christophe fit des remontrances sévères aux magistrats de Montbéliard et les obligea à fixer le prix de la table d'hôte dans les auberges.

« *Chacun qui y mange, doit payer trois sols bâlois, et aura pour son repas quatre bons et raisonnables mets, deux sortes de vin et du fruit.* »

Enfin, nous ajouterons qu'en 1544, les bourgeois de Montbéliard, allèrent bannières déployées à la rencontre de la femme du duc Christophe, et *pour que l'allégresse fut générale*, la municipalité fit donner *un gâteau d'un liard* à chacun des 276 écoliers de la ville.

CHAPITRE XIII

Dix-septième siècle.

Le duc Frédéric mourut en 1608, après avoir régné 50 ans sur le Comté de Montbéliard.

Son fils Jean-Frédéric lui succéda (1608 à 1617.)

Ce fut ce prince qui établit, en 1609, la *Censure* dans notre pays. A partir de ce moment, l'imprimerie de la ville ne put rien publier sans l'autorisation du Prince ou du Conseil de Régence, qui remplaçait le prince absent.

La Censure fonctionna jusqu'à la Révolution, car en 1730, l'imprimeur J.-J. Biber, qui avait imprimé un *cathéchisme catholique*, sans autorisation préalable, fut sévèrement réprimandé, et les exemplaires furent confisqués, malgré les supplications du pauvre diable, qui n'avait entrepris ce travail, que *pour ne pas mourir de faim*.

L'intolérance était partout à l'ordre du jour.

En 1613, un peintre de Montbéliard nommé *Tournier* fut condamné à la prison, pour avoir peint à Lure *l'histoire du crucifiement*.

Les pasteurs luthériens et calvinistes s'injuriaient mutuellement en chaire. Ces querelles ne prirent fin qu'en 1634, alors que les dernières familles calvinistes de notre pays eurent adopté les doctrines luthériennes.

Les successeurs de Calvin en étaient arrivés ainsi que les prêtres catholiques, à soutenir que l'humanité entière *est damnée à cause du péché originel*, et que tous ceux qui n'ont pas été baptisés, *même les enfants morts dans le sein de leur mère*, étaient rôtis en enfer, pendant l'éternité.

En Hollande, le ministre Gaulard, fut suspendu pour avoir contesté cette grotesque doctrine.

Le premier pasteur protestant, réellement digne de ce nom, fut le Hollandais Jacob von Harmine (Arminius), qui proclama *la liberté de conscience, le libre examen individuel, la libre interprétation de la Bible, l'incompétence de toute autorité humaine vis à vis de la conscience*, et qui soutint, que l'homme est libre d'accepter ou de refuser les moyens offerts par les religions, pour sauver son âme.

Mais l'ignorance était grande, et les institutions encore barbares.

Les pénalités étaient les mêmes qu'au Moyen-Age. *On coupait la langue aux blasphémateurs* (?), et *la torture* fut employée dans notre pays, jusqu'en 1789, pour obtenir les aveux des coupables, vrais ou supposés tels.

En 1645, une fille de Montbéliard, convaincue d'infanticide, subit le dernier supplice devant le Grand-Pont de cette ville. Elle reçut *quatre coups de tenailles ardentes*, un à chaque mamelle et un à chaque bras ; ensuite l'exécuteur, après lui avoir coupé la main droite, mit cette infortunée dans un sac « *qui fut jeté au plus profond de la rivière pour être noyée et suffoquée en icelle.* »

Tout le monde, les pasteurs eux-mêmes, croyaient à la sorcellerie et aux jeteurs de sorts.

En 1660, une femme d'Allanjoie fut encore brûlée devant le Grand-Pont comme sorcière.

En 1697, le pasteur Jean Parrot exorçisait au village du Vernois, un petit garçon de quatorze ans, dans le corps duquel, la bergère Sara Marion, avait disait-on introduit *deux démons*. Grâce à une forte ration de *paipet*, les deux diables sortirent, accompagnés de vents et sifflements « que les assistants ouïrent très bien. »

Il ne faut donc pas s'étonner si les pasteurs de cette époque, s'arrogeaient le droit de réglementer tous les actes de la vie privée, et s'ils faisaient intervenir le nom et la volonté de Dieu ; dans les questions les plus futiles.

En 1667, le pasteur Barthot en chaire « *invectiva* puissamment deux demoiselles de la ville, qui s'étaient transportées chez une tireuse de cartes. »

En Juillet 1665, défense aux filles de Montbéliard de porter des rubans (floquets), sur leur coiffure ; obligation de continuer « l'ancienne et louable coutume des calots » (câle en patois) affreuse et lugubre coiffure noire, garnie de bouillons et de nœuds (roses) en crêpe noir.

En décembre même année, supplique des pasteurs au duc Georges, pour obtenir l'interdiction *des martres* (fourrures), qui sont « péchés et scandales publics *au mépris des pasteurs, et par conséquent de Dieu.* »

Pourtant, le luxe n'était pas encore le travers de l'époque.

Des *escabelles et sièges à dossier* en bois, *une chaise à bras*, garnie *d'un coussin de bourre ;* un large buffet à trois ou quatre portes, quelquefois orné de sculptures grossières ; un haut *garde-robes*, des *bahuts ferrés,* un *arche banc* ou *boute-pain, des tables ; un lit* démesurément vaste, surmonté d'un *baldaquin* d'où descendaient d'amples rideaux en serge, garnis de franges ou de galons ; *quelques couchettes*, un petit *métrot* à deux étages, tel était le mobilier d'une famille.

Aux murs blanchis à la chaux étaient suspendus dans des cadres modestes, des portraits de famille, des images représentant des sujets tirés de l'Histoire sainte, et une petite glace.

Les chambres étaient mal éclairées par des fenêtres inégales garnies de petites vitres en losange, et les belles maisons seules, avaient leur escalier en escargot dans une petite tourelle.

D'un autre côté, ni les princes ni leur suite ne donnaient l'exemple d'une conduite exemplaire. La plupart avaient des maîtresses, quelques-uns étaient des ivrognes.

Quand le duc de Wurtemberg Ulric, vint à Montbéliard aux obsèques de Léopold Frédéric en 1662, ses domestiques, dit un document de l'époque « furent très satisfaits d'avoir été saouls tous les jours. »

Aussi, nos ancêtres eurent heureusement le bon sens de ne pas s'émouvoir outre mesure, et les menaces d'excommunication fulminées par leurs pasteurs, n'empêchèrent pas nos aïeules de continuer à faire de leur mieux pour plaire à nos grands pères, qui de leur côté s'amusaient à leur façon, quand l'occasion s'en présentait.

Les neuf bourgeois chargés de la police des cabarets, les fréquentaient assidûment; sans doute pour s'assurer que les vins n'étaient pas falsifiés, et quand les membres du Conseil de Régence se réunissaient, ils s'en donnaient à cœur joie.

Le 4 octobre 1661, ils offrirent un dîner à Audincourt au fils du chancelier Forstner. Voici la carte et les prix du menu.

	fr.	gros.
2 potages avec poules et viande de bœuf	3	9
2 autres poules avec andives cuites..	2	0
2 salades............................		9 »
2 jambons............................	1	6 »
1 langue.............................		6 »
A reporter.....	11	00 »

Report..............	11 fr 00 »
1 paté rond de chapon..............	1 6 »
3 carpes..............	1 9 »
2 poules d'Inde..............	5
1 oie..............	2
1 rôt de venaison..............	1
2 lièvres..............	2
1 langue de veau..............	1 2 »
1 plat de choux-fleurs..............	1 6 »
Des câpres..............	7 gros 2 blancs.
5 tant perdrix que poules de bois......	5 fr. gros.
8 bécasses..............	2
2 grives 6 allouettes..............	2 fr. 6
9 pigeons..............	3 6 »
6 artichauts..............	2
1 plat de beignets..............	6 »
1 tarte et un gâteau feuilleté..........	5 »
2 autres gâteaux..............	6 »
1 plat d'écorce de citron..............	1
1 plat de dragées et muscadines.....	1
2 plats de confitures sèches..........	2 6 »
2 citrons et une orange..............	1 3 »
2 jonchères..............	9 »
1 plat de raisin..............	4 gros 2 blancs.
Pain..............	2 fr.
19 pots de vin..............	13
Pour les chevaux..............	3
	71 francs.

Il fallait la santé robuste et l'appétit de nos pères, pour à 10 ou 12 qu'ils étaient, faire honneur à un pareil festin.

Loin d'en être incommodés, ils s'en trouvèrent si bien, qu'ils retournèrent à Audincourt le surlendemain avec leurs femmes.

Malheureusement, après boire, le *conseiller Georges Duvernoy*, se disputant avec le *prévôt Vurpillot et pensant le frapper* avec un pistolet déchargé qu'il tenait en main, donna un grand coup sur la tête *au régistrateur Thévenot*. Celui-ci voulant se révenger, s'empara du pistolet, et s'en alla cogner sur *le procureur général Jérémie Duvernoy, qu'il ne voyait point*, « tellement, qu'il y eut grand vacarme, le sieur Duvernoy voulant tout tuer. »

Il y eut pour 14 francs de verres cassés.

On ne dit pas ce que firent les dames en cette occasion.

En 1601, on posa la première pierre du temple Saint-Martin. Une inscription gravée sur cuivre, une bouteille de vin blanc et une de vin rouge, furent déposées dans les fondations de ce monument, qui fut inauguré en 1607, par les pasteurs Samuel Cucuel, Jean Thiersaut, et Nicolas Macler.

Le clocher fut terminé en 1677, et les orgues furent placées en 1755.

Les revenus des églises catholiques avaient été affectés par le duc Frédéric, à l'entretien du culte protestant et des écoles.

En 1604, les revenus des églises du comté de Montbéliard, se composaient de 5,501 livres 15 sous 4 deniers argent, 97,139 quartes de froment, 232 quartes de seigle, 7081 quartes d'avoine, 164 poules, 3 chapons, 282 livres de cire, une livre d'épices, une pinte d'huile et 25 quintaux d'orge.

Ceux des seigneuries d'Héricourt et de Châtelot, se portaient à 1,159 livres 1 sou 3 deniers en argent, 1700 quartes de froment, 246 quartes de seigle, 1943 quartes d'avoine et 162 livres de cire.

Les revenus des églises dans les terres de Blamont et Clémont, s'élevaient à 573 livres, 5 gros 10 niquets en argent, 981 quartes de froment 830 quartes d'avoine, 46 poules, 1 chapon, 65 livres de cire, 2 livres d'huile et 20 livres de chenevis.

En temps de paix, et dès 1450, *les habitants de notre pays tiraient à la cible chaque Dimanche.*

Des prix en argent étaient donnés par le domaine et par les communes.

Les tireurs étaient organisés en compagnies.

Il y a en avait deux à Montbéliard, celle des *arquebusiers* et celle des *arbalestiers*.

Les autres compagnies se réunissaient dans les quatorze villages ci-après : *Abévillers, Aibre, Allanjoie, Audincourt, Bart, Bavans, Bethoncourt, Magny-d'Anigon, Mandeure, Rainans, Sainte-Marie, Sochaux, Valentigney et Voujaucourt.*

A Montbéliard, le tir avait lieu devant le Grand-Pont, dans des loges destinées à cet usage.

Celui qui dans un exercice touchait le plus près du but, était proclamé *roi*, jusqu'à l'exercice suivant.

A partir du 17e siècle, on ne tira plus qu'au mousquet. Cet exercice cessa complétement après l'année 1676.

Chaque compagnie avait son réglement.

Celui de Montbéliard en 1599, contenait entre autres, l'article suivant : « *Item, tout compagnon étant au dit trait, et que l'un d'eux jure le diable, ou autre jurement, icelui est pour un blanc d'amende au profit de la boîte.* »

Des tirs analogues avaient lieu dans les pays voisins, car nous voyons que le 3 septembre 1615, Clerval fut complétement incendié par la faute d'un jeune homme, qui séchait de la poudre destinée au tir de ce jour là.

En plus des *compagnons du trait*, la ville avait sa *milice bourgeoise*, distribuée de *toute ancienneté*, en 4 compagnies, dont le chef ou *bandetier*, portait la bannière rouge, avec croix blanche, centrée d'une étoile d'azur.

La famille Virot, aujourd'hui éteinte, avait fourni pendant plus d'un siècle les bandeliers successifs de la milice.

En 1561, le bandelier Jean Virot, légua en mourant 2000 francs aux pauvres enfants de la ville.

A la fin du dix-septième siècle, *la milice avait l'habit bleu avec parements et revers blancs.*

Les officiers portaient en plus, une écharpe jaune et noire et une pique.

Nous avons vu que l'*Imprimerie de Montbéliard*, avait été fondée en 1586 par *Jacques Foillet* de Tarare. Sa boutique était dans le bâtiment des Halles, et sa marque était un cerf courant dans une forêt avec la devise : « *Sur les Halles.* »

L'imprimerie de Montbéliard n'a cessé de fonctionner sans interruption depuis sa création jusqu'à nos jours ; soit, plus de trois siècles.

En 1602, Foillet fut reçu bourgeois de Montbéliard, par le magistrat « certioré qu'il est de sa prud'hommie et honnête conversation. »

Les successeurs de Jacques Foillet furent de 1619 à 1679, *Foillet fils, Speckard, Ditzel* et *Hyp*. Ce dernier, *dès 1674, publiait une Almanach* intitulé le *Berger astrologue*. En 1680, *Jean Martin Biber* originaire de Thuringe, prit la suite de Hyp, et *dès 1681, publiait une gazette hebdomadaire*.

En 1754, l'imprimerie passa entre les mains de la famille Becker, qui la céda en 1796 à Jean Deckerr de Strasbourg.

Après être restée jusqu'en 1851 dans la famille Deckerr, elle devint la propriété de la famille *Barbier*. Actuellement elle appartient à M. Victor Barbier.

En 1608, fut imprimé à Montbéliard sous le nom de Trésor d'Arithmétique, un ouvrage composé par Daniel Vessaux, simple cultivateur de Saint-Julien.

Son épître dédicace au prince, lui valut une gratification de 30 francs.

En 1604, une épître envoyée au duc Frédéric par un pauvre garçon d'Etouvans, nommé Nicolas Garnichet qui l'écrivit « *avec les pieds faute de mains* » ne rapporta que quatre francs au pauvre orphelin.

En 1610, le duc Jean-Frédéric, fit fortifier le Faubourg de Montbéliard, par l'architecte suisse, *Claude Flamand*, dont le fils *Jean Flamand* ingénieur distingué, fut reçu bourgeois de Montbéliard en 1630, à « la considération de son art, et des services rendus à la dite ville. »

En 1616, Paul Payer de Schaffouse, fermier de la ferme de Chagey, construisit un moulin sur l'emplacement actuel de la forge d'Audincourt ; Mais la découverte et la mise en exploitation d'une mine de fer au canton de Pesol, près la forêt du Chénois, sur le territoire de Montbéliard, engagea Payer à construire à côté de son moulin, un haut-fourneau, et des feux de forge.

Vendu au domaine du prince, en 1628, pour la somme de 7,700 florins, cet établissement fut ensuite loué à bail, pour des sommes variant de 7 à 10,000 francs.

Pour ce prix, le fermier, en plus de la jouissance de l'usine, pouvait exploiter gratuitement toutes les mines du Comté de Montéliard, et recevait plusieurs milliers de toises de bois, à un prix très au-dessous de la valeur réelle.

Ces avantages permirent au fermier Barbaud d'acheter avec ses bénéfices, la baronnie de Florimond et d'en prendre le titre.

En 1670, la forge d'Audincourt fabriquait 663,450 livres de fer.

Onze ans plus tard et pendant l'occupation française, les deux forges de Chagey et Audincourt étaient louées ensemble 25,000 francs, et produisaient 1,232,000 livres de fer, qui, livré au marchand à 7 livres le quintal, était vendu au public 8 livres 5 sols. A Besançon en 1681, la livre de fer en bande coûtait 3 sols de Comté.

Les chefs fondeurs touchaient 4 livres par semaine, et les ouvriers 2 livres 8 sols, à 3 livres 4 sols.

Le succès de ces forges encouragea d'autres tentatives.

Un haut-fourneau fut fondé à Blussengeaux en 1649. et un autre à Meslières en 1683.

Une tréfilerie et un martinet furent installés à Saint-Valbert.

Ces établissements n'eurent pas de durée, et disparurent peu de temps après.

Les soufflets des feux de forge étaient encore les mêmes qu'au seizième siècle, c'est-à-dire en bois et en cuir, pareils à ceux des maréchaux de nos villages.

En 1612, une *papeterie* fut installée à Belchamp, mais elle disparut en 1628.

Celle de Glay, fondée en 1663 par E. Ponnier, d'Héricourt, subsista jusqu'en 1847.

En 1617, le duc Jean-Frédéric céda le comté de Montbéliard à son frère Louis-Frédéric (1617 à 1631).

Cette année là, naquit à Montbéliard, Abraham Marconnet, qui fut plus tard docteur en droit et conseiller du duc de Saxe-Barby.

En 1624, l'épouse de Louis-Frédéric mourut au château de Montbéliard, des suites de ses couches. Sa mort fut annoncée, dit-on, par l'*apparition de la Dame Blanche*, errant la nuit dans les corridors du château.

D'après une légende allemande, la Dame Blanche était l'âme de la duchesse d'Orlamunde en Thuringe, meurtrière de ses deux enfants, et son apparition annonçait la mort prochaine d'un membre de la famille de Vurtemberg.

En 1618, l'affreuse *guerre de Trente Ans*, éclata entre les princes protestants et l'empereur d'Autriche.

Cette guerre qui dépeupla et dévasta l'Allemagne toute entière, devait ruiner complétement notre malheureux pays.

A partir de l'année 1627, des calamités de tout genre commencèrent à s'abattre chez nous.

La peste d'abord, la disette ensuite.

Le blé atteignit un prix excessif. En 1628, le peuple dut se nourrir de pain d'avoine, *et les pauvres n'eurent autre chose que l'herbe des champs.*

« C'est chose grandement piteuse, que d'être présentement au monde » écrivait un contemporain.

Cette année-là, un événement bizarre vint rappeler deux événements analogues de l'année 1288, où près de Montbéliard, des nuées d'oiseaux rassemblés, s'étaient livré un combat sanglant, où il en périt plus de 300 ; tandisque le même jour et à peu près au même endroit, des bandes de porcs s'étaient entre-mordu avec tant d'acharnement, qu'il en resta une grande quantité sur place.

Cette année là « L'on a vu sur la ville grandissime nombre d'oiseaux que l'on a dit être des *tayottes* (corneilles) en trois bandes, s'allèrent rencontrer les unes à l'encontre des autres, comme si c'étaient trois divers partis contraires s'entrechoquant l'un sur l'autre avec grand bruit et grands cris. Dieu nous préserve de mauvais présages ! Cela a duré quelques jours. » Tel est le récit d'un contemporain.

Ses vœux ne furent pas exaucés, car l'année suivante une armée d'Autrichiens vint prendre ses quartiers d'hiver dans notre pays où elle leva force contributions.

Ce n'était que le prélude des souffrances que nos pères devaient endurer *pendant près de vingt ans*, et pourtant, déjà le boulanger Hugues Bois de Chêne, écrivait tristement dans sa chronique : « *Nous pouvons bien méritoirement dire, que nous sommes parvenus en des temps de pleurs et de gémissements.* »

Les événements d'Allemagne étaient de nature à épouvanter les plus courageux.

« Le 20 mai 1631, le général autrichien Tilly, avait emporté d'assaut la ville *protestante* de Magdebourg.

Toute sa population, 30,000 âmes, hommes, femmes, enfants, et vieillards, fut égorgée par les Impériaux, la ville incendiée ensevelit ses habitants sous ses ruines fumantes.

« Le vainqueur, dans sa joie infernale, comparait le sac de Magdebourg aux grandes destructions de Troie et de Jérusalem. » H. Martin.

Au mois d'août 1636, 300 paysans armés vinrent à Montbéliard, pour aider les bourgeois à monter la garde. L'ennemi approchait.

Le 26 octobre, Louis-Frédéric mourut au château de Montbéliard. Son corps fut exposé dans la *Salle des Vassaux* « gisant sur un lit et *materat* posé par terre, habillé d'un habillement de velours noir figuré, un bonnet de velours noir en la tête, botté avec des bottes de cuir blanc et des éperons dorés, et fut permis à toute sorte de personnes de l'aller voir. »

Son fils Léopold-Frédéric lui succéda (1631 à 1662.)

A partir du mois de Septembre 1631 jusqu'au traité d'Osnabruck en 1646, l'histoire de notre pays n'est plus que le récit monotone d'invasions succédant à d'autres invasions, de pillages, d'incendies, de tueries et de destructions.

Trop faible pour résister, Léopold Frédéric implora la protection de la France.

Pierre Vessaux, *Jérémie Duvernoy*, et le chancelier *Christophe de Fortsner*, furent envoyés à maintes reprises auprès de Louis XIII et de Richelieu, pour en obtenir des troupes ou des secours en argent.

Il entrait dans la politique de la France de soutenir les protestants d'Allemagne, et Richelieu envoya des troupes françaises à Montbéliard.

Malheureusement la France n'avait pas d'argent. Après l'assassinat de Henri IV, et pendant la régence de Marie de Médicis, les finances de la France avaient été honteusement gaspillées, et les grands seigneurs avaient extorqué des sommes énormes à l'Etat.

Condé en avait tiré 3,665,990 livres, le comte de Soissons 1,600,000 livres, le prince de Conti

1,400,000, Longueville 1,200,000, Mayenne 2,000,000, Vendôme 600,000, Epernon 700,000, Bouillon 1,000,000 et le reste à l'avenant.

Les coffres étaient vides lorsque Richelieu rentra au Conseil des ministres le 26 avril 1624, et les luttes continuelles que ce grand homme avait à soutenir, à l'intérieur contre les grands seigneurs et les huguenots révoltés, à l'extérieur, contre l'Espagne, l'Angleterre et l'Autriche, absorbaient tous les revenus du pays.

Aussi, *les troupes françaises* qui vinrent prendre garnison dans le comté de Montbéliard, ne *recevant aucune solde* de la France, *vivaient sur le bourgeois et sur le paysan*, et se conduisaient chez nous comme en pays ennemi.

« Pendant la protection du roi, écrivait plus tard le duc Georges, les capitaines y ont sans cesse forcé et desbauché les filles et les femmes, volé sur les chemins les charriots des princes et ceux du pays, pillé les bestiaux des bourgeois, mis des impôts sur les chemins quand bon leur semblait, bruslé les châteaux, tué les bourgeois, mis la main sur les officiers des princes dans la ville même pour les assassiner, affiché des satires devant le logis des ministres de Jésus-Christ, traisté avec les Bourguignons les ennemis communs pour aller les uns de ça, les autres de là, et laissé les bourgeois à la mercy des Comtois qui les ont rançonnés, et partagé peu après la rançon avec ces traistres. »

Quand les troupes qui devaient protéger notre pays, se comportaient ainsi, il est facile de se rendre compte de ce que devaient faire les soldats ennemis qui se succédaient sans relâche : Impériaux, Francs-Comtois, Italiens, Bourguignons ou Lorrains.

Puis venaient ensuite des armées françaises et des troupes Suédoises, qui loin de se conduire en alliées, enlevaient ce qui avait échappé à l'ennemi.

Les Suédois commirent de tels excés à Allondans et dans les environs, que de nos jours encore, nos paysans disent : *Mà tan tiuai lou Schvède*, que le tonnerre tue le Suédois.

En 1635, la peste enleva les *deux tiers* de la population de notre pays. A Montbéliard seulement, 2,000 personnes dont 585 bourgeois en moururent. A Héricourt, il ne resta que quarante chefs de famille.

En 1637, les terres étaient partout en friche, et les rares habitants qui avaient échappés à la peste, ou qui ne s'étaient pas enfuis à l'étranger, allaient chaque semaine en Suisse vendre le peu de choses qui leur restait, pour acheter du blé ou de la farine qu'ils rapportaient péniblement sur leur dos, afin d'entretenir leurs familles et les soldats logés chez eux.

En 1633, on fit l'inventaire des armes contenues dans l'arsenal de Montbéliard, qui consistaient en canons, mortiers, fauconneaux de fonte et de fer, double hocques, pièces à croc, arquebuses et mousquets tant à mêche qu'à rouet, piques, rondaches, assorties de cuirasses, casques, cuissards, brassards, bandoulières en buffle, etc.

Les bourgeois de la ville s'en servirent vaillamment, toutes les fois qu'ils ne se trouvèrent pas en face de forces trop considérables.

En 1638, une troupe de 1500 Francs-Comtois étaient venue couper les blés en herbe de Bart, Courcelles et Sainte-Suzanne. Ils furent battus par les bourgeois unis à la garnison, et durent se retirer après une défense opiniâtre, laissant beaucoup d'entre eux sur le terrain.

En 1640, les Francs-Comtois avaient pillé Grandvillars, les bourgeois de Montbéliard les attaquèrent près de Mandeure, les mirent en déroute, et leur reprirent les prisonniers et le butin qu'ils emmenaient.

Les habitants d'Héricourt se défendirent de même avec courage en 1637, contre 6,000 Autrichiens du général Gallas, qui assiégeaient la ville, contre laquelle ils tirèrent 500 coups de canon.

Les habitants *hommes et femmes* firent une sortie, et détruisirent la batterie qui les incommodait.

Les assiégeants se retirèrent à l'approche d'une armée française, après avoir perdu dit-on 800 hommes.

Le bourg fortifié de Saint-Hippolyte, qui tenait avec les Franc-Comtois contre notre pays, fut assiégé deux fois.

En 1637 il repoussa vaillamment les troupes françaises de Grancey, mais en 1639, il fut pris par les Suédois, et les habitants durent se réfugier *dans la caverne du Château de la Roche.*

Le village de *Valoreille* près de Sainte-Marie fut détruit par les Impériaux en 1639, et *ne se releva plus*. Ses habitants allèrent se fixer à Sainte-Marie.

Le village et la saline de Saunot, incendiés au quinzième siècle par Charles le Téméraire, puis par les Guises en 1588, furent encore une fois détruits par les Francs-Comtois en 1639.

La Franche-Comté appartenait encore à l'Espagne. Attaqué avec fureur par les Français et les Suédois, *ce petit coin de terre* alors notre ennemi, *tint vaillamment tête à l'orage pendant dix ans.*

En 1636, le prince de Condé assiégea, bombarda et mina inutilement la ville de Dôle, pendant douze semaines.

Malgré la peste, une famine terrible, malgré les ravages et les cruautés des Suédois, qui massacraient et incendiaient tout : Besançon, Salins, Dôle et Gray ne purent être pris par l'ennemi, que harcelaient continuellement le baron d'Arnans, et le corps franc de Jean Varaz, vieux soldat intrépide, à qui son cri de guerre fit donner le nom célèbre de *capitaine Lacuzon*, et la

Comté eut la gloire de faire signer un traité de paix par Mazarin en juin 1644.

Mais *tous les villages étaient brûlés, et le pays,* écrivait le marquis de Monglat, *désert comme s'il n'eut jamais été peuplé.*

Le célèbre dicton : *Comtois rends-toi ! Nenni ma foi,* date de cette guerre.

Nous citerons encore parmi les faits principaux de la guerre de Trente Ans dans notre pays, la défaite de 4000 paysans de la Haute-Alsace, qui, exaspérés par les mauvais traitements des Suédois, s'étaient soulevés, avaient surpris et massacré les garnisons d'Altkirch et de Ferrette, puis étaient venus attaquer Belfort.

Ils furent tous tués par les Suédois près de Danjoutin, au lieu dit « *pré de la guerre ou champ du massacre.* »

Notre malheureux pays fut tellement ruiné, qu'en 1662, c'est-à-dire 16 ans après la guerre, une ordonnance du duc Georges disait : « Les campagnes et les prairies sont crues en rapailles et en buissons, et nonobstant tant d'années de calme et bonace, le pays n'a pu encore être rétabli. »

Aussi, quand le traité d'Osnabruck, mit fin à la guerre en 1648, et que les garnisons françaises évacuèrent le pays, la joie fut immense, et dans chaque église eurent lieu des cérémonies d'actions de grâce « pour un si grand bienfait. »

A ce moment, écrivait un contemporain « *la plupart des sujets du prince ne vivent plus que de glands, racines ou charognes, jusqu'à ne s'abstenir chose horrible, même de la chair humaine.*

Le duc Léopold Frédéric fit remise à ses sujets des redevances arriérées, en voyant, dit son ordonnance « les terres réduites en déserts et sans culture, les masures incendiées, et la plus grande part des habitants partis ou morts de misère. »

Il ne faudrait pourtant pas croire que ce prince s'affligeait outre mesure des maux de ses sujets, car *pendant toutes ces calamités, il donna constamment 4000 livres de pain par semaine à ses chiens*. L'année de sa mort, 400 journaux de terre étaient en friche, à cause des ravages du gros gibier.

Ce mauvais prince, qui de plus était ivrogne, mourut en juin 1662. Il était malade depuis le mois de Novembre précédent, et cette maladie fut cause, *que le Bon An ne fut pas chanté cette année là dans la nuit du 31 décembre*.

On voit que notre vieille chanson du Bon An est très ancienne.

En 1649, des Vaudois du Piémont, persécutés pour leurs croyances religieuses, se réfugièrent dans notre pays, où ils apportèrent dit-on, l'usage et la fabrication du *serré* (lait caillé, pressé et égouté), le charmant costume porté naguère encore par nos paysannes protestantes, et le *bonnet à Diairi*.

Le comte Georges (1662 à 1699), prit le gouvernement de notre pays, après la mort de son frère Léopold Frédéric.

Ce prince, fit ce qu'il put pour relever notre pays ruiné par la guerre de Trente Ans. Malheureusement il était un peu fou, et s'obstinait souvent dans des idées bizarres ou extravagantes.

De plus, il consacrait tout son temps à des pratiques de dévotions ridicules.

Chaque jour « *il lisait soixante chapitres de la Bible et récitait douze prières, plus une oraison* qu'il avait lui-même composée, et *qui durait trois heures entières ; en outre, il chantait douze cantiques. Le dimanche il redoublait de dévotion*, et chantait, priait, lisait, deux fois plus que les jours ordinaires. Il avait lu 1500 fois la Bible entière. Ainsi occupé, il lui restait peu de temps pour s'occuper de notre pays.

Il disait parfois : « un prince destiné à régner n'a besoin de rien apprendre, la **Providence** en l'appelant au trône, *saura pourvoir à l'instruction qui lui manque.* »

Son fils Léopold Eberhard, élevé d'après ces principes, savait à peine lire et écrire.

En 1668, le prince Georges perdit le meilleur et le plus instruit de ses conseillers, *Christophe de Forstner.* Pendant 37 ans, cet homme remarquable resta constamment fidèle à la maison de Vurtemberg, malgré les brillantes propositions qui lui furent faites de différents côtés.

C'était un homme d'une intelligence vaste et profonde, qui rendit d'éminents services à notre pays, dans ces temps de guerre, de peste et de famine. Il fut inhumé le 3 janvier 1669 dans l'église du village de Dambenois, que le prince lui avait donné en fief, pour le récompenser de ses services.

En 1665, un bourgeois de Montbéliard nommé *Rayot,* qui avait habité la Guinée pendant sept ans, fut admis en audience près du duc Georges, auquel il raconta ses voyages.

En 1674, le comte Georges fit construire une *école française* sur la Place St-Martin.

Le bâtiment de cette école, fut occupé de nos jours et jusqu'en 1869 par l'*Ecole modèle,* destinée à former des instituteurs protestants.

En 1670, le Collège fut inauguré dans le bâtiment dont il reste encore une partie près de l'église catholique.

Si Montbéliard avait des écoles, en revanche, nos campagnes au sortir de la guerre de Trente Ans, étaient peu avancées sous le rapport de l'instruction. En 1673, dit un rapport du surintendant : « Il n'y a pas un seul homme d'âge à *Ecurcey,* qui sache chanter à l'église ou écrire son nom ; des jeunes gens, à peine *six* peuvent le faire. A *Saint-Julien,* si l'on n'y met ordre, il n'y aura bientôt plus personne qui saura lire les ordres du Conseil. Si les campagnes avaient été ravagées et dépeuplées pendant la guerre de Trente Ans, la ville de Montbéliard avait été ruinée. A la date du 23 juin 1665, le conseiller Perdrix écrivait : « Tandis qu'on estait à l'église, est tombée une maison en la rue de la Rouchotte. — Et le 10 juillet : — Les sieurs maîtres bourgeois Dargent et Tuefferd, ont esté faire visite par la ville avec maître Estienne le charpentier, pour voir les maisons ruineuses, et y mettre du remède. » Mais nos pères n'étaient pas au bout de leurs peines, de nouveaux malheurs allaient encore s'apesantir sur eux, et les faire tomber dans un tel découragement, qu'ils restèrent près d'un siècle pour secouer leur torpeur et se remettre sérieusement au travail.

Dès 1664, on prévoyait déjà que la France voulait s'emparer de la Franche-Comté encore espagnole, et que le petit pays de Montbéliard risquait fort d'être compris dans cette annexion.

En 1668, Louis XIV s'empara en 15 jours de la Franche-Comté, que l'Espagne épuisée, ruinée, dépeuplée, ne pouvait plus défendre. Pendant cette campagne, *le capitaine Lacuzon* voulut recommencer la guerre de partisan, mais abandonné de tous, *il alla mourir de faim ou de chagrin* dans la grotte de la Franée, où il avait l'habitude de se retirer.

Quelques mois après la Franche-Comté était rendue à l'Espagne, par le traité d'Aix-la-Chapelle,

La France n'avait reculé que pour mieux sauter.

En janvier 1674, les Français rentraient en Franche-Comté, et le massacre des habitants de Faucogney, qui avaient toujours été regardés comme les meilleures soldats Comtois, terminait le 4 juillet l'indépendance Franc-Comtoise.

Le traité de Nimègue en 1678, fit passer sans retour la Franche-Comté au nombre des provinces françaises.

Pendant ces événements, notre pays eut énormément à souffrir des allées et des venues continuelles des corps français qui le traversaient, pillant partout sans s'arrêter.

Le 7 Novembre 1676, le maréchal de Luxembourg s'empara de Montbéliard *par surprise*, et depuis ce jour, jusqu'à la paix de Rysvick en 1697, *pendant 21 ans, les Français ne quittèrent plus le Comté de Montbéliard, qu'ils traitèrent en pays protestant conquis.* Montbéliard fut pillé, la bibliothèque et les riches collections d'antiquités romaines du Château furent dévalisées, les tombeaux des princes enterrés à l'église St-Maimbœuf furent ouverts, et leurs ossements jetés à la voirie,

Tout le matériel de guerre du pays, et plus de 150 canons, le tout valant plus de deux millions de francs, fut enlevé. Les habitants durent fournir d'énormes réquisitions, et deux capucins s'emparèrent du Collège nouvellement construit, et de l'église St-Maimbœuf, pour y installer le culte catholique.

Deux mois après, le 10 janvier 1677, Louis XIV voyant qu'il ne pouvait conserver Montbéliard, et ne voulant pas laisser une place de guerre aussi importante à ses ennemis, donna l'ordre à Louvois ministre de la guerre, d'en faire démolir toutes les fortifications.

Les Français et 400 paysans y travaillèrent, la mine aidant ; et Montbéliard regardé jusque là comme une place imprenable, devint une ville ouverte et sans défense. Héricourt et Blamont subirent le même sort.

En 1679, *neuf grandes caisses pleines de documents furent enlevées des archives de la ville* qui étaient alors dans le bâtiment des Halles, et transportées à Besançon.

Le pays plein de troupes françaises que les habitants devaient entretenir, se dépeupla de nouveau, car tous ceux qui le pouvaient, s'en allaient, pour échapper à des charges écrasantes.

Pour empêcher cette émigration, défense fut

faite au nom du roi, de quitter le pays, sous peine de confiscation de tous les biens des absents.

D'un autre côté, les Français voulant rétablir le catholicisme dans la principauté, accablèrent de vexations les protestants, promettant de grands avantages à ceux qui se feraient catholiques. Malgré cela, bien peu changèrent de religion.

En 1697, Louis XIV rendit la principauté de Montbéliard au duc Georges, qui rétablit le protestantisme, mais en 1699, un corps de 1000 soldats français vint rétablir un curé au Collège.

Pendant les 21 années d'occupation française, les pertes subies par le domaine et les habitants, s'élevèrent à la somme énorme de 3,664,476 livres tournois (11 millions de francs.)

Le duc Georges mourut en 1699, et son fils Léopold Eberhard, lui succéda.

Dans le commencement du 17e siècle, les loups étaient tellement nombreux dans nos campagnes, qu'en 7 années, le duc Louis Frédéric seul, en tua 108 de sa main.

Pendant les longues années de guerre qui suivirent, ces animaux, gorgés de chair humaine sur les champs de bataille, devinrent plus nombreux et plus hardis.

En 1695 et 1696, plusieurs enfants du pays furent victimes de leur férocité.

Jusqu'ici, nous n'avons dit que peu de choses de la construction et des agrandissements successifs de la ville de Montbéliard, et le peu que nous en avons dit, se trouve confondu avec le reste de notre récit.

Nous croyons nécessaire de revenir sur ce sujet, et d'en faire l'objet d'un chapitre spécial, dans lequel nous reprendrons l'histoire de la ville elle-même, depuis son origine, jusqu'à l'époque où la vieille forteresse des Montfaucon disparut pour jamais, sous la pioche des mineurs de Louis XIV.

ANCIEN MONTBÉLIARD

A son origine, Montbéliard était tout entier construit sur le rocher qui porte le Château actuel.

Ce rocher, *n'était pas séparé de la colline du Thiergarde, il en était au contraire, le prolongement.*

La Luzine, serpentant dans la plaine, se jetait alors dans l'Allan, *à l'endroit où se trouve aujourd'hui l'abreuvoir des Graviers.*

Ce n'est qu'à la suite de grands travaux successifs, qu'un vide énorme s'est creusé entre le château et la colline, et que la Luzine, détournée de son cours primitif, vint rejoindre l'Allan à l'endroit du Grand-Pont.

Pendant longtemps, aucune écluse ne barra le cours de l'Allan et ne fit refluer ses eaux. Le paisible et profond bassin où se mirent aujourd'hui les jardins du Faubourg, n'existait pas. L'Allan, claire, rapide et peu profonde, clapotait sur les cailloux de son lit, ou murmurait en contournant de petites iles verdoyantes, entourées de roseaux.

Les iles ont disparu naguère, mais l'Allan, quand les vannes de la vieille filature sont levées, redevient à peu près ce qu'elle était jadis.

Pas besoin n'était d'un pont, car on traversait facilement la petite rivière à gué, en face des Poudries.

Qu'était le premier Montbéliard ? on l'ignore.

Après l'écroulement du monde romain, la nuit se fit sur notre pays, et le livre de son histoire resta fermé pendant quatre siècles.

Etait-il Burgunde ou Franck, le chef à la longue chevelure, qui pour loger *sa truste*, bâtit le château que la légende de St-Valbert nous fait vaguement entrevoir dans la nuit profonde des temps barbares ?

Est-ce à l'époque obscure, où bénies par les évêques, les bandes farouches des premiers Mérovingiens, promenaient dans les Gaules leurs francisques ensanglantées ? Est-ce plus tard ? On ne sait.

A t-il vu notre vieux rocher, passer à ses pieds les féroces guerriers de Frédégonde, l'implacable reine de Neustrie : A-t-il entendu retentir, le mugissement redouté du cor d'ivoire des Normands ? A-t-il arrêté la course furieuse des légers escadrons Sarrazins ?

Peut-être.

Le peu que l'on croit savoir, c'est qu'au 10e siècle, un vieux donjon, bâti à l'extrémité du rocher, dominait la plaine, et qu'un fossé coupant le roc à la hauteur de la porte actuelle du château, séparait son enceinte de l'église St-Maimbœuf, autour de laquelle étaient probablement groupées, les humbles cabanes de la bourgade naissante.

Puis, plus rien, la nuit pendant deux siècles encore,

De 1103 à 1162, pour isoler le château de la colline, Thierry II, fit couper verticalement le rocher jusqu'au niveau de la plaine, et sur le bord de ce fossé, construisit un nouveau donjon qu'il nomma *Châtel Derrière*. L'ancien prit dès lors le nom de *Châtel Devant*.

Le fond de cette première coupure, devint le chemin qui passe encore au pied des tours

Plus tard, de l'autre côté de cette coupure qui ne suffisait plus à garantir les abords du vieux manoir, on construisit un petit fort détaché *(le Chat)*.

Plus tard encore, (1507) pour isoler le petit Châtel à son tour, on pratiqua une deuxième coupure verticale (*la Tranchée*), descendant comme la première jusqu'au fond de la vallée.

Enfin, de nos jours, le chemin de fer vint balayer les ruines et le massif de l'antique petit

Châtel, éventra le rocher et le coupa au rez de la colline.

Peu à peu, les petites cabanes serrées autour de l'église descendirent timidement dans la vallée, s'éparpillant autour du vieux donjon, seul refuge au premier cri de guerre.

Un jour, une grande rumeur emplit tout le pays.

De nouveaux mots, libertés, franchises, volaient de bouche en bouche. Sonnez trompettes ! voici venir à cheval, dans sa cote armoriée, le héraut d'armes de Renaud de Bourgogne.

Oyez manants et vilains, le noble comte fait assavoir à tous, qu'il octroye des franchises à sa bonne ville de Montbéliard, et que les serfs de ses domaines exceptés, tous peuvent venir y prendre part (1283.)

Beaucoup accoururent, et bientôt trois rues entourées d'une enceinte de murailles, s'élevèrent au pied du vieux château.

Ce fut d'abord la rue du Patet, qui beaucoup plus tard, s'appela rue Derrière dessus, rue de Belfort ensuite.

Puis ce fut la rue Vacéville, qui devint la rue Derrière dessus ; puis enfin la rue de l'Aguillon qui coupait les deux premières et longeait le côté Nord du Château.

L'enceinte enveloppant ces trois rues, en faisait un petit bourg fortifié ayant trois portes.

Ce fut le premier bourg.

Mais les mots magiques, liberté, franchises avaient produit leur effet. Le premier bourg à peine construit se trouva trop petit, il fallut en construire *un second, le Bourg Vauthier,* puis un *troisième, le Bourg Saint-Martin* (1293) les deux, entourés de fossés et de fortes murailles, ayant leurs portes comme le premier. En quinze ans, ces trois bourgs furent bâtis.

Et cela, pendant que de nouveaux arrivants

bâtissaient de nouvelles rues entre les bourgs ou à côté. La rue des Granges (1321), la rue Sur l'Eau (1327), la rue des Febvres (1350), la rue de l'Etuve (1358.)

Les deux bourgs, Vauthier et Saint-Martin ainsi réunis, se mirent en communication avec le premier, par la *rue des Etaux* en 1334, alors *qu'un quatrième bourg* bâti déjà, *celui de l'Aule ou des Halles*, était fortifié par les derniers Montfaucon.

Quatre bourgs fortifiés communiquant ensemble par des portes garnies de herses de fer, voilà Montbéliard à la fin du Moyen-Age.

Cette façon de construire, bizarre en apparence, était obligatoire.

En ces temps de guerres incessantes, le mur d'enceinte d'une ville était sa seule sauvegarde. L'ennemi guettait aux portes. Il fallait se tenir constamment enfermé, sous peine de pillage et d'incendie, et les murailles séparant deux bourgs voisins, ne pouvaient être abattues qu'après l'achèvement complet du dernier bourg construit.

En moins d'un siècle, la fiévreuse activité de nos aïeux avait transformé l'humble village de Renaud de Bourgogne, en une grande forteresse, abritant toute une population de paisibles travailleurs.

Cela fait, et comme s'ils eussent attendu pour disparaître, l'achèvement de la ville qu'ils avaient fondée, les derniers Montfaucon descendirent dans la tombe, et les siècles suivants, n'eurent qu'à perfectionner l'œuvre de nos premiers comtes.

La rue Entre les Portes et le quartier des Tanneries, furent bâtis à l'époque où le Faubourg fut construit et fortifié, c'est-à-dire vers la fin du dix-septième siècle.

Le château remanié à différentes époques, changea plusieurs fois de disposition et d'aspect.

De l'ancien manoir féodal il ne reste que deux tours, celle du Nord, tour Bossue, bâtie par la comtesse Henriette de Montfaucon en 1424 ; celle du Midi, tour Rouge, construite par le comte Frédéric de Vurtemberg en 1572.

Le petit *fort de la Croste* (Citadelle), dominait depuis bien longtemps le petite ville, quand en 1488, on en fit une grande forteresse, munie d'un énorme donjon.

Ce fut alors que s'éleva le bastion hexagonal de la *Miche de pain*, au milieu duquel était une tour.

De tout cela, et des remparts de la ville, que reste-t-il ? Quelques rares vestiges, et sur la Citadelle, un plateau désolé.

Pendant ces agrandissements successifs, la *Luzine*, convertie en fossé, et coulant au pied des murs d'enceinte, *changea très souvent de place et de direction.*

Ce ne fut qu'à la suite de nombreux changements, qu'on lui creusa définitivement son lit actuel.

Le ruisseau qui longe aujourd'hui la promenade des Fossés, fut d'abord alimenté par la *Luzine, qui de plus fit tourner pendant longtemps le moulin de la Schliffe.* Ce n'est qu'en 1707 qu'elle fut remplacée par une déviation de la Savoureuse, amenée de Charmont par le canal de la Prairie.

Les premières *Halles* de Montbéliard étaient en bois. Le bâtiment actuel qui les remplaça, fut commencé en 1536, l'aile droite en 1572, l'aile gauche en 1624.

Le premier *Hôtel-de-ville*, antérieur à 1470, avait 40 pieds de plus en longueur que le bâtiment actuel, qui fut construit en 1776.

Le premier avait duré plus de trois siècles.

Comme toutes les anciennes villes, Montbéliard était moins beau que pittoresque. Si l'on en croit les ordonnances de police des seizième et dix-septième siècle : « il y avait telle abondance de bouements (fumiers) et encombres dans ses rues, qu'il était quasi impossible d'y passer. » *Pendant le service divin* dans les églises, *les rues étaient barrées avec des chaînes de fer*.

Les rues étroites et tortueuses, pavées depuis 1460, n'étaient nettoyées que par les inondations, qui chaque année enlevaient les immondices.

De plus, elles n'étaient pas éclairées la nuit.

Il y avait bien au coin de chacune d'elles, *des fers à flambeaux* (porte torches), mais ils n'étaient utilisés qu'en cas d'alerte nocturne, guerre ou incendie.

Plus tard, à la fin du dix-huitième siècle, on suspendit à ces crochets des pots de terre plein d'huile, où nageait un gros mèchon de filasse, dont la clarté douteuse, pendant les nuits obscures, guidait un peu les passants attardés.

Chaque famille avait sa lanterne, et cet usage se conserva longtemps, car en 1848 encore, on ne sortait guère le soir, que muni de cet instrument indispensables.

Après la cloche du couvre-feu, le silence des rues n'était plus troublé que par les hommes *du guet*, chargés, les uns d'annoncer les heures *en patois*, les autres de veiller à la sûreté et au repos public.

Dans certaines rues mal famées, on ne s'aventurait le soir qu'avec crainte et tremblement.

La rue du Pont du Moulin, sombre entre toutes, sinistre la nuit avec ses voûtes basses, longeant le ruisseau, était hantée par les mauvais esprits.

A minuit, à l'heure des apparitions fantastiques et des revenants, à l'heure où les follets dansent en rond sur le sommet du Mont-Bart, à l'heure où les sorcières à cheval sur leur balai, s'élancent de leur cheminée pour aller au sabbat, à l'heure enfin, où tout bourgeois honnête ronfle paisiblement sous son immense *douvot*, *une truie accompagnée de sa famille*, se montrait à l'entrée des voûtes de la rue du Pont du Moulin, pendant que la vieille roue détraquée gémissait lugubrement dans l'ombre, en battant l'eau noire du ruisseau.

C'est alors que l'âme d'une mère dénaturée, la Dame Blanche, venait dans les corridors du Château, annoncer la mort prochaine d'un membre de la famille de Vurtemberg.

Alors, chaque ruine avait sa légende, chaque forêt avait sa sombre histoire, chaque village avait son sorcier.

Ignorance, disent les matérialistes, *fleurs des ruines et poésie*, répondent les penseurs, rêvant aux générations disparues qui ont aimé, souffert, travaillé avant nous, et qui sont parties emportant dans la tombe, leurs chants mélancoliques, et leurs contes naïfs des longues veillées d'hiver.

Il n'y avait à Montbéliard ni grandes fortunes ni grandes misères. Chacun vivait de son gain journalier, quelques uns du mince revenu de leurs petites propriétés.

Nos pères n'ayant pas de besoins, se contentaient de peu.

Protestants, ayant peu de relations avec les pays catholiques ennemis dont ils étaient entourés, obligés en quelque sorte de se subvenir à eux-mêmes, de vivre entre eux, ils s'entraidaient mutuellement, se mariaient ensemble, et formaient une grande famille.

C'est pourquoi, une quantité d'anciens noms se sont perpétués chez nous à travers les siècles, depuis la fin du Moyen Age jusqu'à nos jours. C'est pourquoi beaucoup de familles de notre pays portent le même nom, tout en étant complétement étrangères les unes aux autres. Souvent il faudrait remonter bien loin dans le passé, pour trouver la source commune de leur origine.

A la fin de notre ouvrage, nous reviendrons encore une fois, sur le Montbéliard disparu.

Industrie et Découvertes.

Avant le dix-septième siècle les grandes lois naturelles étaient inconnues, et les savants ne savaient rien. Leur science était un mélange confus de suppositions naïves, de rêveries étranges, et de vérités mal comprises.

Les formules magiques étaient en honneur, et le Diable était regardé comme le compagnon obligé du savant.

Ce fut au dix-septième siècle, que furent posées les bases de la science moderne, dont les découvertes dépassent déjà les rêves fantastiques des conteurs arabes, et dont la marche vers l'inconnu est tellement sûre, que la foule ne croit plus à l'impossible, et s'étonne, s'impatiente même, de la lenteur que mettent les savants, à résoudre les problèmes les plus ardus.

A partir du dix-septième siècle, le cercle des connaissances humaines s'élargit tellement, que leur résumé seul nous ferait sortir du cadre restreint que nous nous sommes imposé.

Nous ne nous occuperons plus que des inventions principales ayant rapport à l'industrie.

Nous parlerons d'abord de la *machine à vapeur*, qui a complétement bouleversé les anciennes industries, et changé les conditions d'existence des peuples.

La machine à vapeur n'a pas été inventée par un seul homme. Elle n'est que la réunion d'une foule d'idées successives, sorties de têtes différentes, le résultat du travail d'un grand nombre d'inventeurs.

Depuis la plus haute antiquité, les hommes

savaient qu'en échauffant de l'eau dans un vase fermé, ce vase éclate, ou que la vapeur s'en échappe avec force. Quelques-uns même avaient remarqué que la vapeur brusquement refroidie, non-seulement perd sa force, mais disparaît et redevient subitement de l'eau.

Ce phénomène est appelé *condensation*.

Plusieurs, avaient déjà cherché le moyen d'utiliser cette force, lorsque le Français *Denis Papin* eut en 1690, l'idée pratique de l'employer pour faire mouvoir un *piston dans un cylindre*. Cette idée, il fallait la mettre à exécution.

Ce fut un Anglais, le forgeron *Newcommen*, qui reprit l'idée de Papin, la perfectionna, la compléta, et construisit la *première machine à vapeur en 1705*.

Cette machine, d'abord très imparfaite, perfectionnée successivement par son inventeur, par Henri Potter, par l'ingénieur Brighton, et par Fitz Gérald, fut employée dans les mines de l'Angleterre jusqu'à l'apparition des machines de Watt en 1770.

Quelques-unes même fonctionnaient encore il y a une cinquantaine d'années.

Cette machine donnait 8 à 10 coups de piston par minute, utilisait environ la moitié de la force de la vapeur, et brûlait 13 kilog. de houille, par cheval et par heure.

Ce fut au milieu du dix-septième siècle et à Magdebourg, qu'*Otto de Guericke* aperçut les premières étincelles de la fée mystérieuse et puissante, qui bien plus que la vapeur révolutionnera le monde, de l'*Electricité*, ce fluide encore inconnu, dont nous ignorons encore la nature et la source, qui chaque jour se révèle dans un effet nouveau, et fait soupçonner un avenir de découvertes à donner le vertige aux plus hardis.

L'étude approfondie des phénomènes électriques ne devait commencer qu'en 1746, et la machine d'Otto de Guericke fut regardée comme une simple curiosité pendant cent ans.

A la fin du dix-huitième siècle, nous reprendrons pour le compléter, le rapide historique de la vapeur et de l'électricité.

A la fin du dix-septième siècle, le *café*, le *thé*, le *chocolat* et le *tabac*, encore inconnus dans notre pays, étaient déjà dans les villes, des objets de grande consommation.

A Paris le café coûtait 20 sous la livre, et 4 sous la tasse. En 1697, le tabac à priser ou à fumer coûtait 20 sous la livre.

Une *raffinerie de sucre* de canne fonctionnait à Orléans.

En 1631, le médecin Théophraste Renaudot fonda *le premier journal connu*, la Gazette de France (du mot vénitien *gazetta*, pièce de 2 sous.)

En 1680, l'*horlogerie* fut apportée dans les hautes montagnes du Jura par *Daniel Jean Richard* paysan de la Sagne.

A la même époque, vivait à Septmoncel un habile horloger nommé *Gruet*.

Le ressort à spirale était employé dans les horloges.

La fabrication des montres était encore bien imparfaite. Ce qui fut plus tard *la chaîne à spirale* de leur mouvement à roue de rencontre, *était encore une corde en boyau*, et leurs engrenages étaient peu réguliers.

Besançon fabriquait des fusils dont les canons étaient *à rubans* de fer, soudés.

Il n'y avait alors en France que deux fabriques de *fer blanc* : une à *Chenecey*, et l'autre à Beaumont la Ferrière en Nivernais.

Ces deux fabriques ne subsistèrent pas longtemps, car en 1720, les lettres patentes de celle de Moisevaux (Alsace), disent que tout le fer blanc vient de l'étranger.

Le *verre à vitre commun*, fabriqué dans les verreries des Vosges, coûtait 7 sous 1/2 le pied carré, *le verre blanc* 15 sous.

Etat général de l'Europe au dix-septième siècle.

En France, Henri IV avait compris qu'un peuple n'est riche, qu'à la condition, non seulement de se suffire à lui-même, mais encore de vendre le plus possible aux autres pays, en leur achetant le moins possible.

Pénétré de cette idée, il s'efforça de propager en France la culture du mûrier et l'élève du ver à soie. Sous son impulsion, se fondèrent : des manufactures de crêpe fin façon Bologne, de fils d'or façon Milan, dont la France achetait chaque année pour 1.200.000 écus, de tapisseries, de cuir doré, de verreries, de cristaux, de glaces, de toiles façon Hollande etc., etc.

Champlain envoyé au Canada, y fonda Québec et une colonie française. Henri IV songeait à créer une Compagnie des Indes, quand il fut assassiné (1610.)

Sous son règne, le plan de tous les grands canaux exécutés depuis, fut conçu. Un seul fut creusé, *le canal de la Loire à la Seine, de Briare à Moret. C'est le plus ancien exemple d'un canal à écluses*, réunissant deux versants différents.

Ce canal a 55 kilomètres de longueur, et 117 mètres de pente, rachetée par 40 écluses.

Pendant le règne de Louis XIII qui ne fut roi que de nom. Richelieu, un des plus grands ministres que la France ait jamais eu, acheva de soumettre la noblesse féodale.

En 1626, il fit démolir tous les châteaux féodaux, et les fortifications des villes qui n'étaient pas nécessaires à la défense des frontières.

Les huguenots s'étant révoltés, il leur prit la Rochelle, leur dernière place forte.

La Rochelle fut la dernière commune de France. Toutes les autres, après avoir aidé les rois à vaincre la féodalité, s'étaient vu retirer par eux, peu à peu, toutes leurs anciennes franchises.

Richelieu avait fait la France grande et respectée. Louis XIV la fit retomber épuisée presqu'au niveau de l'Espagne.

Ce roi, protecteur des Jésuites, à qui il légua son cœur, que personne du reste ne leur disputa, Jésuite lui-même, (car après sa mort, les Jésuites firent sur son corps les mêmes cérémonies particulières que pour un des leurs), et dont tant d'écrivains ont chanté les louanges, fut un abominable tyran, un monstre d'égoïsme et de vanité.

Comme Philippe II, il tenta inutilement de faire disparaître le protestantisme de l'Europe.

Philippe II avait tué l'Espagne, Louis XIV à sa mort, laissa la France agonisante.

Dissipateur effronté de la fortune publique, qu'il regardait comme sa propriété personnelle, il jeta stupidement des milliards dans d'immenses constructions aussi ruineuses qu'inutiles, et dans un gouffre sans fond de guerres interminables, amenées par son orgueil et son insolence, guerres où périrent plusieurs millions d'hommes.

Charlatan maladroit, pour éterniser sa gloire, il se fit représenter partout : en peinture, en sculpture, sur toutes les faces de tous les monuments de l'époque, dans toutes les attitudes, dans tous les costumes, sous la figure de toutes les divinités de la mythologie grecque ; en Jupiter foudroyant les hérétiques, en Mars foulant au pied des nations vaincues, en Apollon, dieu des artistes, etc., etc. Il se fit élever partout des statues et des arcs de triomphe, et ne réussit qu'à devenir à la fin la risée de l'Europe.

Libertin et glouton, il eut publiquement jusqu'à trois maîtresses à la fois. Il ne sut jamais se contenir dans la satisfaction de ses besoins physiques, dont il faisait impudemment étalagé, sans le moindre souci de la décence ou du respect d'autrui.

Lui, le plus gros mangeur de son royaume, (le Dauphin, un goinfre comme son père, mourut de s'être crevé de poisson), trouva une femelle digne de lui, dans cette grasse Montespan, épaisse de taille, pesante de croupe, qui pouvait autant que son royal amant, s'empiffrer de viande, tenir tête aux plus solides buveurs, et qui, un soir, sur une seule carte, perdit au jeu 700,000 écus.

Tartuffe imbécile, dont l'infatuation prodigieuse allait jusqu'à croire et à faire écrire, que Dieu était en lui, et n'agissait que par lui, qui communiait triomphalement avec ses maîtresses, absous d'avance et applaudi par le clergé catholique, Bossuet en tête, à plat ventre devant lui.

Ce fut lui qui le 22 octobre 1685, révoqua l'Edit de Nantes.

Les protestants de France étaient de paisibles commerçants, des industriels ou des agriculteurs, les premiers jardiniers de l'Europe. Le roi leur envoya des soldats pour les convertir au catholicisme. Les dragons s'étant distingués par leur férocité, ce système de conversion prit le nom de *Dragonades*.

Chaque maison protestante eut 10, 20, 30 soldats à loger et à nourrir.

On vit alors employer tous les supplices que le corps humain peut endurer sans mourir. Tels avaient les ongles arrachés. Telles étaient flambées à la paille comme des volailles, d'autres enflés avec un soufflet, privés de sommeil, suspendus assis sur des charbons ardents. La mère, attachée, voyait son nourrisson pleurer et mourir d'inanition à côté d'elle. Le mari voyait sa femme servir de jouet à une bande de soldats ivres, ou, *arrosée d'eau froide*, accoucher en hiver dans la rue.

Les officiers rouaient de coups les soldats

trop humains, et les généraux riaient au spectacle des femmes protestantes toute nues, houspillées sur les chemins.

Quand malgré tout cela les protestants ne voulaient pas se convertir, on les envoyait à l'hôpital, en prison, ou aux galères.

A l'hôpital de Valence, l'évêque Cosnac leur faisait endosser de force les chemises sanglantes, pleines de pus, des malades morts d'ulcères.

Dans les prisons, les rats, les serpents même, les insectes hideux pullulaient. Certaines prisons étaient si humides et si froides, qu'on y perdait les dents et les cheveux; d'autres avaient pour fond le conduit des latrines d'un couvent ou l'égout d'une ville; des charognes et des entrailles de bêtes pourrissaient sous les prisonniers. Les cachots du Château Trompette à Bordeaux, étaient en forme de cornue, et le prisonnier devait y rester debout, ou roulé sur lui-même.

Dans la prison de la Tournelle à Paris, les prisonniers étaient attachés par le cou à d'énormes poutres, et ne pouvaient ni se coucher ni s'asseoir.

Jamais on ne sortit des galères de Louis le Grand, où furent envoyés *des enfants de quinze ans, même de douze*, coupables d'avoir suivi leur père au prêche.

En décembre 1685, parut l'Edit par lequel le bon roi ordonnait: « *que de 5 ans à 16, tous les enfants protestants seraient enlevés à leurs parents, et remis au clergé catholique.* »

Cette ordonnance fut exécutée sans pitié dans toute la France.

Comme les protestants s'enfuyaient en foule, le 7 mai 1686, nouvel édit.

« Tous les fugitifs, condamnés aux galères perpétuelles, ainsi que ceux qui auront favorisé leur fuite.

« La moitié de leurs biens donnés au dénonciateur. »

Plus de 300,000 protestants, la meilleure partie de la population, la plus travailleuse, la plus intelligente, la plus économe, quittèrent la France et portèrent à l'étranger leurs capitaux, leurs industries, et leurs connaissances en agriculture.

Tous les pays protestants rivalisèrent de générosité envers ces malheureux, et les accueillirent à bras ouverts.

La petite ville de Genève, malgré la défense et les menaces de Louis XIV en conserva 3000.

L'Allemagne du Nord leur construisit des villes spéciales. L'Angleterre dépensa magnifiquement pour eux, sans compter et sans se lasser.

En Hollande, tous, juifs, luthériens, anabaptistes, catholiques, tous donnèrent largement.

De grands établissements de refuge furent créés partout, et richement pourvus de tout. Amsterdam leur bâtit 1000 maisons. La Frise leur donna des terres.

Il y avait encore des Vaudois dans les Alpes. Leur tour vint. Louis le Grand, de concert avec le duc de Savoie, envoya des troupes dans leurs vallées.

Les hommes, faits prisonniers, furent envoyés à Turin.

« Restent les femmes, les enfants, les vieil-
« lards, que l'on donne au soldat. Des vieux et
« des petits, que faire, sinon de les faire souf-
« frir ? On joua aux mutilations. On brûla mé-
« thodiquement membre par membre, un à
« chaque refus d'abjuration, On prit nombre
« d'enfants, et jusqu'à vingt personnes pour
« jouer à la boule, jeter aux précipices. On se
« tenait les côtes de rire, à voir les ricochets, à
« voir les uns légers, gambader, rebondir, les
« autres assommés comme plomb au fond des
« gouffres, tels accrochés en route aux rocs et

« éventrés, mais ne pouvant mourir, restant là
« aux vautours. Pour varier, on travailla à
« écorcher un vieux (Daniel Pellenc) ; mais la
« peau ne pouvant s'arracher des épaules, re-
« monter par dessus la tête, on mit une bonne
« pierre sur ce corps vivant et hurlant, pour
« qu'il fît le souper des loups. Deux sœurs, les
« deux Vittoria, martyrisées, ayant épuisé leurs
« assauts, furent de la même paille qui servit
« de lit, brûlées vives. D'autres qui résistaient,
« furent mises dans une fosse, ensevelies. Une
« fut clouée par une épée en terre, pour qu'on
« en vînt à bout. Une, fut détaillée à coups de
« sabre, tronquée des bras et des jambes, *et ce
« tronc effroyable fut violé dans la mâre de
« sang.* » (Michelet.)

Les montagnards protestants des Cévennes prirent les armes en 1702, et commandés successivement par le forgeron Laporte, le cardeur Seguier, Roland et Cavalier, ils tinrent tête pendant près de trois années aux troupes du roi, à 100,000 hommes en dernier lieu.

500 villages furent démolis en plein hiver (décembre 1703) par les soldats de Louis XIV.

Le pape donna une indulgence plénière à ceux qui s'armeraient pour cette nouvelle croisade.

Loin de soutenir les Cévenols, les protestants des autres pays voyaient cette révolte d'un mauvais œil, car les *pasteurs prêchaient partout cette doctrine niaise et moutonnière :* « *que l'on doit se soumettre aux pouvoirs établis.* »

Les Cévenols furent vaincus par trahison, et cette guerre finit par des supplices.

Nous ne fatiguerons pas nos lecteurs, en continuant le récit des horreurs enregistrées par l'histoire.

Plusieurs volumes n'y suffiraient pas.

Nous nous contenterons d'ajouter que ces infamies étaient bien connues de la cour et du roi Tartuffe, qui écrivait effrontement en Hollande et en Angleterre : (lettres du 20 et 27 décembre 1685) « *il n'y a point de persécution*, les protestants émigrent *par caprice d'une imagination blessée.* » alors qu'en même temps il disait en parlant d'une malheureuse femme protestante.

« *Je lui donne encore trois mois, puis elle ira à l'Hôpital.* L'Hôpital de Paris était alors une espèce d'immonde prison, où l'on envoyait pourrir les prostituées de bas-étage, pêle-mêle avec la lie des criminels.

La maîtresse du roi, la vertueuse Mme de Maintenon disait dévotement : « *C'est un petit mal pour un grand bien. Dieu se sert de tous les moyens* » en même temps elle écrivait à son frère : « pour lui recommander de profiter de l'occasion afin de s'établir grandement, *car elle prévoit, elle espère, que la désolation des Huguenots fera vendre encore beaucoup de propriétés.* »

Les Jésuites et le clergé de France, qui depuis les guerres de religion n'avaient eu pareil festin de chair humaine, hyènes et corbeaux, exultaient, s'emplissaient à l'envi le ventre et les poches.

Gorgés, mais non repus, tous demandaient encore à grands cris de nouveaux cadavres à vider.

Bossuet, leur digne représentant s'écriait :

« *Poussons au ciel nos acclamations* (25 janvier 1686) et disons à ce nouveau Constantin, à ce nouveau Théodose, ce que les 630 pères dirent autrefois dans le concile de Chalcédoine : *vous avez affermi la foi, vous avez exterminé les hérétiques, Roi du ciel, conservez le Roi de la terre.* »

Louis XIV mourut en 1715, laissant deux milliards 471 millions de dettes, et la France dans un tel état d'épuisement, qu'elle semblait ne plus avoir d'autre ressource que la banqueroute.

Que devait être à cette époque la misère du peuple, alors que 19 ans auparavant, en 1696, Vauban écrivait déjà: « *En France, le peuple n'a pas un pouce de terre.* »

« Sur un million de familles composant la population, 100.000 mendient, 500.000 sont très pauvres, 300.000 sont dans la gêne, et sur les 100.000 restant, 10.000 seulement sont à leur aise. » En 1698, autour de Rouen, sur *700.000 personnes, 50.000 à peine avaient un lit.*

En Allemagne, les princes protestants ainsi que nous l'avons dit plus haut (voir Seizième siècle), n'avaient embrassé la Réforme que pour s'enrichir en accaparant les biens de l'Eglise catholique.

S'ils n'avaient eu ce motif de conversion, Luther n'étant pas soutenu, n'aurait osé attaquer l'Eglise aussi violemment, ou, s'il l'avait fait, serait mort inconnu dans un cachot de l'Inquisition, et la Réforme n'aurait pas eu lieu à cette époque.

Depuis la Réforme, les princes protestants s'efforçaient d'enlever de nouveaux biens à l'Eglise, les catholiques s'efforçaient de les leur reprendre.

Quelques prêtres même essayèrent de s'emparer des biens dont ils avaient la garde.

En 1582, Gebhard de Truchsess, archevêque de Cologne, duc de Westphalie, grand électeur de l'empire, (les 7 grands électeurs nommaient l'empereur d'Allemagne), abjura le catholicisme, se maria et prétendit conserver pour lui-même, les Etats qu'il gouvernait au nom de l'Eglise. Malheureusement pour lui, il s'était fait calviniste, les luthériens allemands l'abandonnèrent, le pape le déclara déchu, et des troupes espagnoles le chassèrent de son duché en 1584.

En 1618, l'Empereur Ferdinand qui avait montré dès son enfance, une haine farouche et implacable contre la Réforme, persécuta les protestants de Bohème qui s'insurgèrent.

La guerre de Trente ans, ainsi commencée, se termina en 1648, par la défaite des catholiques et par le traité de Westphalie, qui donna aux princes protestants allemands, comme indemnité de guerre, une partie des biens ecclésiastiques qu'ils convoitaient.

En Angleterre, après un règne tyrannique, le roi Charles Ier avait été décapité (1649), et Cromwell avait été nommé protecteur.

Ce fut ce dernier qui écrasa l'Irlande catholique, et la réduisit à la triste situation où elle est encore de nos jours.

Après la mort de Cromwell (1658), Monck son lieutenant, rétablit sur le trône le fils de Charles Ier, Charles II, auquel succéda son frère Jacques II.

Après la révocation de l'Edit de Nantes, les Anglais protestants appelèrent Guillaume d'Orange, celui-ci après avoir chassé Jacques II et les Stuarts, fut couronné roi (1689), et signa la fameuse *déclaration des droits*, garantissant au peuple anglais toutes les *libertés constitutionnelles* dont il a joui depuis cette époque.

En 1689, l'Angleterre opposait *le droit des peuples* au *droit divin des rois*; un siècle plus tard, exactement, la France proclama *les droits de l'homme*.

En Espagne, la race de Charles-Quint s'était éteinte. Il avait été général et roi, Philippe II son fils ne fut que roi, Philippe III et Philippe IV ne furent ni l'un ni l'autre et Charles II, le dernier, ne fut pas même un homme, il ne put se reproduire, malgré le superbe auto-da-fé de 118 personnes (dont 29 furent brulées), qui fut donné spécialement pour attirer les bénédictions du ciel sur son mariage.

Philippe V qui lui succéda, petit-fils de Louis XIV, avait la sensualité bestiale de son père et de son digne aïeul.

« Sa première femme, malade à la mort, perdue d'humeurs froides, dissoute et couverte de plaies, n'eut pas grâce un seul jour, ne put faire lit à part. L'aimait-il ? Le jour de sa mort même, il alla à la chasse selon son habitude, et, rencontrant le convoi au retour, froidement le regarda passer.

On a horreur de dire le nombre épouvantable d'hommes que l'Inquisition brûla sous son règne, la sauvage police qu'elle exerçait, les populations supprimées, englouties dans ses in-pace. » (Michelet.)

La Russie se préparait à sortir brusquement de son berceau glacé de marais et de brumes, où elle grandissait ignorée.

Vers la fin du dix-septième siècle, cette mystérieuse et formidable puissance, qui devait si rapidement s'imposer à l'Europe, n'était connue que par les récits étranges de quelques trafiquants. On ne l'entrevoyait que vaguement, au milieu d'un mélange confus de hordes vagabondes, promenant leurs troupeaux au milieu d'un pays inconnu.

En 1592, *Ivan IV le Terrible* avait réduit les paysans à l'esclavage. Cent ans plus tard, *Pierre le Grand*, entreprenait son œuvre d'organisation, et moins de 20 ans après, en 1699, la Russie comptée déjà au nombre des puissances européennes, se coalisait avec la Saxe et le Danemarck contre le roi de Suède Charles XII.

Dix ans plus tard, (1709), Charles XII était battu à Pultawa, la puissance de la Suède était renversée, et la Russie complétement ignorée de l'Europe 50 ans auparavant, était devenue la première puissance du Nord.

CHAPITRE XIV

Dix-huitième siècle.

DERNIERS COMTES DE MONTBÉLIARD.

Léopold Eberhard (1699 à 1723), qui succéda au comte Georges son père, fut un mauvais prince, un tyran débauché.

En 1695, il avait épousé Sabine Hedwiger, fille d'un boulanger de Silésie. A elle et à ses trois frères, il donna le titre de comtesse et comtes de Sponeck.

Telle fut l'origine de la famille de ce nom. Peu de temps après son mariage, il eut pour maîtresses quatre sœurs, filles de Richard Curie dit l'Espérance, tailleur de Montbéliard.

De ces quatre sœurs, qui partageaient ensemble sa couche, il eut dix-sept enfants, qu'il légitima, et qu'il anoblit en leur donnant les titres de barons de l'Espérance, ou comtes de Coligny, avec des terres et des propriétés.

Il alla même jusqu'à marier entre eux quelques uns de ses enfants.

Pour établir convenablement cette nombreuse famille, il lui fallut beaucoup d'argent, beaucoup de terres Pour se procurer tout cela, il employa divers moyens

Voici comment il se procura des terres. En 1710, ordre fut donné à tous ceux qui possédaient des immeubles dans le Comté, de produire des titres de propriété *parfaitement en règle*.

Beaucoup ne purent le faire, la guerre de Trente ans ayant complétement bouleversé notre pays. *Le prince s'empara de leurs biens.*

Ceux dont les titres étaient absolument indiscutables se croyaient à l'abri de tout. Erreur. Le prince, sous prétexte de vérifier la *contenance* de leurs propriétés, les fit mesurer par le géomètre Hüttel, *avec une mesure fausse, trop courte.*

Naturellement, toutes les propriétés se trouvèrent avoir plus de contenance que l'acte de propriété ne l'indiquait.

Ce surplus, le prince se l'adjugea, dans la meilleure partie des terres de chacun, s'arrangeant de façon à rapprocher les parcelles, pour s'en constituer une propriété nouvelle.

Il eut de violents démêlés avec les bourgeois de Montbéliard, ne respectant pas leur franchises, s'emparant de vive force de biens appartenant à la ville ou à des particuliers, augmentant les impôts, etc., etc.

Les bourgeois de la ville en ayant appelé à l'empereur d'Allemagne, Léopold-Eberhard appuyé par des troupes françaises, fit arrêter les principaux bourgeois, J. Berdot, L. Fallot, J. Flamand, J. Faillard, M. Lièvre, D. Prongey, J.-F. Rayot, qui furent condamnés à diverses peines.

Il s'empara des armes, des chartes de franchise, des bannières de la bourgeoisie, la déclara déchue de tous ses privilèges et franchises, la condamna à cinq mille écus d'or d'amende (45,000 francs), et nomma d'autres magistrats (1706.)

Quelques courageux bourgeois : J. Berdot, J. Faillard, G. Laurillard, J.-J. Camus et J.-C. Horry, quittèrent Montbéliard, et finirent trois ans après par obtenir la médiation de l'empereur d'Allemagne, qui obligea Léopold-Eberhard à rendre à la bourgeoisie tous ses anciens droits.

Léopold-Eberhard ne craignit pas de faire signer des actes falsifiés à de pauvres gens illettrés, pour ensuite, avec ces actes, prélever des redevances qui ne lui étaient pas dûes.

En 1712, ce voleur titré, traversait un soir Audincourt, quand deux coups de fusil furent tirés.

Ce fut l'occasion de prétendre qu'ils avaient été tirés sur lui, par un nommé Thévenot, riche propriétaire, qui fut condamné à 20,000 francs d'amende.

Avec tout cela, il voulait être honoré.

Le 12 septembre 1709, un nommé Carlin fut condamné non seulement à l'exposition avec cet écriteau sur la poitrine : *qui parle mal s'en repent*, mais de plus, *à avoir la langue fendue, et à être banni à perpétuité des Etats de Montbéliard*, pour avoir dit à un interlocuteur : « Son Altesse a été à Blamont, elle avait trois p.... dans son carrosse et trois bâtards à la portière. »

Léopold-Eberhard signa un traité à Vildbad, le 18 mai 1715, par lequel il transmettait la succession de tous ses droits sur notre pays à Eberhard Louis, duc de Wurtemberg.

Par ce traité, tous les enfants nés ou à naître soit de sa femme, soit de ses maîtresses, étaient exclus de sa succession. Tous reçurent des pensions, et renoncèrent à leurs droits sur le pays de Montbéliard, *par actes authentiques*.

Si nous disons ce qui précède, c'est pour mettre à néant, la prétention qu'ont encore, certains descendants des bâtards de ce prince, de signer *X... de Montbéliard*.

Léopold-Eberhard rendit sa belle âme en 1723, et d'après les clauses du traité de Vildbad, Eberhard Louis lui succéda (1723 à 1733); non sans essai de résistance des Sponeck et des Espérance, qui ne quittèrent le Château *qu'en emportant tout ce qui pouvait s'emporter*. Après leur départ, le Château était vide.

Ce fut Eberhard Louis qui donna sa ferme de la Souaberie à la ville pour y construire un Gymnase.

Les bâtiments furent inaugurés en 1733, et

l'établissement fonctionna jusqu'en 1794. Réouvert en 1811 sous le nom de Collège, il fut abandonné définitivement en 1873 pour un bâtiment nouveau et plus vaste.

Malgré la sollicitude du gouvernement de Montbéliard pour l'instruction publique, le *nombre des élèves allant aux écoles n'atteignait alors pas le quart du nombre des enfants.*

Eberhard Louis, qui n'avait pas d'héritiers directs, laissa le comté de Montbéliard à son cousin Charles-Alexandre, qui mourut en 1737, laissant trois fils : Charles-Eugène (1737 à 1793), Louis-Eugène (1793 à 1795), et Frédéric-Eugène (1795 à 1797), qui régnèrent successivement sur le pays.

Depuis la guerre de Trente Ans, la France n'avait pas renoncé à l'idée de s'emparer du comté de Montbéliard, et des quatre seigneuries qui en dépendaient alors : Héricourt, Blamont, Châtelot, Clémont, et d'y rétablir la religion catholique.

Pour arriver à ces fins, il n'est sorte de vexations et de violences, qui ne furent employées sous tous les prétextes possibles.

A plusieurs reprises, des troupes françaises vinrent chasser les pasteurs de leurs églises, et les remplacer par des curés. A partir de 1712, Blamont fut constamment occupé par les Français, qui s'étaient emparés ou à peu près, des quatre seigneuries de Blamont, Héricourt, Clémont et le Châtelot.

En 1740, les curés y remplaçaient presque partout les pasteurs. Cette année là, trois églises, celles de Bondeval, Seloncourt et Chagey, furent enlevées aux protestants par les troupes françaises, qui à Chagey tuèrent et blessèrent quantité d'habitants.

« *Notre joie a été indicible*, écrivit à ce sujet le pape Benoit XIV à Louis XV, quand nous avons appris que votre Majesté avait rendu aux prêtres catholiques les églises de Seloncourt, Chagey et Bondeval. »

En 1748, ce système de persécutions avait mis les quatre seigneuries dans un si piteux état, que Charles-Eugène se décida, pour en conserver les revenus, à *reconnaître la souveraineté de la France sur les seigneuries de Blamont, Clémont, Héricourt et Chatelot.*

En 1776, le frère de Charles-Eugène, Frédéric-Eugène, vint s'établir à Montbéliard en simple particulier. En 1786, il fut nommé Stathouder du pays de Montbéliard, qu'il gouverna depuis.

Ce prince bâtit un château à Etupes, où il sut attirer une quantité de savants, d'artistes, de littérateurs et de grands personnages, et se créer ainsi une brillante petite cour, à moitié champêtre, selon les goûts de cette époque.

Une de ses filles, *la princesse Dorothée* allait souvent à pied à Beaucourt, traversant le bois avec une suivante, pour visiter en croquant des noisettes dont elle emplissait les poches de son tablier, l'atelier d'horlogerie de Frédéric Japy

Ce fut cette princesse qui après avoir épousé le 10 octobre 1776 le grand-duc Paul, *devint impératrice de Russie, sous le nom de Marie Fédorowna*, et fut la mère d'Alexandre 1er.

Bonne et simple elle était jeune fille ; bonne, elle resta impératrice

Ce fut elle, qui dès son arrivée en Russie, y attira les Montbéliardais, les protégea, les aida à se placer dans les plus grandes familles, les fit préférer à tous autres, et *détermina le courant d'émigration*, qui pendant un siècle, conduisit en Russie une foule de personnes de notre pays, qui toutes en revinrent avec une petite fortune, gagnée dans l'instruction des enfants.

En 1789, après la prise de la Bastille, partout en France le peuple s'affranchit des droits seigneuriaux.

Les habitants des quatre seigneuries d'Héricourt, Chatelot, Blamont et Clémont, qui relevaient de la France depuis 1748 ainsi que nous l'avons dit ci-dessus, suivirent cet exemple.

(En vertu de la loi des 26 février et 4 mars 1790 ; qui divisait la France en 83 départements et ceux-ci en districts et cantons, toutes les communes de la seigneurie d'Héricourt, sauf Echavanne (Echavanne fut incorporé au canton de Ronchamp, en échange de Chalonvillars qui passa au canton d'Héricourt) formèrent le canton d'Héricourt, qui fit partie du district de Lure et du département de la Haute-Saône. Tous les villages de la seigneurie de Blamont formèrent le canton de ce nom, dépendant du district de Saint-Hippolyte et du département du Doubs. Quant aux localités de la terre du Châtelot, les unes furent incorporées au canton de l'Isle-sur-le-Doubs, relevant du district de Baume-les-Dames ; d'autres entrèrent dans le canton d'Onans qui fut supprimé en 1801, et réuni en partie au canton de l'Isle ; d'autres enfin furent réunies au canton de Mathay (district de Saint-Hippolyte) dont le chef-lieu fut transféré à Ecot en 1796, puis à Pont-de-Roide en 1801. Enfin, tous les villages de la seigneurie de Clémont furent incorporés au canton de Saint-Hippolyte district du même nom.

Par suite de la création d'une justice de paix dans chaque canton, d'un tribunal civil dans chaque district, et d'un tribunal criminel dans chaque département, les justices seigneuriales furent supprimées de fait, après l'avoir été de droit dès le mois d'Août 1789. AINSI DISPARURENT DÉFINITIVEMENT LES QUATRE SEIGNEURIES D'HÉRICOURT, DU CHATELOT, DE BLAMONT ET DE CLÉMONT (Tuefferd.)

Il ne restait plus sur la rive gauche du Rhin à la maison du Wurtemberg, que le comté proprement dit de Montbéliard.

Jusqu'au mois d'Avril 1792. Frédéric-Eugène fit tous ses efforts pour conserver l'ancien état de choses ; mais en voyant que la fermentation et l'irritation des esprits allaient croissant, ne pouvant résister au torrent des idées nouvelles, il quitta Montbéliard et se retira dans le Wurtemberg avec toute sa famille, laissant l'administration au conseil de Régence.

Sitôt après son départ, la partie du village de Mandeure appartenant à l'archevêque de de Besançon, se constitua en République (15 avril 1792), et mit à sa tête des administrateurs, qui prirent le nom de *Prudhommes administrateurs du pays libre de Mandeure*. La devise qu'adopta cet état microscopique: *Aquila non capit muscas*. (L'aigle ne prend pas les mouches) ne l'empêcha pas d'être absorbé l'année suivante par la France (24 octobre 1793.)

Le 10 avril 1793, le général Desprès Crassier, commandant la cinquième division de l'armée du Rhin vint à Montbéliard, avec 200 gardes-nationaux et 16 gendarmes. Il fit connaître aux autorités du pays, qu'en vertu des ordres du général en chef Custine, il prenait possession, au nom de la nation française, du comté de Montbéliard, dont le possesseur, le duc de Wurtemberg, s'était joint à la coalition formée contre la République. Il apposa les scellés au château et au bureau de la recette générale, puis fit dresser l'inventaire de tout ce qu'ils renfermaient. Le conventionnel Bernard de Saintes, qui avait été envoyé en mission dans le département du Jura, entra dans la ville le jeudi 10 octobre de la même année, à la tête d'un bataillon de première réquisition du district de Dôle, et de cavaliers qui escortaient des pièces de canon. Il n'éprouva point de résistance, et quoiqu'il n'y eût aucun décret de la Convention qui l'y autorisât, IL PRONONÇA LA RÉUNION DU COMTÉ DE MONTBÉLIARD AU TERRITOIRE DE LA RÉPUBLIQUE FRANÇAISE, parce que le duc Charles-Eugène avait joint ses troupes à celles de la coalition.

Enfin, le 17 juillet 1796, *Frédéric-Eugène*, qui était devenu duc de Wurtemberg, par suite de la mort de ses deux frères, et dont l'armée venait d'être battue par le général Moreau, *conclut* avec ce dernier *le traité de Bâle, ratifié le 15 août, par lequel le duc de Wurtemberg cédait à la France tant en son nom que pour ses successeurs et ayant causes, tous ses droits sur le comté de Montbéliard, et les seigneuries d'Héricourt, Châtelot, Blamont, Clémont, Granges, Clerval, Passavant, Horbourg et Riquewihr;* il reconnut la République Française, et s'engagea à renoncer à toute alliance publique ou secrète avec la coalition. Son fils et successeur, *Frédéric-Guillaume, fut largement indemnisé de la perte de ces territoires* par le traité de Lunéville (1802), qui lui donna un grand nombre de couvents, de villages et de villes d'Allemagne, avec une population de plus de cent mille âmes.

Frédéric-Eugène ne survécut pas longtemps à la perte de la principauté de Montbéliard; dans la nuit du 22 au 23 décembres 1797, il mourut frappé d'apoplexie au château de Hohenheim. Son épouse le suivit dans la tombe quelques mois après, elle lui avait donné 8 fils et 3 filles. L'aîné, *Frédéric-Guillaume fut créé roi de Wurtemberg par Napoléon I*er* en 1806.*

Après sa réunion à la France, le comté de Montbéliard avait d'abord fait partie du département de la Haute-Saône ; plus tard, en vertu de la loi du 29 juin 1797, la plus grande partie, composée des cantons de Montbéliard, d'Audincourt et de Désandans, fut réunie au département du Mont-Terrible, dont le chef-lieu était Porrentruy. Le Mont-Terrible ayant été annexé à son tour au département du Haut-Rhin par la loi du 28 Pluviose an VIII (17 février 1800), les cantons de Montbéliard, d'Audincourt et de Désandans firent partie de l'arrondissement de Porrentruy. Lorsque, à la suite des désastres de 1814, le pays de Porrentruy eut été enlevé à la France en exécution du traité de Paris du 30 Mai, les cantons de Montbéliard et d'Audincourt furent réunis provisoirement au département du Doubs, et à l'arrondissement de Saint-Hippolyte, par ordonnance royale du 8 Octobre. Cette ordonnance devint la base du projet de la loi, tendant à transférer à Montbéliard, la sous-préfecture de St-Hippolyte. La loi fut présentée à la chambre des députés le 27 Novembre 1814 et adoptée le 19 décembre suivant ; mais la Chambre des pairs n'accorda à Montbéliard que le tribunal de première instance. Une ordonnance royale du 28 Janvier 1815 (qui ne fut pas mise en exécution à cause de la rentrée de Napoléon en France), réunit Montbéliard au département du Doubs et lui accorda le tribual de Saint-Hippolyte. Enfin, la réunion définitive des cantons de Montbéliard et d'Audincourt au Doubs, et la translation de la sous-préfecture et du tribunal de St-Hippolyte à Montbéliard, furent adoptées par la Chambre des députés et par celle des pairs à la fin de 1815, et le 9 janvier 1816, fut promulguée la loi qui consacrait ce nouvel état de choses, lequel n'a pas changé jusqu'à aujourd'hui.

Montbéliard au dix-huitième siècle.

Jusqu'au milieu du 18e siècle, le château de Montbéliard était resté à peu près ce qu'il était au Moyen Age.

A côté des tours actuelles se voyait l'ancienne demeure de nos anciens comtes, bâtie à pic au bord du rocher, pleine d'escaliers dérobés, de passages secrets, de réduits mystérieux A côté, s'élevaient encore les restes de l'arsenal, la chancellerie, et de hautes tours défendant un fossé profond.

Tout cela fut démoli en 1651 et remplacé par les bâtiments actuels, qui de l'ancienne et pittoresque forteresse des Montfaucon, firent une laide caserne. *Il ne reste de l'ancien château que les deux tours, celle du Nord ou tour Bossue, construite par la comtesse Henriette en 1424, celle du Midi, Tour Rouge, bâtie par le comte Frédéric en 1572.*

Les bâtiments construits en 1632, à l'autre extrémité du château ne furent pas touchés, et l'antique église de St-Mainbœuf, effondrée en partie, acheva de s'écrouler en 1809, et disparut définitivement en 1812.

Au 16e siècle, le Château contenait une bibliothèque, de magnifiques collections d'archéologie, d'histoire naturelle et d'objets d'arts, nos plus précieuses archives, et un mobilier somptueux.

Tout cela fut pillé, dilapidé, jeté au vent par les soldats de Louis XIV d'abord, les maîtresses et les bâtards de Léopold Eberhard ensuite.

Au cours du chapitre précédent (17e siècle), nous avons raconté la construction de Montbéliard, jusqu'à l'époque où ses fortifications furent démolies par Louis XIV.

Dès lors, la ville encombrée de ruines, délaissée par ses princes, tyrannisé par Léopold Eberhard, vit sa prospérité décroître, sa population et son industrie diminuer chaque jour.

Pendant le 18e siècle, pour faire disparaître une partie des décombres, le gouvernement du prince donna aux particuliers, moyennant une légère redevance, les terrains qu'occupaient les fortifications à côté de leurs maisons, pour en faire des jardins ou y élever des constructions.

Le reste fut converti en promenades plantées d'arbres. Au Grand Jardin, seule promenade jusqu'alors, vinrent s'ajouter la promenade de l'Enclos en 1758, celle des Fossés en 1765 et celle de Sous le Château en 1780.

L'ancien Hôtel-de-Ville, antérieur à 1470,

tombait en ruines. Il fut remplacé en 1776 par le bâtiment actuel.

Malgré ces améliorations, Montbéliard était restée une vieille et laide ville, irrégulière, bâtie de pièces et de morceaux. La place des Halles étaient encombrée d'échoppes de gagne petit, une grosse poutre, *le Pilori*, s'élevait près de la *Pierre aux poissons*, où se faisaient les criées. On ne pouvait sortir de la Place, sans passer sous une porte voutée, celle de la Frison, celle de la Tour de l'Horloge, ou sous la dernière subsistant encore, celle de la *Pierre au poisson* qui va disparaître à son tour.

Le pont Guyot de la rue des Etaux, était bordé de chaque côté par de vieilles maisons branlantes, que soutenaient d'énormes poutres descendant dans le canal du moulin.

Depuis ce pont jusqu'au Bourg-Vauthier, le canal coulait entre deux rangées de voûtes dont il ne reste plus qu'une rangée, derrière la rue Sur l'Eau.

Derrière l'Hôpital, au lieu des jardins qui bordent le ruisseau du côté de la rue des Féves, il y avait un quai avec voûtes à l'entrée, comme celle qui subsiste encore de l'autre côté.

Les rues étroites et puantes, étaient sales, mal pavées, tortueuses et sombres, ainsi que dans toutes les anciennes villes, auxquelles nos aïeux ont toujours mesuré chichement l'air et la lumière.

Pendant le jour, peu de monde dans les rues, chacun avait sa besogne. Le soir en hiver, quelques passants munis de lanternes, allant à la veillée, conter des riôles ou des histoires de revenants chez des voisins. En été, pendant les belles soirées, les habitants allaient se promener en dehors de la ville, ou bavardaient assis devant leurs portes.

Pendant la nuit, deux *guetteurs* parcouraient la ville, *chantant les heures en patois, que tout le monde parlait alors,* pendant que deux autres gardaient le poste. Ils étaient armés d'un vieux fusil rouillé, vêtus d'un habit bleu à revers et collet rouge, d'une culotte quelquefois blanche et d'un tricorne.

Ils touchaient 4 sous 1|2 par jour, et dépensaient la plus grande part de ces mirifiques appointements, à boire des roquilles de gouttes chez leur capitaine, épicier place des Halles.

La cloche de la tour de la Place, sonnait le réveil à 5 heures du matin en été, à 6 heures en hiver. Elle annonçait le diner à midi, la tombée de la nuit, et le couvre-feu à 10 heures du soir.

Pour tous les ouvriers, la cloche était le signal de l'entrée aux ateliers ou de la fin du travail.

Pendant la nuit du 31 décembre, tous les habitants couraient les rues en chantant notre vieille chanson patoise du Bon An. A minuit, ils allaient les uns chez les autres s'embrasser, boire du vin blanc, casser des noix, ou manger une andouille avec du pain frais.

Le costume était simple. La bourgeoise conservait les anciennes modes. *Le calot*, le jupon ou *cotte* de futaine, le *mantelet* en laine brune, ou un *caraco* échancré par devant. En temps de pluie, un *coqueluchon* sur la tête, et comme chaussure, des *patins*, espèce de galoches en cuir, à semelles de bois.

Les robes de deuil étaient en laine noire, à queue trainante.

Le châle était alors inconnu.

Le colonel Louis Bouthenot qui était au service de la Compagnie des Indes et combattait pour Tippoo Saïb, avait un jour envoyé à sa mère, Madame la conseillère Bouthenot, deux splendides châles de l'Inde, trouvés dans les dépouilles de quelque rajah.

Tout le monde alors parlait patois.

Qu'd ce que ç'd qu'çouci (qu'est-ce que ceci) dit la bonne dame en palpant ces merveilleux tissûs, qu'à ce que nôs poyans faire de ces ponne mains, et fâ les beillie ai lai princesse* (que pouvons-nous faire de ces essuie-mains, il faut les donner à la princesse).

Ce qui fut fait. L'histoire ne dit pas ce que la princesse en fit, mais il est plus que probable qu'elle en fut elle-même fort embarrassée.

Les habitants de la ville, artisans ou marchands, étaient avant le jour en hiver, en été à 5 heures, à leur forge, à leur métier de bonneterie ou dans leur boutique. Les marchands étaient vêtus d'une longue redingote en ratine, couleur d'amadou, de bas en coton bleu ou en laine brune, selon la saison, de souliers à grandes boucles, d'immense besicles sur le nez.

Anciennement, on mangeait à Montbéliard, à 10 heures du matin et le soir à 6 heures. Au dix-huitième siècle on dînait à midi, on soupait à sept heures.

La nourriture se composait principalement pendant la semaine, *de paipet, de soupe de farine ou d'oignons, de fèves, de haricots, de lentilles, de raves, de choux, de crêpes ou tape-culs,* et de pain noir ou bis ; la vaisselle, assiettes, plats, etc., était en étain.

Chaque famille tuait son cochon et le fumait pour l'hiver. Le dimanche seulement, paraissait sur la table un morceau de lard ou un *côti*, sur un plat de choux ou de *Schnitz* (quartiers de pommes et de poires séchés.

Dans les grandes occasions seulement, on décrochait une andouille ou un jambon à la cheminée, et l'on arrosait le repas de vin de Courchaton, de Bart ou de Fleur d'Epine, qui faisait chanter quand arrivait le dessert, composé de fruits, de pains d'épices, de gâteaux faits à la maison, ou d'une monumentale *caquelotte* aux cerises ou aux pommes.

Le café était encore inconnu dans notre pays : le thé, regardé comme un remède, s'achetait chez les apothicaires, et sur ordonnance du médecin. Du chocolat, nul jamais n'en avait vu.

Chaque ménage un peu aisé avait un jardin ou un coin de champ pour y cultiver ses légumes ; parfois un petit verger fournissait des fruits à la famille. Les plus riches avaient une vigne, leur pressoir, et vendaient une partie de leur vin aux cabaretiers de la ville ou des villages.

La vendange était un jour de grande fête, d'invitations, de repas sur l'herbe, et de danses sur le gâzon.

Si en temps ordinaire les bourgeois de Montbéliard faisaient maigre chère, en revanche, les jours de noce ou de fêtes, les festins étaient de gigantesques ripailles, et les convives restaient à table, mangeant, buvant, chantant, riant, jusqu'à extinction de forces, malgré les défenses des pasteurs, qui prétendaient mesurer à chacun le manger le boire et le plaisir, et s'épuisaient à faire des réglements que personne n'observait.

Heureusement ; car si nos aïeux s'étaient soumis, au lieu d'être une ville de bons vivants, travaillant ferme et buvant sec à l'occasion, Montbéliard serait devenu un nid de sombres fanatiques.

A partir de 1700 déjà, quelques pasteurs commencèrent à répandre dans notre pays, la doctrine outrée dont les sectaires portent encore aujourd'hui le nom de *mômiers*.

L'un d'eux, le pasteur Pelletier de Vandoncourt, avait en 1704, *excommunié* les filles du village de Dasle, qui avaient dansé quelques *ajoulottes* à la fête de Seloncourt. Elles durent s'adresser au duc Léopold-Eberhard pour faire cesser toutes poursuites contre elles.

Sous le prétexte de sauvegarder les mœurs, les pasteurs fessaient publiquement de grandes jeunes filles, à l'église, devant l'autel.

Qu'auraient-ils fait ? il est permis de se le demander, si la France, en protégeant le catholicisme dans notre pays, n'était venu contrebalancer leur influence et diminuer leur pouvoir. Les menées politiques de la France empêchèrent probablement notre pays d'être un foyer d'intolérance, à l'exemple de Genève, où l'Inquisition protestante fonctionnait au temps de Calvin.

Voici du reste, à l'appui de notre opinion, le programme de l'instruction primaire dans notre pays, d'après les ordonnances ecclésiastiques du dix-huitième siècle.

Tous les jours de semaine, le matin, récitation de la première partie du cathéchisme, lecture des Ecritures saintes, du Nouveau Testament ou des Psaumes ; dictée, récit du cathéchisme ou des passages de l'Ecriture.

L'après-midi, récitation de la deuxième partie du cathéchisme, et *mêmes travaux que le matin*.

Toutes les semaines, les enfants doivent apprendre par cœur quelques cantiques ou psaumes.

Ils doivent, munis d'un Nouveau Testament suivi des psaumes, assister aux sermons du dimanche et du vendredi ; en sortant, ils doivent être interrogés sur ce qu'ils ont entendu.

Les écoles étaient visitées deux fois l'an, par une commission d'examinateurs, composée de maires et d'anciens d'église, qui tout en s'acquittant avec zèle de leur mission, n'oubliaient pas que le corps soutient l'esprit ; témoin une note de dame Barbe-Crémet se montant à 37 livres 6 gros (112 fr. 50), pour réfection et *beuveries* des examinateurs à Héricourt le 15 mars 1703. C'était les communes qui payaient.

L'église Saint-Georges fut inaugurée au Faubourg le 29 décembre 1739.

Antrefois, se tenaient deux marchés par semaine à Montbéliard, le Mardi et le Samedi.

Avant l'année 1283, il y avait deux foires par année ; à la Pentecôte et à la Saint-Martin.

Au dix-septième siècle, on en ajouta deux nouvelles : celles de la mi-Carême, et celle de la Saint-Michel.

Pendant le dix-huitième siècle, il y en eut huit chaque année. Plusieurs jours à l'avance, sur la Place du Bourg, sur celle des Halles et sous les Halles, les marchands commençaient à étaler leurs produits : draps, camelots, lainages, tiretaine, calmande, toiles, droguets, damassés, cotonnades et trocages, ces derniers imprimés à Sainte-Suzanne ou à Sochaux. — Vaisselle de terre de Montbéliard, de Saint-Maurice ou de Porrentruy, chaudières en cuivre à faire la *mouèsse* de prunes, etc., etc.

A l'Eminage des Halles, se vendaient les grains provenant des contributions payées en nature au Prince, et devant le Grand Pont, les bestiaux.

Puis, chacun sa foire faite, entrait se rafraîchir dans les hôtelleries du Lion-Rouge, des XIII Cantons, de la Balance déjà existantes, ou dans les anciennes auberges des Trois Rois, de la Croix d'Or, de la Coupe d'Or, du Mouton, du Sauvage et du Cheval Blanc.

Au quinzième siècle, il y avait déjà des foires à Blamont et à Autechaux.

En 1763, trois foires annuelles furent établies à Abbévillers.

La poste aux lettres fonctionnait à Montbéliard depuis la guerre de Trente Ans.

Les deux premières pompes à incendie de Montbéliard, furent achetées en 1733. Jusque là le seul procédé pour éteindre un incendie, consistait à verser de l'eau sur le feu avec des seaux de cuir ou de bois. — C'est pourquoi la plupart des incendies étaient des désastres.

En 1726, l'église de Blamont et 34 maisons furent brulées le 24 octobre.

La route de Montbéliard à Saint-Hippolyte fut achevée en 1757.

Agriculture.

Les suites de la guerre de Trente Ans furent terribles pour notre pays.

Pendant plus d'un siècle, le découragement fut tel, que les campagnes restèrent presque désertes, la majeure partie des champs en friche, couverts de broussailles.

Ce ne fut que vers le milieu du dix-huitième siècle, que le travail fut repris sérieusement.

L'agriculture ne pouvait faire de grands progrès chez nous, tant qu'il fut défendu aux paysans de changer la culture d'un terrain.

Dans les champs désignés pour la culture du blé, on n'avait jamais cultivé que du blé, et il était interdit d'y semer autre chose. Il en était de même pour les autres cultures.

Cette défense absurde ne fut levée qu'en 1771.

En 1747, le gouverneur, baron de Tornaco fit établir un système régulier d'irrigation dans les prés d'Allanjoie, Fesches, Etupes, Exincourt et Sochaux, ce qui en quadrupla le produit.

En 1765, on commença à convertir en prairies les bois marécageux de la Vouaivre, entre Montbéliard et Sochaux.

Auguste Brégentzer, directeur des Forges d'Audincourt, ayant apporté chez nous, le *trèfle et l'esparcette*, de nombreuses prairies artificielles furent créés. La *luzerne* ne vint que plus tard.

Léopold Eberhard avait mis à la tête de ses fermes, de nombreuses familles d'*Anabaptistes* chassés de Suisse, qui apportèrent chez nous d'excellentes méthodes de culture.

Ce furent eux qui propagèrent la pomme de terre dans notre pays, où elle avait été introduite par Jean Bauhin, et cultivée au Grand Jardin, *plus d'un siècle auparavant.*

On a peine à croire que la pomme de terre a mis *deux siècles* à se propager en France. En 1793, il n'y en avait encore que 3500 hectares de plantés pour toute la France.

Dans la seconde moitié du dix-huitième siècle, nos vignes étaient pour la plupart cultivées de compte à demi, et la récolte partagée entre le propriétaire et le vigneron. Un journal (25 ares 11) de terre arables rapportait 14 livres ; un journal de vigne, 11 livres, de forêt, 14 livres ; une fauchée, (même contenance que le journal), de bons prés, 18 livres.

Jusqu'à la Révolution, nos paysans furent misérables. Ils portaient en *tout temps* des sabots et des bas de toile ; leurs femmes et leurs enfants allaient *nu-pieds* pendant les 3|4 de l'année.

Leurs cabanes étaient en bois et en terre glaise, semblables aux huttes (bacus) des charbonniers d'aujourd'hui.

Les plus belles maisons des villages n'avaient que la terre nue pour plancher, et *une échelle pour monter à l'étage.*

Toutes étaient couvertes en chaume.

Beaucoup de pasteurs de nos campagnes, dont les presbytères avait été détruits par les guerres, logeaient en ville, *faute d'une maison habitable* dans le village.

Dans notre pays comme en France, le poids total des impôts retombait sur les paysans.

Les nobles et le clergé ne payaient rien, et les bourgeois peu de chose.

C'étaient les paysans et les ouvriers des villes, qui fournissaient tout l'argent dépensé largement par les rois, la noblesse et les prêtres.

Industrie.

Pendant le dix-huitième siècle, différents essais de grande fabrication furent tentés dans notre pays, mais ils ne réussirent pas, faute de débouchés.

Le moment de la grande industrie n'était pas encore venu. Il ne fallait pas encore songer à transporter de lourdes charges sur les rares et abominables chemins de cette époque, avec les petites et mauvaises voitures d'alors, qui restaient un temps infini pour faire un trajet insignifiant, se brisaient en chemin, ou demeuraient envasées dans quelque fondrière.

A chaque pas, c'étaient de nouveaux embarras: douanes, péages, droits de toutes sortes, voleurs de grands chemins, rivière sans ponts, forêts à contourner, marécages à éviter. Pour descendre la Saône et le Rhône, de Gray à Arles, un bateau de marchandises devait s'arrêter et payer trente fois.

Impossible de voyager de nuit et sans armes.

Pour transporter leurs marchandises à une foire éloignée, les marchands ou fabricants de la même ville se réunissaient en caravanes, afin de s'entraider en chemin.

La grande industrie n'était pas encore possible.

Si l'industrie des forges continuait à prospérer dans notre pays, cela tenait à ce que le fer en barres pouvait affronter les plus mauvais chemins sans se détériorer.

Léopold-Eberhard, dépensa de grosses sommes pour reconstruire les bâtiments, et mettre en état l'usine d'Audincourt. Il la mit en régie, et son exemple fut suivi pendant tout le dix-huitième siècle. Vers 1750, le régisseur était *M. Meiner*, originaire de Saxe. En 1764, on y annexa une manufacture de fer blanc, de sorte qu'on y voyait alors réunis : un haut-fourneau, quatre feux de forge, une ferblanterie, un lavoir à mine, des halles à charbon et des habitations pour plus de cinquante familles. En 1787, le bail pour Audincourt et Chagey donnait 36,000 livres tournois. Ces deux établissements vendus par le gouvernement français en 1796 et 1797, sont restés dès lors, entre les mains d'une Compagnie anonyme. En 1844, Audincourt occupait 300 ouvriers et produisait pour une valeur annuelle de deux millions de francs. Ce fut à Audincourt que l'on fabriqua en 1759, un plat de fer battu, spécialement destiné à servir au banquet d'inauguration d'un gouverneur, un *monstrueux brochet de quatre-vingt livres,* pris à Bavans.

Voici la date de fondation des autres établissements métallurgiques de notre pays.

Le *haut-fourneau de Pont-de-Roide et la forge de Bourguignon* furent construits vers l'an 1700; la *forge de Lisle-sur-le-Doubs* date de 1799; le *haut-fourneau de Clerval* fut allumé en 1823, et la *forge de Saint-Hippolyte* fut construite par M. *de Blondeau* en 1837.

Parmi les tentatives infructueuses qui furent faites dans notre pays, pour y installer des fabrications nouvelles dans le courant du dix-huitième siècle, nous citerons :

La fabrication de toile de coton et d'indiennes, de Girtaner de Saint-Gall, en 1729 à Sainte-Suzanne. Celle de *E. Menoth* à Sochaux en 1749. Celle de *Samuel Sahler,* originaire de Dourlach, en 1764, à Montbéliard. Celle de *J.-F. Rau,* originaire de Balingen, (Wurtemberg) à Montbéliard en 1770.

Cette dernière fonctionna pendant une quarantaine d'années, elle occupait 50 métiers pour les toiles de coton, et 100 pour les toiles de fil, *la grisette et le droguet.*

Une filature de 50 ouvriers et de douze métiers à filer, fondée en 1806 *à la Chapotte par C. et J. Peugeot*, disparut en 1829.

Vers la fin du dix-huitième siècle, *Kœnig* de Saint-Gall introduisit à Sainte-Suzanne l'industrie des *mousselines brodées*.

En 1749, *Friez*, monta une fabrique de drap à Montbéliard.

En 1727, *G.-L. Lalance*, installa une fabrique de *tabac* au Magny d'Anigon.

En 1757, une *papeterie* et une *imprimerie* furent fondées par l'abbé *Prieur*, à l'emplacement des vieux moulins de Saint-Hippolyte.

En 1720, *un moulin à écorces* fut installé à Sochaux.

Ces établissements disparurent peu d'années après.

Enfin, en 1774, *Frédéric Japy*, commençait à Beaucourt les ateliers d'horlogerie qui devaient prendre dans la suite une si prodigieuse extension.

Mais si les grandes fabrications ne pouvaient prospérer, en revanche, à Montbéliard, à Héricourt et à Saint-Hippolyte, les petits fabricants étaient nombreux.

En 1755, Montbéliard comptait 55 tisserands, 30 cordonniers, 28 tailleurs, 12 menuisiers, 10 tanneurs, 25 boulangers, 30 métiers de bonneterie, dont les produits étaient consommés sur place, ou vendus aux foires de Belfort, Porrentruy, Bâle, Colmar et Besançon.

Les artisans de Montbéliard formaient 17 corporations différentes, ayant chacune leur cachet particulier.

A Clairegoutte, en outre des distillateurs de kirsch, s'étaient établis, des couteliers, des cloutiers, des teinturiers, des bonnetiers et des forgerons, qui pendant un temps, donnèrent une certaine importance à cette localité.

A Morez, dans le Jura, une *tréfilerie de fil de fer* fut montée en 1747, par P. Dolard.

En 1777, la *fabrication des pointes de Paris* y fut commencée par *Pierre Caseau*.

En 1765, l'émaillage sur cuivre et la peinture sur émail, appliqués principalement à la fabrication des cadrans de montre, furent apportés de la Chaux-de-Fonds à Morez, par *David Huguenin* d'Ottans.

Besançon doit son industrie horlogère à des horlogers de Neufchatel persécutés pour leurs opinions, qui vinrent se réfugier dans cette ville en 1795, et y installèrent leurs ateliers.

Inventions principales du XVIIIᵉ siècle.

La *filature mécanique* du coton, nous vient d'Angleterre.

Au commencement du dix-huitième siècle, les tisserands anglais n'employaient le coton que pour la trame ; la chaîne, en fil de lin, venait d'Allemagne.

Les fils de trame en coton, étaient obtenus à l'aide de la quenouille et du rouet.

Hargraves d'abord, inventa une machine, la *Jenny*, espèce de rouet à main, fabriquant plusieurs fils de trame à la fois.

Arkwright ensuite, imagina pour fabriquer les fils de chaîne, une machine continue *(Trostle)*, fonctionnant au moteur, et munie de *cylindres étireurs*, organes qui sont devenus la base de la filature moderne.

Enfin, de 1770 à 1775, *Samuel Crompton*, en combinant les deux systèmes ci-dessus, construisit la *Mill Jenny*, dont les métiers actuels ne sont plus que des perfectionnements.

La cardeuse à cylindres fut inventée par *Paul Lewis de Northampton*, et perfectionnée par *Richard Arkwright*.

Le premier métier automatique à tisser, remplaçant le métier du tisserand à la main, fut in-

CHATEAU DE MONTBÉLIARD
A LA FIN DU XVIIIᵉ SIÈCLE

venté en 1784 par *Edmond Cartwright*, ecclésiastique du comté de Kent.

La *machine automatique à faire les cardes* date de 1825 environ.

La première machine à vapeur complète, fonctionnant régulièrement et économiquement, fut la machine à balancier du mécanicien anglais *James Watt* (1775.)

Les machines de nos jours n'en sont que des perfectionnements.

Watt, s'associa avec le constructeur Bolton, et les machines à vapeur construites dans leur atelier de Soho, se répandirent rapidement dans le monde entier.

En 1789, il n'y avait encore qu'une seule machine à vapeur en France, la pompe à feu de Chaillot à Paris.

Cette machine sortait des ateliers de Watt.

Le premier bateau à vapeur navigua sur le Doubs. Il avait été construit en 1776 par le chaudronnier de Baume-les-Dames, sur les plans du *marquis* franc comtois *de Jouffroy*.

Ce bateau, qui avait quarante pieds de long sur six de large, fut solennellement essayé sur la Saône à Lyon, en 1783.

Malgré le succès de cete tentative, son inventeur, ruiné par les frais de cette invention, l'abandonna.

Son idée fut reprise par l'Américain *Fulton*, qui en 1807, construisit en Amérique, le *premier bateau à vapeur ayant fait un service régulier de transport*, voyageurs et marchandises.

La machine à vapeur qui faisait tourner les roues de ce bâteau, était une machine de Watt, venue d'Angleterre.

La première voiture à vapeur, fut construite à Paris par le Français *Nicolas Cugnot*. Cette voiture que l'on voit encore au musée des Arts et Métiers de Paris, ne pouvait faire que deux kilomètres à l'heure.

On ne sait à quelle époque furent inventés

les rails, mais la première description d'un railway (mot anglais, rail, bande, et way, chemin), est due à lord Kéepernoth, et remonte à 1696 ; elle se rapporte à l'installation d'un railway dans les mines de Newcastle.

Les *rails en bois* d'abord, furent ensuite recouverts *d'une bande de fer*, puis en 1770, remplacés dans le nord de l'Angleterre par des *rails de fonte*.

En 1810, Georges Stéphenson remplaça ces derniers par des *rails de fer*.

La première locomotive fonctionna en 1804, dans le pays de Galles, mais cette machine très imparfaite rendit peu de services. Ce n'est qu'en 1830 que *Stéphenson* construisit *la Fusée, la première locomotive sérieuse*, qui fit un service régulier entre Liverpool et Manchester.

Le premier *marteau pilon à vapeur* fut inventé et construit au Creusot par M. Schneider en 1842.

La première machine à vapeur qui fonctionna dans notre pays fut montée en 1817, à l'usine des Japy à Beaucourt. Cette machine avait été construite par André Kœchlin.

La première qui fonctionna dans le département du Jura, fut installée en 1825, par M. Monnier Jobez, au fourneau de Baudin près de Sellières.

La science de l'électricité ne fit que peu de progrès pendant le dix-huitième siècle, Nous ne citerons que l'expérience du Français Lemonnier, qui en 1746, transmit une étincelle électrique par un fil d'une demi-lieue de longueur, et celle du cerf volant électrique du Français Romas en 1753 Cette expérience donna à Franklin l'idée du *premier paratonnerre*, qu'il fit poser sur une maison de Philadelphie en 1760.

En 1800, *Volta* inventa *la pile*, qui fut le point de départ d'une foule d'inventions merveilleuses la lumière et le télégraphe électrique, la galvanoplastie, le téléphone, etc., etc.

La première ligne de télégraphe électrique fut installée en 1844 en Amérique, de Washington à Baltimore, par l'Américain Samuel Morse.

Le premier cable électrique sous-marin fonctionna en 1851 entre la France et l'Angleterre.

Le télégraphe aérien fut inventé par le Français Claude Chappe, et la *première dépêche télégraphique* transmise par ce moyen, partit le 1er septembre 1794, de Lille, à midi, pour annoncer à l'Assemblée nationale la reprise de cette ville sur les Autrichiens.

Le premier ballon à air chaud fut lancé à Annonay le 4 juin 1783 par les frères *Montgolfier*, et *le premier voyage en ballon* fut fait à Paris par Pilâtre des Roziers et le marquis d'Arlande le 21 novembre 1783.

Le premier ballon lancé à Montbéliard, partit des Petites Blanchisseries, au pied du Château le 14 mai 1786. Construit par les enfants du Prince, il avait douze pieds de haut sur dix-sept de circonférence. Après s'être élevé très haut, ce ballon alla tomber près de Voujaucourt une demi-heure après.

Jusqu'à la fin du dix-huitième siècle, on ne connut que deux procédés d'éclairage, la chandelle de cire ou de suif, et la lampe antique, composée d'un récipient plein d'huile, où trempait une mèche donnant plus de fumée que de lumière.

En 1783, le Genévois *Argand* inventa *la lampe à double courant d'air*, qui révolutionna complétement l'art de l'éclairage.

Cette lampe à mèche annulaire, perfectionnée dans les détails par Quinquet et Carcel, est maintenant d'un usage général, sous le nom de *lampe modérateur*.

L'éclairage au gaz fut inventé en 1799 par l'ingénieur français *Lebon*.

Cette invention dédaignée en France, fut reprise en Angleterre par l'ingénieur *Murdoch*, qui dès 1803, éclairait au gaz l'atelier de construction de Watt et Bolton à Soho.

L'éclairage au gaz avait déjà pris une grande extension en Angleterre, quand en 1817 on l'essaya pour la première fois en France, dans un passage de Paris.

En 1793, *Aloys Senefelder* inventa *la lithographie* à Munich.

Enfin en 1798, la *première Exposition* industrielle fut inaugurée à Paris, où le *Musée du Conservatoire des Arts et Métiers* venait d'être créé.

Politique Générale.

Pendant le dix-huitième siècle, un ancien royaume disparut de l'Europe, un autre s'éleva.

Le *royaume de Pologne*, déchiré par les querelles de cent mille nobles qui se disputaient le pouvoir, se prétendant tous égaux, tous voulant commander et n'obéir à personne, disparut.

Les puissances voisines, Russie, Autriche et Prusse, profitèrent de ces désordres qui réduisaient ce pays à l'impuissance, pour s'en emparer et le partager entre elles.

La *Prusse* a été créée par ses souverains. C'est à leur volonté persévérante, à leur esprit de suite, et au génie de quelques-uns d'entre eux qu'elle doit sa puissance.

En 1417, Frédéric de Hohenzollern, burgrave de Nuremberg, acheta de l'empereur Sigismond, le margraviat de Brandebourg, qui le faisait en même temps électeur de l'Empire.

Voilà le commencement de la Prusse. Les successeurs de Frédéric ne négligèrent aucune occasion de s'agrandir par des acquisitions de territoire.

En 1525, Albert de Brandebourg, grand maître de l'ordre Teutonique, embrassa le protestantisme, afin de pouvoir s'emparer des biens du clergé. La Prusse resta protestante depuis.

Au milieu du dix-septième siècle, les domaines des Hohenzollern étaient considérables, mais éparpillés et divisés en trois groupes distincts. A partir de ce moment, les rois de Prusse n'eurent d'autre pensée que de réunir ces parcelles, en s'emparant des territoires qui les séparaient.

En 1740, Frédéric II le Grand, en montant sur le trône, trouvait déjà un royaume, petit il est vrai, mais parfaitement organisé, un riche trésor en argent et une belle armée.

La même année, Charles VI, empereur d'Autriche, mourut, laissant la couronne à sa fille Marie-Thérèse.

Frédéric II profita de la faiblesse de l'Autriche pour lui enlever la Silésie.

Cette conquête amena la guerre de *Sept Ans*.

L'Autriche s'allia avec la France, la Russie, la Suède et la Saxe, et ces puissances attaquèrent ensemble la Prusse pour la démembrer (1756 à 1763.)

Frédéric II tint tête à cette coalition. Dans cette longue guerre, il mérita l'admiration universelle, par des talents militaires merveilleux, par une persévérance héroïque, et par une habileté extraordinaire à sortir des situations les plus désespérées. Seul contre tous, il lassa et découragea ses ennemis, sauva son pays du démembrement et mit avec gloire son peuple au rang des grandes nations.

Après la paix, il sut par une admirable administration, sauver de la misère et reconstituer la Prusse ruinée et dépeuplée. La population y avait diminué de 500,000 âmes, 14,500 maisons avaient été brûlées. Dans la Silésie, la Poméranie et la nouvelle Marche, où il n'y avait plus de chevaux, les paysans s'attelaient eux-mêmes à la charrue.

Frédéric dessécha d'immenses marais, couvrit de plantations d'immenses terrains sablonneux, planta des muriers, établit des quantités de manufactures, creusa de grands canaux et le port de Stettin, créa un système de Crédit Foncier, réorganisa l'instruction publique et réforma la justice.

« Le dernier des paysans, disait-il, et même le mendiant, sont égaux au roi devant la justice. »

La reconstitution de la Prusse par Frédéric II, est un des plus beaux exemples de ce que peut faire un souverain de génie.

En Russie, Catherine II la Grande, de 1761 à 1796, continua l'œuvre de Pierre le Grand, et fit de son pays une des plus grandes puissances de l'Europe.

En 1775, le territoire des Etats-Unis d'Amérique appartenait encore à l'Angleterre.

Cette puissance, ayant voulu imposer aux colons des impôts excessifs, ceux-ci se révoltèrent, Washington à leur tête.

Le 4 juillet 1776, date mémorable, parut la *Déclaration d'indépendance des Etats-Unis d'Amérique*, dont nous citerons quelques passages.

« Quand il devient nécessaire à un peuple de rompre les liens politiques qui l'unissaient à un autre peuple, et de prendre le *rang d'égalité* auquel le Dieu de la nature *lui donne le droit* de prétendre...

« *Tous les hommes ont été créés égaux*, doués de droits inaliénables, la vie, la liberté, la recherche du bonheur,... pour assurer ces droits, les gouvernements sont établis, du consentement des gouvernés. Quand le gouvernement ne tend pas à ces fins, le peuple est en droit de le changer...

« En conséquence, nous, représentants des Etats-Unis d'Amérique, déclarons solennellement que ces provinces ont le droit d'être des Etats libres... etc. »

La guerre de l'Indépendance dura huit ans,

elle coûta 1400 millions à la France, qui soutint les colons, et 2 milliards et demi à l'Angleterre, qui fut battue, et dût reconnaître l'indépendance des Etats-Unis le 3 septembre 1783.

Pendant cette guerre, l'Angleterre, manquant de soldats, *en acheta* aux princes allemands.

Il est difficile d'exprimer à quel degré d'abjection étaient tombées certaines maisons souveraines, et particulièrement celle de Hesse Cassel.

Voici sans commentaire, prise dans l'histoire de H. Martin, la lettre inouïe, incroyable, qu'écrivit à cette époque le landgrave de Hesse Cassel à un de ses officiers.

« Vous ne pouvez vous figurer la joie que
« j'ai ressentie en apprenent que de mille neuf
« cent cinquante Hessois qui se sont trouvés au
« combat, il n'en est échappé que trois cent
« quarante-cinq, ce sont justement mille six cent
« cinquante hommes de tués, et partant six
« cent soixante-trois mille florins que la Tréso-
« rerie me doit suivant notre convention. La
« cour de Londres objecte qu'il y a une centaine
« de blessés qui ne doivent pas être payés
« comme morts, mais j'espère que vous vous
« serez souvenu des instructions que je vous ai
« données à votre départ de Cassel, et que vous
« n'aurez pas cherché à rappeler à la vie par
« des secours inhumains, les malheureux dont
« vous ne pouvez sauver les jours qu'en les
« privant d'un bras ou d'une jambe. Ce serait
« leur faire un présent funeste, et je suis sûr
« qu'ils aiment mieux mourir avec gloire, que
« de vivre mutilés et hors d'état de me servir.
« Rappelez-vous que, de trois cents Lacédémo-

« niens qui défendaient les Thermopyles, il n'en
« revint pas un seul. Que je serais heureux, si
« j'en pouvais dire autant de mes braves Hes-
« sois. »

En France, à la mort de Louis XIV, son successeur n'ayant que 5 ans, le duc d'Orléans avait été nommé Régent du royaume.

Ce prince honteusement débauché, eut un premier ministre digne de lui, l'abject Dubois.

Cet homme mit la France au service de l'Angleterre, *dont il recevait ouvertement une pension annuelle*.

Jamais, à aucune époque, les mœurs ne furent autant dépravées en France, que pendant la Régence.

Louis XV, déclaré roi en 1723, laissa le gouvernement aux Jésuites et à ses maîtresses.

Ce roi, le plus vil, le plus bestialement crapuleux qu'ait eu la France, *faisait enlever dans les rues de Paris, et conduire au célèbre Parc aux Cerfs, les petites filles qu'il destinait à ses plaisirs immondes*.

Il dépensa pour ses orgies jusqu'à 180 millions dans une année, et pour se procurer de l'argent, il ne recula devant aucune infamie.

Il était principal actionnaire d'une monstrueuse Compagnie, qui, en vertu d'un privilège royal (Pacte de famine), accaparait les grains, créait des famines artificielles, (les famines de 1768 et 1769 n'eurent pas d'autres causes), et revendait ces grains à un prix excessif.

Un homme courageux, Leprévot de Baumont, qui osa dénoncer ces agissements au Parlement de Paris, resta emprisonné vingt et un ans à la Bastille, et n'en sortit qu'en 1789.

A cette époque, les accusés ne pouvaient se faire défendre devant les tribunaux par un avocat, et les juges n'avaient de comptes à rendre à personne.

La Pompadour et la Dubarry, successivement maîtresses de Louis XV, nommaient leurs favoris au gré de leurs caprices, ministres, ambassadeurs, généraux d'armée, malgré leur incapacité absolue.

Combien de batailles furent alors perdues par ces généraux de chambre à coucher.

En 1757, à Rosbach, Frédéric II roi de Prusse avec 20,000 hommes, *dispersa en quelques instants 50,000 Français et Autrichiens, commandés par Soubise, une créature de la Pompadour*, en tua 3000, fit 7000 prisonniers et enleva 63 canons. Cette victoire ne lui coûta que 400 soldats.

Louis XV mourut pourri en 1774.

Son petit-fils Louis XVI qui lui succéda, était de mœurs pures, bien intentionné, mais tellement faible, que pendant son règne, le pillage de nos finances, continua comme par le passé.

En ce moment, la confusion et le désordre étaient au comble. Il y avait en France *385 circonscriptions*, généralités, gouvernements, provinces, diocèses etc., etc., différents, ayant chacun leurs lois, leurs coutumes, leurs mesures, leurs impôts particuliers.

La comptabilité des finances était dans un tel état, qu'à la veille des Etats Généraux, *il fut impossible de déterminer exactement le chiffre de la dette publique.*

En 1726, le ministre Fleury accorda aux fermiers généraux quelques reliquats de comptes *qu'il croyait sans importance. Ils en tirèrent 60 millions et demi de livres* (100 millions d'aujourd'hui.)

Depuis François Ier, le roi puisait à pleines mains dans le trésor public, sans plus de formalités qu'un ordre donné au trésorier, d'avoir à payer.

La perception des impôts *était une entreprise* louée à des fermiers généraux, qui pressuraient le peuple, pour en tirer d'énormes bénéfices.

Le produit du don de joyeux avénement de Louis XV leur fut cédé pour 23 millions, ils en tirèrent 40.

Les lois étaient si rigoureuses, que pour la seule *contrebande sur le sel*, il y avait constamment 17 à 1800 malheureux en prison, et *plus de 3000 aux galères*.

Dans l'armée, les grades s'achetaient. Le duc de Bouillon était colonel à 11 ans, le duc de Fronsac à 7, son major en avait 12.

L'évêque de Strasbourg avait 500,000 livres de revenus. Le haut clergé dévorait 46 millions, 100,000 moines et curés s'en partageaient 24.

Les corporations de la bourgeoisie, Jurandes et Maîtrises, arrêtaient tout progrès en industrie.

Le fabricant d'étoffes ne pouvait les teindre.

Le teinturier de fil ne pouvait teindre du coton, etc., etc.

Les règlements de police étaient si sévères, que pour la moindre modification dans le travail, la police détruisait les produits « Chaque semaine, dit un inspecteur des manufactures, j'ai vu brûler à Rouen 80 ou 100 pièces d'étoffes, parce que tel ou tel règlement sur le tissage ou la teinture n'avait pas été rigoureusement observé. »

Partout s'étaient créés des monopoles ; ici, une compagnie avait le privilège du transport des blés ; là, une autre, avait seule le droit de le moudre dans ses moulins ; impossible de s'adresser ailleurs. A chaque borne c'étaient de nouveaux droits de douanes. Un bateau descendant la Saône et le Rhône, de Gray à Arles, devait s'arrêter et payer 30 fois.

Le peuple était dans la plus affreuse misère. Les paysans de Normandie vivaient d'avoine et s'habillaient de peaux. Dans la Beauce, les fermiers mendiaient, quelques-uns firent du pain avec de la fougère. Dans la plupart des provinces, *l'usage de la viande était inconnu*.

DIX-HUITIÈME SIÈCLE

Vers 1760, pour les trois quarts de la population de la France, *la consommation de la viande, n'atteignait pas une livre par tête et par mois.*

Les revenus du sol de toute la France n'allaient pas à 76 millions, alors qu'aujourd'hui il en rapporte plus de 1500.

Dans les hôpitaux, la mortalité était effrayante, 2 malades sur 9. On mettait 5, 6 malades dans le même lit « A Bicêtre, dit Necker, dans un rapport au roi, j'ai trouvé dans un lit, 9 vieillards enveloppés de linges corrompus. »

Un tel état de choses, cet immense désordre, cette terrible misère, épouvantaient tous les esprits clairvoyants.

En 1763, le Parlement de Rouen disait au roi : Les maux sont à leur comble et présagent l'avenir le plus effrayant.

Le 2 avril 1764, Voltaire écrivait : « Tout ce que je vois, jette les semences d'une révolution ; les jeunes gens sont bien heureux, ils verront de belles choses. »

Voltaire mourut en 1778. Dix ans après sa mort, tous les moyens de se procurer de l'argent étant épuisés, Louis XVI afin de pouvoir plus facilement créer de nouveaux impôts, et faire payer la dette par le peuple, convoqua les États-Généraux pour le 1er mai 1789.

Le roi, la noblesse et le clergé, espéraient que les députés du peuple (Tiers-État), voteraient comme autrefois les taxes nouvelles, après quelques humbles observations, et que le peuple comme toujours, serait *seul* à les payer. En ce moment il payait déjà 1200 millions d'impôts, et la cour seule en dépensait plus de 1300.

Mais la nation était lasse de souffrir, les députés du Tiers-État, loin de s'aplatir devant le trône, bravant les défenses royales, se constituèrent en Assemblée Nationale, et firent serment au Jeu de paume de Versailles, (20 juin 1789), de ne se séparer qu'après avoir apporté remède à la situation.

La Révolution était commencée, et le 14 juillet 1789, la prise de la Bastille annonça la fin de la vieille France, et des monstrueuses iniquités que le peuple endurait depuis plus de mille ans.

ANCIENNES MESURES
Du pays de Montbéliard.

MONNAIES

Si pour faciliter à nos lecteurs l'estimation de nos anciennes monnaies, nous les donnons en francs et centimes, nous devons les prévenir que cette valeur est calculée d'après l'estimation de la livre tournois à 3 francs, au commencement du dix-huitième siècle, qu'avant cette époque, leur valeur était plus grande, et qu'elle a diminué constamment depuis.

L'ouvrier qui gagnait 4 sous au quatorzième siècle, était aussi riche que l'ouvrier payé cinq francs de nos jours.

	Fr.	C.
Ducat d'Or....................................	21	26
Florin d'or.....................................	12	00
Ecu d'or.......................................	9	00
Florin d'argent...............................	2	00
Livre bâloise de 20 sols.....................	4	20
Sol bâlois.....................................	0	21
Franc fort de 12 gros........................	3	00
Gros fort de 4 blancs........................	0	25
Blanc fort............. 6 centimes 1/4		
Franc faible de 12 gros......................	2	40
Gros faible de 4 blancs......................	0	20
Blanc de 3 engroignes.......................	0	05
Engroigne............ 1/3 de sou		

DIX-HUITIÈME SIÈCLE

	Fr.	C.
Livre estevenante de 20 sols............	2	21
Sol de 12 pites......... 11 centimes 1/2		
Pite de 4 niquet......................	0	01
Niquet............... 1/4 de centime		

Batz de Montbéliard de 6 blancs.........	0	30

MESURES DE LONGUEUR

	M.	Millim.
Toise de dix pieds.....................	2	893
Pied de 12 pouces.....................	0	289
Pouce de 12 lignes....................	0	024
Ligne	0	002
Pied de Paris........................	0	325

Aune de Montbéliard..................	0	815
« Paris	1	188

POIDS

	K.	gr.
Une livre de 2 marcs..................	0	489
Marc de 8 onces	0	244
Once de 8 gros........ 30 grammes 1/2		
Gros de 72 grains....... 3 » 3/4		
Un grain............. 52 milligram.		

MESURES DE VOLUME

Liquides.

	Lit.	Cent.
Une pièce de 4 tines..................	217	75
Tine de 4 quartaux...................	54	50
Quartal de 6 channes ou pots..........	13	62
Channe de 2 pintes...................	2	26
Pinte de 2 chopines...................	1	1/8
Chopine de 4 roquilles..... 56 centilit.		
Roquille................. 14 »		

Grains.

	Lit.	Cent.
Bichot de 24 quartes....................	652	75
Quarte de 2 coupots....................	13	60
Coupot de 8 casses....................	6	80
Casse........................	0	85

Pour la vente des fruits ou des légumes le coupot devait être chargé au dessus du bord de tout ce que l'on pouvait y entasser.

MESURES DE SUPERFICIE

	Ares	Mq.
Journal de 4 quartes ou 300 toises carrées	25	11
Quarte de 2 coupots....................	6	28
Coupot de 37 toises carrées 1/2..........	3	14
Toise carrée .... 8 mètres carrés 37 11		
Arpent de forêt, 300 toises......	25	11
Fauchée de pré de 8 valmons, 300 toises.	25	11
Valmon........................	3	14
Arpent de France....................	51	70

BOIS DE CHAUFFAGE

	Stèr.	
Toise cube de Montbéliard............	9	68
Corde forestière de France............	2	57

La toise était comptée 1 toise de long, 1 de large, 4 pieds de buche (pied de Montbéliard). La corde était comptée 5 pieds de couche, autant de haut, 3 pieds de buche (pied de Paris.)

FIN

CONCLUSION

Le 22 Septembre 1882, MM. Sungauer Joseph ferblantier et Fuehrer, Alphonse charpentier, tous deux établis à Montbéliard, chargés par le génie militaire de réparer la toiture de la Tour Rouge du Chateau, trouvèrent dans la boule de ferblanc surmontant cette tour, différents documents officiels, des monnaies de l'époque, et une lettre, dont voici la copie fidèle :

« Dieu Aide au premier qui trouvera la Présente

« Nous David Nicolas Mero^t Pére âgé de 62 ans, Léopold Emanuel Monin âgé de 42 ans Jean Georges Monin son fils âgé de dix-huit ans Jacques Dessert âgé de quarante ans, tous Maître Couvreur de la ville de Montbéliard et Georges Frédéric Resse Ferblantier avons couvert cette dite tour Rouge pour la grace du grand Dieu sans aucun Malheur, de façon qu'elle auroit elté faite tant la charpente que la Couverture sout en nœuf en lanné mil sept cent septante et tix lanné étant fort fertile le blé ne valant que 56 sols la quarte le boige 20 sol les pomme de terre 12 sol ; le bon Vin blanc 10 sol le pots ; prenons le plus tendre congé de ceux qui travaillerons sur la ditte tours et qui retrouverons la présente lettre et priant pour leur sureté à ce que aucun Malheur de leur arrive. Prions de plus tous ceux qui pourait retrouver la presente de s'informer de nos famille et parenté, a Dieu chère inconnu.

« Ecrit par P. F. Verner dessinateur de S. A. S. et bourgeois de Montbéliard le 21 7bre 1776.

Georges Frédérie Resse, David Nicolas Merot, Léopold-Emanuel Monin, Jean-Georges Monin, Jacques Dessert.

En marge : Nous somme content de nos sort
Sans murmurer ni nous plaindre
Nous atendons Constament la mort.
Sans la désirer ni la craindre.

« David Nicolas Faust, temoin de l'escristure de la lettre tailleur de pierre et massons. »

Est-il rien de plus touchant que ce tendre souhait de bonheur adressé par les humbles artisans d'avant la Révolution aux ouvriers de l'avenir, que d'avance ils traitent et saluent en frères.

Est-il rien qui dépeigne mieux le cœur et la pensée du peuple qui travaille, prie, espère et tend la main à tous ceux qui, travaillent pour élever honnêtement leur famille.

Ils savaient bien, les bonnes gens qui écrivaient ces lignes naïves et émues, que les siècles peuvent s'écouler, que les empires peuvent disparaître, mais que toujours et à toutes les époques, le cœur du peuple restera le même, accessible à toutes les idées généreuses.

Ils étaient sûrs que la douce prière de cette voix lointaine d'outre-tombe trouverait de l'écho, et que leur lettre serait pieusement lue et conservée, [1]

Comme ces artisans du dix-huitième siècle, arrivé à la fin de ma tâche, j'ai aussi une préoccupation : que deviendra le pays de mon enfance sous le flot montant du progrès qui le transforme ? quel sera dans l'avenir le sort des familles qui l'ont habité pendant de longs siècles et qui l'habitent encore ?

Encore quelques années, et les derniers vestiges du vieux Montbéliard auront disparus avec le patois et nos anciens usages. Bientôt notre cher pays aura perdu son originalité, et sera fondu dans la grande patrie française.

[1] L'original est au Musée de la ville.

Chacun sent que de grands changements sont proches, mais personne ne peut prévoir de quelle façon ils s'effectueront.

Nous vivons dans une époque étrange de tâtonnements et d'essais douloureux.

La classe immense des déshérités cherche sa voie, réclame ses droits, veut sa part légitime de soleil.

Les rêves d'avenir sont assombris par la menace continuelle d'une guerre formidable, que les armes perfectionnées rendront effroyablement meurtrière pour nos fils.

L'histoire se recommence ; à la féodalité seigneuriale a succédé la féodalité financière et industrielle, qui sera vraisemblablement remplacée par la féodalité anonyme des grandes Sociétés formées par les travailleurs eux-mêmes.

Le sort des travailleurs s'améliore, leur labeur est moins dur, plus fructueux, et grâce aux progrès de la mécanique et de la science, on voit s'accentuer de plus en plus ce fait en apparence paradoxal ; le prix des objets de consommation s'abaisser, au fur et au mesure que le prix de la main d'œuvre s'élève.

Mais si le bien-être du travailleur augmente, en revanche, ce qui était luxe pour nos pères, devenu habitude pour nous, sera demain nécessité pour nos fils.

L'homme sera-t-il plus heureux, avec davantage de besoins ?

Que sera l'ouvrier dans l'avenir, alors que toutes les forces de la nature seront asservies, que l'électricité nous aura dit le secret de son essence, de sa source, alors qu'il n'y aura plus de continents mystérieux, que les grandes solitudes de l'Afrique, de l'Asie seront peuplées, cultivées, exploitées, que le rentier aura disparu, et que la loi du *travail obligatoire* pour tous, sera devenue universelle ?

Pourquoi chercher à soulever ce voile ? Demain, de nouvelles découvertes de la science viendront ainsi que l'a fait en son temps la vapeur, bouleverser les conditions d'existence des peuples et des individus, changer radicalement toutes les anciennes formules, ruiner de grandes industries réputées inébranlables, en créer de nouvelles, et balayer comme paille au vent les chiffres des économistes et les théories des faiseurs de systèmes, insectes vaniteux qui écrivent sur le sable au milieu de la tempête.

Si dans l'avenir, alors que l'œuvre des hommes du dix-neuvième siècle ne sera plus qu'un souvenir historique, alors qu'à notre tour, nous serons devenus des ancêtres, si par hasard alors, ce livre tombait entre les mains d'un artisan, dans la région qui fut autrefois le pays de Montbéliard, à celui-là, comme au cher inconnu auquel s'adressait la lettre citée plus haut, je souhaite prospérité et bonheur, et je dis : Si les vieilles tourelles de la comtesse Henriette et du comte Frédéric dominent encore notre riante vallée, rappelant les générations éteintes qui ont aimé, lutté, souffert à leur pied, informez-vous des anciennes familles du pays, dont j'espère faire encore la liste, avant d'aller rejoindre ceux qui malgré de longues souffrances, nous ont donné l'exemple du travail persévérant, de la probité et de l'amour de la famille.

Montbéliard, 10 Octobre 1892.

P. de RÉSENER.

MONTBÉLIARD
Imprimerie A. PÉTERMANN, 29, rue des Febvres

TABLE DES MATIÈRES

Préface III

Première partie

Pages

Chapitre I
Temps primitifs. Age de la Pierre 3

Chapitre II
Age de la pierre polie. — Emigrations asiatiques 5

Chapitre III
Age du bronze — Séquanie 7

Chapitre IV
Age du fer
Apparition du fer 11
Anciennes civilisations de l'Asie 12
Forges celtiques. 15
Invasion des Cimbres et des Teutons . . . 20
Conquête des Gaules. — César 22

Chapitre V
Époque Romaine
Voies romaines 23
Industries de cette époque. — Premiers soufflets de forge. — Roues hydrauliques . . 24
Misère du peuple 30
Invasion des Barbares. 33
Origine de la papauté et du christianisme. . 35

Chapitre VI
Premier royaume de Bourgogne
Lois des Burgondes. 30
Conquête de la Gaule par les Francs . . . 44
Invasions des Normands 49

TABLE DES MATIÈRES

	Pages
Invasion des Ogres. — Féodalité	46
Calamités du dixième siècle	51
Angleterre. Allemagne, Espagne, Sarrazins	53
Pays de Montbéliard au dixième siècle	54
Résumé de la première partie	56

Deuxième partie

Chapitre VII
Onzième siècle.

Affreuse famine. — Mal des Ardents	59
Louis de Mousson premier comte de Montbéliard	61
Serfs et main mortables	62
Première croisade	66
Premiers défrichements du Jura. — Angleterre	69
Allemagne. — Querelles du pape et de l'empereur Henri IV. — Canossa	70
Origine des rois Capétiens	71

Chapitre VIII
Douzième siècle

Deuxième croisade	72
Thierry III, Barberousse, Amédée de Montfaucon-Montbéliard	73
Troisième croisade	74
Louis-le-Gros et les communes, premières libertés	75
Montbéliard au douzième siècle	76
Commerce	77
Roman du Rou	78

Chapitre IX
Treizième siècle

Quatrième croisade	79
Les comtes souverains de Montbéliard deviennent vassaux de l'empereur d'Allemagne	80
Renaud de Bourgogne. — Charte d'affranchissement de Montbéliard	81

TABLE DES MATIÈRES

	Pages
Croisade des Albigeois.	84
Dernières Croisades. — Feu Grégeois . . .	86
Architecture ogivale. — Inquisition. — Industrie. — Voyages de Marco-Polo	93

Chapitre X

Quatorzième siècle.

Philippe le Bel et le pape	97
Affranchissements. — Industrie.	99
Première forge de Comté. — Fonte de fer .	101
Roues hydrauliques, moulin	102
Les Juifs au Moyen-Age	103
Henri de Montfaucon. — Agriculture . .	104
Guerre de Cent Ans.— Peste	106
Misères du peuple de France	108
Jacquerie. — Grandes Compagnies. . . .	110
Parlement de Dole. — Industrie	114
Prix de la main d'œuvre et des objets de consommation au 14e siècle.	118
Etienne dernier comte de la famille des Montfaucon à Montbéliard	120
Fin du 14e Siècle.	125
Résumé de la 2e partie.	127

Troisième partie.

Chapitre XI

Quinzième siècle.

Continuation de la Guerre de Cent Ans. — Hussites	129
Jean Sans peur. Charles VII. — Jeanne d'Arc.	131
Henriette de Montfaucon. — Tour Bossue du Château. — Ecorcheurs	132
Charles VII et Jacques Cœur	134
Fin de Moyen-Age. — Cruauté	136
Armoiries de Montbéliard. — Papeteries . .	137
Charles le Téméraire. — Batailles d'Héricourt, de Granson et de Morat.	139
Découverte de l'Imprimerie	143

TABLE DES MATIÈRES

                                                              Pages

Saline de Soulce, près Saint-Hippolyte . . . 144
Découverte de l'Amérique. 145
Corporations, Jurandes et Maitrises. . . . 146
Forges et fourneaux à fonte 149
Inquisition. — Crimes des papes. 151
Prix de la main d'œuvre et des objets de consommation au 15ᵉ siècle. 154

Chapitre XII

Seizième siècle.

Adam et Ève. Péché originel 157
Bible. — Luther. — Calvin 161
Réforme religieuse à Montbéliard 163
Agriculture. — Travaux publics 168
Défrichements. — Vignes 169
Pommes de terre. — Grand-Jardin. — Gaudes. 170
Règlements sur la chasse 172
Tour Neuve du Chateau 173
Industrie. — Imprimerie 174
Mines. — Métallurgie d'Agricola 175
Saline de Salins 177
Forges de Chagey et du Jura 178
Fabrications des monnaies 181
Evènements politique. — François I . . . 183
Massacre des Vaudois 184
Philippe II et l'Espagne. 186
Persécutions religieuses 190
Invasion du pays de Montbéliard par l'armée des Guises 191
Prix de la main d'œuvre et des objets de consommation au 16ᵉ siècle. 194

Chapitre XIII

Dix-septième siècle.

Intolérance. — Diner à Audincourt 196
Sociétés de tir, milice bourgeoise 201
Imprimerie de Montbéliard 203
Forge d'Audincourt 204
Guerre de Trente Ans 205
Piétisme du comte Georges 212
Réunion de la Franche-Comté à la France. . 214

TABLE DES MATIÈRES

	Pages
Prise de Montbéliard par les Français	215
Ancien Montbéliard	217
Industrie et découvertes	224
État général de l'Europe	227
Louis XIV, dragonades, persécutions religieuses, révocation de l'Édit de Nantes	228
Allemagne, Angleterre, Espagne et Russie	234

Chapitre XIV

Dix-huitième siècle.

Léopold Eberhard, sa tyrannie	237
Marie Fédorowna	241
Annexion des seigneuries à la France	242
Annexion de Montbéliard	243
Montbéliard au 18e siècle	245
Intolérance	250
Agriculture	253
Industrie	255
Inventions principales du 18e siècle	258
Politique générale	262
Anciennes mesures de Montbéliard	270
Conclusion	273

FIN DE LA TABLE DES MATIÈRES

www.ingramcontent.com/pod-product-compliance
Lightning Source LLC
Chambersburg PA
CBHW070808170426
43200CB00007B/853